中国基本单位统计年鉴 2013

国家统计局普查中心 编

CHINA BASIC STATISTICAL UNITS YEARBOOK

中国统计出版社
China Statistics Press

图书在版编目（CIP）数据

中国基本单位统计年鉴. 2013 / 国家统计局普查中心编. -- 北京 : 中国统计出版社, 2013.11
ISBN 978-7-5037-6953-5

Ⅰ. ①中… Ⅱ. ①国… Ⅲ. ①组织机构－统计资料－中国－2013－年鉴 Ⅳ. ①C832-54

中国版本图书馆 CIP 数据核字（2013）第 212470 号

中国基本单位统计年鉴—2013

作　　者/国家统计局普查中心
责任编辑/王振宇
封面设计/杨　超　李雪燕
出版发行/中国统计出版社
通信地址/北京市丰台区西三环南路甲 6 号　邮政编码/100073
电　　话/邮购（010）63376909　书店（010）68783171
网　　址/http://csp.stats.gov.cn
印　　刷/河北天普润印刷厂
经　　销/新华书店
开　　本/880×1230mm　1/16
字　　数/516 千字
印　　张/16.75
版　　别/2013 年 11 月第 1 版
版　　次/2013 年 11 月第 1 次印刷
定　　价/220.00 元（附光盘）

本书附同版本 CD-ROM 一张，光盘内容以书面文字为准。
如有印装差错，由本社发行部调换。

《中国基本单位统计年鉴-2013》编辑委员会

编者说明

一、《中国基本单位统计年鉴－2013》是一部反映中华人民共和国各类基本单位情况的资料性工具书。本书分为两部分：第一部分是全国各类法人单位按地区、国民经济行业等进行各种分组汇总而成的综合资料；第二部分是全国各类企业法人单位按地区、国民经济行业、登记注册类型、营业状态等进行各种分组汇总而成的综合资料。

二、1996年数据来源于第一次全国基本单位普查资料，2001年数据来源于第二次全国基本单位普查资料，2004年数据来源于第一次全国经济普查资料，2008年数据来源于第二次全国经济普查资料，其他年份的数据来源于基本单位年度统计资料。

三、资料的汇总范围为我国境内从事经济社会活动的法人单位，未包括香港、澳门特别行政区和台湾省。

《中国基本单位统计年鉴－2013》内容系统、翔实，具有较强的实用性，可作为各级政府和经济管理部门进行宏观管理、制定政策的参考，也是企业生产经营及投资决策和科研机构、大专院校进行科研及教学活动的辅助资料。

恳请广大读者对本书提出宝贵意见。

目　　录

第一部分　全部法人单位综合资料

第二部分　企业法人单位综合资料

第一部分

全部法人单位综合资料

1-1 按行业(门类)分组的法人单位数

单位：个

行业门类	代码	法人单位数					
		1996年	1997年	1998年	1999年	2000年	2001年
总计		**4402276**	**4344278**	**4417508**	**4221995**	**4366141**	**5107015**
农、林、牧、渔业	A	148029	148269	147656	142055	142140	171526
采矿业	B	100362	99578	102265	91026	90484	71409
制造业	C	1256323	1221878	1290304	1192280	1243607	1220587
电力、燃气及水的生产和供应业	D	30543	29864	30299	30031	30841	36982
建筑业	E	126710	125476	125541	112973	118240	123187
交通运输、仓储和邮政业	F	63808	62871	62941	57772	59711	82162
信息传输、计算机服务和软件业	G	20381	18545	22141	22826	25425	57420
批发和零售业	H	681853	678488	668847	654887	693108	807454
住宿和餐饮业	I	81444	71835	79270	78804	83014	100768
金融业	J	73824	74054	73941	69029	70228	63996
房地产业	K	39693	40903	44606	44051	48363	92417
租赁和商务服务业	L	96609	109537	100411	97410	107229	234265
科学研究、技术服务和地质勘查业	M	42048	41299	43264	42608	45003	75666
水利、环境和公共设施管理业	N	29508	28661	30273	29315	30189	51007
居民服务和其他服务业	O	52677	45707	51786	48898	54366	94655
教育	P	215358	219281	215530	214042	218304	307817
卫生、社会保障和社会福利业	Q	112326	112810	112695	112375	114388	200360
文化、体育和娱乐业	R	41064	36522	41388	40094	41060	57410
公共管理和社会组织	S	1185790	1174810	1170475	1137752	1146645	1254546
国际组织	T	3926	3890	3875	3767	3796	3381

注：2004年和2008年农、林、牧、渔业法人单位数为兼营第二、三产业的农、林、牧、渔业法人单位(下同)。

1-1 续表 1

单位：个

行业门类	代码	2002年	2003年	2004年	2005年	2006年	2007年
总计		**5170849**	**5214144**	**5168303**	**5647823**	**6068912**	**6495064**
农、林、牧、渔业	A	170953	156033	1835	68800	78205	98546
采矿业	B	70851	72538	82353	89430	93967	97678
制造业	C	1239549	1298870	1328964	1451556	1579406	1702455
电力、燃气及水的生产和供应业	D	37136	33570	39830	43148	45922	49052
建筑业	E	129062	132059	128193	149471	170180	190517
交通运输、仓储和邮政业	F	83489	85991	80375	91565	104635	117228
信息传输、计算机服务和软件业	G	59368	58307	72913	85499	100614	115101
批发和零售业	H	829029	840241	883653	994953	1122489	1246042
住宿和餐饮业	I	102244	103537	92869	101853	109892	118173
金融业	J	64806	64802	23793	26828	29201	31815
房地产业	K	96795	98943	129197	148059	165865	187444
租赁和商务服务业	L	242109	219567	249192	291498	331904	368763
科学研究、技术服务和地质勘查业	M	78356	110685	136555	153076	166240	176677
水利、环境和公共设施管理业	N	51426	47847	44352	46847	48811	50953
居民服务和其他服务业	O	96244	64391	83606	93947	102228	110525
教育	P	308320	304056	299418	305446	308760	312339
卫生、社会保障和社会福利业	Q	200761	198879	181877	183760	185014	187376
文化、体育和娱乐业	R	57891	77717	64741	69490	72873	76430
公共管理和社会组织	S	1250166	1243967	1244587	1252597	1252706	1257950
国际组织	T	2294	2144	—	—	—	—

注：“-”表示2004年及以后各年份不包括国际组织法人单位数。

1-1 续表 2

单位：个

行业门类	代码	2008年	2009年	2010年	2011年	2012年
总计		**7098765**	**8003868**	**8754588**	**9593729**	**10616530**
农、林、牧、渔业	A	2023	184764	242429	321086	440853
采矿业	B	97315	103403	104065	105490	107596
制造业	C	1818370	1959254	2098370	2240315	2380759
电力、燃气及水的生产和供应业	D	57923	62038	64151	66652	69947
建筑业	E	226768	261694	302232	346026	391392
交通运输、仓储和邮政业	F	157589	175914	195829	219630	249832
信息传输、计算机服务和软件业	G	153290	176326	191182	208867	245669
批发和零售业	H	1403141	1670315	1965118	2276295	2630690
住宿和餐饮业	I	145297	154895	164762	172070	186837
金融业	J	28668	36907	45512	55513	67554
房地产业	K	214391	244043	284726	323985	356717
租赁和商务服务业	L	427001	511666	590478	687575	813851
科学研究、技术服务和地质勘查业	M	201689	233221	256865	283777	324932
水利、环境和公共设施管理业	N	57553	61740	64794	69186	75981
居民服务和其他服务业	O	120467	141936	158152	175813	196880
教育	P	335065	342003	342408	346390	355072
卫生、社会保障和社会福利业	Q	206480	209016	205778	205173	206885
文化、体育和娱乐业	R	81878	90891	95633	102775	121126
公共管理和社会组织	S	1363857	1383842	1382104	1387111	1393957
国际组织	T	—	—	—	—	—

1-2　按三次产业、地区分组的法人单位数

(2012年)　　单位：个

地　区	法　人 单位数	第一产业	第二产业	第三产业
全　国	**10616530**	**440853**	**2949694**	**7225983**
北　京	404907	3143	49257	352507
天　津	207512	2939	57812	146761
河　北	387093	17972	115236	253885
山　西	244262	34118	42458	167686
内蒙古	155136	8928	28924	117284
辽　宁	453601	14181	123687	315733
吉　林	131947	6096	31582	94269
黑龙江	189208	6102	43034	140072
上　海	455055	3769	114914	336372
江　苏	1096912	26265	434107	636540
浙　江	865140	38278	353972	472890
安　徽	324622	14004	92767	217851
福　建	399091	19288	119832	259971
江　西	249278	14632	67680	166966
山　东	906064	29760	276205	600099
河　南	425276	15825	142271	267180
湖　北	435964	15682	102353	317929
湖　南	343869	14280	83973	245616
广　东	1008447	15611	325016	667820
广　西	274666	23041	39865	211760
海　南	49117	2964	7311	38842
重　庆	274165	35984	56330	181851
四　川	403208	21429	79379	302400
贵　州	133415	10244	24783	98388
云　南	214490	19175	34418	160897
西　藏	16664	42	1069	15553
陕　西	255333	10266	51393	193674
甘　肃	124734	7064	20026	97644
青　海	33425	2509	5449	25467
宁　夏	43820	2489	8081	33250
新　疆	110109	4773	16510	88826

1-3 按地区、开业(成立)

地 区	法 人 单位数	1949年及以前	1950-1977年	1978-1991年	1992-1995年	1996年	1997年	1998年	1999年	2000年	2001年
全 国	**10616530**	**85201**	**458270**	**792183**	**367797**	**116287**	**117488**	**199960**	**189230**	**288662**	**350812**
北 京	404907	864	4509	17900	19174	5448	6135	9527	11321	16653	21238
天 津	207512	872	2966	8978	7469	2271	2329	3226	3433	5172	7059
河 北	387093	18632	27212	38985	10111	4554	3904	6441	5871	9929	11039
山 西	244262	4977	21663	28814	6033	1911	2115	4053	3200	5033	5843
内蒙古	155136	1397	13037	13127	3621	1537	1578	2646	2439	4655	5139
辽 宁	453601	2698	16127	33086	16667	4843	5068	8661	9804	13481	15069
吉 林	131947	1649	12114	14310	4106	1492	1210	2574	2434	4686	5448
黑龙江	189208	2257	15012	18943	5980	2210	2074	3892	3695	6828	8838
上 海	455055	647	3057	12429	22695	6477	7285	9878	10223	15394	19306
江 苏	1096912	2431	15616	41860	27738	9037	9526	27006	15270	28173	39506
浙 江	865140	5068	13393	44043	29614	9807	10350	14977	16586	24136	29562
安 徽	324622	1741	11984	16853	9198	3156	2913	3795	3685	6359	7002
福 建	399091	2683	13700	31493	15273	4993	5450	6933	7052	9312	10401
江 西	249278	1767	16128	26784	5973	1976	1754	3135	2864	4789	6291
山 东	906064	5476	23331	87094	21531	7878	7837	15286	14556	26457	34102
河 南	425276	5080	31588	56432	18342	6921	6437	11207	9576	15720	17254
湖 北	435964	2530	20464	38208	11790	4824	3925	6825	6165	11814	13766
湖 南	343869	1768	16153	26394	11338	3408	3494	9709	4757	8979	12184
广 东	1008447	4320	23495	41148	42732	10830	12336	18837	28925	25015	29743
广 西	274666	2934	20703	23397	11708	4390	3178	3043	2939	4082	4869
海 南	49117	170	4195	2883	2344	503	470	653	741	924	1336
重 庆	274165	1084	5877	8650	7034	2006	2622	4297	3001	5196	8721
四 川	403208	2878	41406	44899	20376	4890	4882	8073	6691	10690	13506
贵 州	133415	1428	9051	14376	14336	1100	1326	1850	1758	2522	3397
云 南	214490	1262	12767	16844	5492	2083	2238	2982	3306	10110	4503
西 藏	16664	558	3116	4927	854	692	197	335	417	220	174
陕 西	255333	3151	24322	28852	6799	3777	3755	4582	3632	5224	6655
甘 肃	124734	2452	15489	23104	4071	1458	1337	2359	1867	2686	3609
青 海	33425	549	4458	6131	899	276	258	507	437	805	1039
宁 夏	43820	310	2933	5405	1249	522	437	842	674	1031	996
新 疆	110109	1568	12404	15834	3250	1017	1068	1829	1911	2587	3217

时间分组的法人单位数

单位：个

2002年	2003年	2004年	2005年	2006年	2007年	2008年	2009年	2010年	2011年	2012年	无开业年份
390450	**463019**	**482509**	**544586**	**622656**	**625593**	**560295**	**812398**	**962241**	**1059805**	**995041**	**132047**
24923	30855	34861	38583	34783	35215	30806	22742	16947	11393	9925	1105
6855	8880	9403	10729	12948	12703	13483	16272	21850	25503	23148	1963
12873	13563	14372	16334	19815	17596	17031	29409	32805	36179	34056	6382
7767	7742	8097	9491	11733	11801	11232	19545	20078	23811	26044	3279
5589	6095	6920	8850	11750	10902	8516	13142	11591	10823	10246	1536
17217	20561	22827	25870	29688	30578	28878	35093	42240	41719	27722	5704
5006	5875	5993	8350	9214	8423	5442	7619	8296	9681	7504	521
7425	8430	9074	9508	10597	11000	8453	16850	13884	12535	10953	770
25106	31606	36247	40577	36903	31364	28173	33589	33649	26961	23212	277
41489	49168	46566	50332	63384	62962	51775	95070	137740	141819	134132	6312
36586	41322	39970	42648	54389	57960	54390	71020	79359	96894	83523	9543
8996	10777	13278	14773	19364	21130	21682	25061	36860	41979	40529	3507
12590	15878	16307	17991	20842	21587	22323	32879	39959	45470	40969	5006
6860	8772	7946	9482	11341	10596	9381	18564	25922	30636	36723	1594
33208	39898	39522	45794	53216	48425	36521	74716	91848	89100	99538	10730
17673	21168	20898	28539	29881	29036	22941	24921	21249	15944	9688	4781
14447	16121	17671	21027	22919	21562	18941	35350	39531	48279	57379	2426
11038	14027	14260	17473	19370	17051	12798	18264	26365	25812	22231	46996
35130	42918	47191	52213	63261	65335	61109	96320	99117	113549	88485	6438
8490	8449	7496	9876	10063	11350	12294	20677	23470	34460	46125	673
1500	1935	2082	2427	2845	3057	2807	2389	7552	5716	2320	268
7869	9501	10074	9650	11226	17268	12331	15230	29490	51360	50746	932
13458	18360	18222	19260	20930	23668	24241	25751	26429	30460	21115	3023
4105	5348	6112	5363	6397	8097	6987	7527	8514	7938	13984	1899
5302	6605	6795	7317	8986	8734	9663	17511	23228	29152	28365	1245
767	315	350	395	349	385	435	451	357	280	112	978
7107	7077	7196	8156	9929	10416	10418	19468	25094	29515	27636	2572
4342	4429	4650	5059	5582	6002	5770	6510	7580	8773	6487	1118
1120	1113	1063	1135	1289	1516	1478	1541	2445	2855	2369	142
1394	2045	2093	2095	2363	2354	2604	3571	3084	3819	3858	141
4218	4186	4973	5289	7299	7520	7392	5346	5708	7390	5917	186

1-4 按地区、机构类型分组的法人单位数

(2012年)

单位：个

地区	法人单位数	企业法人	事业法人	机关法人	社会团体	其他
全国	**10616530**	**8286654**	**729718**	**250271**	**215597**	**1134290**
北京	404907	374051	11173	2092	4193	13398
天津	207512	187579	6396	1873	1769	9895
河北	387093	278564	31640	11802	5028	60059
山西	244262	159461	24571	8898	5616	45716
内蒙古	155136	105156	17426	7677	5834	19043
辽宁	453601	370163	29385	9763	9152	35138
吉林	131947	90302	16970	5631	3494	15550
黑龙江	189208	134426	19808	9919	6198	18857
上海	455055	427928	8463	1892	3330	13442
江苏	1096912	977842	37704	9997	17886	53483
浙江	865140	739030	27797	7720	15431	75162
安徽	324622	254386	21297	9352	7922	31665
福建	399091	319214	26005	8032	11200	34640
江西	249278	176556	25521	9366	6315	31520
山东	906064	722344	36366	12085	13545	121724
河南	425276	283009	40960	11827	5568	83912
湖北	435964	322331	39425	10520	11374	52314
湖南	343869	221798	40452	12832	8043	60744
广东	1008447	884679	41463	11781	12675	57849
广西	274666	180309	41667	11034	8645	33011
海南	49117	37505	3535	1386	909	5782
重庆	274165	224487	17062	4403	4939	23274
四川	403208	230936	54562	20076	17127	80507
贵州	133415	76025	21701	7211	3785	24693
云南	214490	150093	20855	10902	7808	24832
西藏	16664	3434	2168	4124	566	6372
陕西	255333	176977	26461	8948	3710	39237
甘肃	124734	66817	18485	7065	5635	26732
青海	33425	17567	3735	2777	1683	7663
宁夏	43820	28802	2842	1490	2300	8386
新疆	110109	64883	13823	7796	3917	19690

1-5 按行业(大类)分组的法人单位数

(2012年) 单位：个

行业大类	代码	法人单位数	从事单一活动或位于一个地点的法人单位	从事多种活动或位于多个地点的法人单位
总计		**10616530**	**10207736**	**408794**
农、林、牧、渔业	A	**440853**	**437789**	**3064**
农业	01	177717	176632	1085
林业	02	41137	40414	723
畜牧业	03	127684	127166	518
渔业	04	33815	33642	173
农、林、牧、渔服务业	05	60500	59935	565
采矿业	B	**107596**	**105718**	**1878**
煤炭开采和洗选业	06	23241	22418	823
石油和天然气开采业	07	2240	2166	74
黑色金属矿采选业	08	18543	18261	282
有色金属矿采选业	09	11903	11670	233
非金属矿采选业	10	49517	49066	451
其他采矿业	11	2152	2137	15
制造业	C	**2380759**	**2346146**	**34613**
农副食品加工业	13	115863	113791	2072
食品制造业	14	51888	50381	1507
饮料制造业	15	40362	39206	1156
烟草制品业	16	349	322	27
纺织业	17	137522	135627	1895
纺织服装、鞋、帽制造业	18	113101	111565	1536
皮革、毛皮、羽毛(绒)及其制品业	19	43066	42478	588
木材加工及木、竹、藤、棕、草制品业	20	71881	71304	577
家具制造业	21	48067	47210	857
造纸及纸制品业	22	59382	58831	551
印刷业和记录媒介的复制	23	68042	67166	876
文教体育用品制造业	24	25683	25288	395
石油加工及炼焦	25	7659	7443	216
化学原料及化学制品制造业	26	114678	112662	2016
医药制造业	27	20606	20006	600
化学纤维制造业	28	6175	6107	68
橡胶制品业	29	26458	26148	310
塑料制品业	30	124076	122914	1162
非金属矿物制品业	31	236336	234028	2308
黑色金属冶炼及压延加工业	32	22481	22062	419
有色金属冶炼及压延加工业	33	28090	27688	402
金属制品业	34	188057	186012	2045
通用设备制造业	35	246517	243290	3227

1-5 续表 1

单位：个

行业大类	代码	法人单位数	从事单一活动或位于一个地点的法人单位	从事多种活动或位于多个地点的法人单位
专用设备制造业	36	142507	140623	1884
交通运输设备制造业	37	104139	102239	1900
电气机械及器材制造业	39	141799	139063	2736
通信设备、计算机及其他电子设备制造业	40	75433	73960	1473
仪器仪表及文化、办公用机械制造业	41	33661	32924	737
工艺品及其他制造业	42	75368	74406	962
废弃资源和废旧材料回收加工业	43	11513	11402	111
电力、燃气及水的生产和供应业	**D**	**69947**	**66518**	**3429**
电力、热力的生产和供应业	44	46291	43961	2330
燃气生产和供应业	45	5472	5107	365
水的生产和供应业	46	18184	17450	734
建筑业	**E**	**391392**	**377176**	**14216**
房屋和土木工程建筑业	47	138460	129835	8625
建筑安装业	48	75762	73327	2435
建筑装饰业	49	122892	120551	2341
其他建筑业	50	54278	53463	815
交通运输、仓储和邮政业	**F**	**249832**	**239033**	**10799**
铁路运输业	51	2223	2156	67
道路运输业	52	122318	117560	4758
城市公共交通业	53	9473	8990	483
水上运输业	54	10960	10512	448
航空运输业	55	1554	1423	131
管道运输业	56	238	224	14
装卸搬运和其他运输服务业	57	67161	64065	3096
仓储业	58	24834	24100	734
邮政业	59	11071	10003	1068
信息传输、计算机服务和软件业	**G**	**245669**	**239858**	**5811**
电信和其他信息传输服务业	60	43250	40501	2749
计算机服务业	61	125293	123987	1306
软件业	62	77126	75370	1756
批发和零售业	**H**	**2630690**	**2555888**	**74802**
批发业	63	1662888	1624085	38803
零售业	65	967802	931803	35999
住宿和餐饮业	**I**	**186837**	**178867**	**7970**
住宿业	66	66853	63844	3009
餐饮业	67	119984	115023	4961
金融业	**J**	**67554**	**55211**	**12343**
银行业	68	14639	8641	5998
证券业	69	5327	4973	354
保险业	70	14772	9724	5048
其他金融活动	71	32816	31873	943

1-5 续表 2

单位：个

行业大类	代码	法人单位数	从事单一活动或位于一个地点的法人单位	从事多种活动或位于多个地点的法人单位
房地产业	**K**	**356717**	**341868**	**14849**
房地产业	72	356717	341868	14849
租赁和商务服务业	**L**	**813851**	**796327**	**17524**
租赁业	73	42279	41747	532
商务服务业	74	771572	754580	16992
科学研究、技术服务和地质勘查业	**M**	**324932**	**315864**	**9068**
研究与试验发展	75	43350	42497	853
专业技术服务业	76	154425	149163	5262
科技交流和推广服务业	77	121899	119259	2640
地质勘查业	78	5258	4945	313
水利、环境和公共设施管理业	**N**	**75981**	**73282**	**2699**
水利管理业	79	22436	21378	1058
环境管理业	80	17632	17093	539
公共设施管理业	81	35913	34811	1102
居民服务和其他服务业	**O**	**196880**	**192490**	**4390**
居民服务业	82	85207	82531	2676
其他服务业	83	111673	109959	1714
教育	**P**	**355072**	**323730**	**31342**
教育	84	355072	323730	31342
卫生、社会保障和社会福利业	**Q**	**206885**	**193228**	**13657**
卫生	85	167693	154556	13137
社会保障业	86	12374	12148	226
社会福利业	87	26818	26524	294
文化、体育和娱乐业	**R**	**121126**	**118247**	**2879**
新闻出版业	88	7814	7462	352
广播、电视、电影和音像业	89	17957	17022	935
文化艺术业	90	51735	51019	716
体育	91	9778	9579	199
娱乐业	92	33842	33165	677
公共管理和社会组织	**S**	**1393957**	**1250496**	**143461**
中国共产党机关	93	39257	36146	3111
国家机构	94	402691	334134	68557
人民政协和民主党派	95	6167	6005	162
群众团体、社会团体和宗教组织	96	262817	259598	3219
基层群众自治组织	97	683025	614613	68412

1-6 按行业(大类)、东中西部以及东北地区分组的法人单位数

(2012年) 单位：个

行业大类	代码	法人单位数	东部地区	中部地区	西部地区	东北地区
总计		**10616530**	**5779338**	**2023271**	**2039165**	**774756**
农、林、牧、渔业	A	**440853**	**159989**	**108541**	**145944**	**26379**
农业	01	177717	75374	36767	57051	8525
林业	02	41137	12884	12615	13096	2542
畜牧业	03	127684	33346	38437	47153	8748
渔业	04	33815	15108	6011	10885	1811
农、林、牧、渔服务业	05	60500	23277	14711	17759	4753
采矿业	B	**107596**	**22886**	**35786**	**38869**	**10055**
煤炭开采和洗选业	06	23241	1818	9081	9989	2353
石油和天然气开采业	07	2240	272	146	1383	439
黑色金属矿采选业	08	18543	6479	5306	4649	2109
有色金属矿采选业	09	11903	1592	3909	5355	1047
非金属矿采选业	10	49517	12282	16681	16575	3979
其他采矿业	11	2152	443	663	918	128
制造业	C	**2380759**	**1584769**	**403421**	**243933**	**148636**
农副食品加工业	13	115863	46916	35483	19912	13552
食品制造业	14	51888	25597	12208	9676	4407
饮料制造业	15	40362	15706	10348	10766	3542
烟草制品业	16	349	112	103	98	36
纺织业	17	137522	112193	15216	6914	3199
纺织服装、鞋、帽制造业	18	113101	88599	15605	4248	4649
皮革、毛皮、羽毛(绒)及其制品业	19	43066	34288	4879	2915	984
木材加工及木、竹、藤、棕、草制品业	20	71881	36579	18289	9733	7280
家具制造业	21	48067	30804	9314	5524	2425
造纸及纸制品业	22	59382	44078	7559	5147	2598
印刷业和记录媒介的复制	23	68042	45021	10119	8591	4311
文教体育用品制造业	24	25683	21913	2486	726	558
石油加工及炼焦	25	7659	3376	1244	1550	1489

1-6 续表 1

单位：个

行业大类	代码	法人单位数	东部地区	中部地区	西部地区	东北地区
化学原料及化学制品制造业	26	114678	67217	25023	13860	8578
医药制造业	27	20606	9623	5139	3753	2091
化学纤维制造业	28	6175	5295	478	208	194
橡胶制品业	29	26458	20024	2992	1807	1635
塑料制品业	30	124076	95982	13579	8335	6180
非金属矿物制品业	31	236336	99264	76412	44571	16089
黑色金属冶炼及压延加工业	32	22481	12317	4386	4040	1738
有色金属冶炼及压延加工业	33	28090	15251	6778	4622	1439
金属制品业	34	188057	144279	20061	14095	9622
通用设备制造业	35	246517	178008	30602	16951	20956
专用设备制造业	36	142507	103416	19202	10339	9550
交通运输设备制造业	37	104139	65555	16710	14441	7433
电气机械及器材制造业	39	141799	112078	14800	7960	6961
通信设备、计算机及其他电子设备制造业	40	75433	63328	6567	3830	1708
仪器仪表及文化、办公用机械制造业	41	33661	25358	3655	2278	2370
工艺品及其他制造业	42	75368	56301	10943	5643	2481
废弃资源和废旧材料回收加工业	43	11513	6291	3241	1400	581
电力、燃气及水的生产和供应业	D	**69947**	**27641**	**17672**	**20130**	**4504**
电力、热力的生产和供应业	44	46291	18514	11221	13460	3096
燃气生产和供应业	45	5472	1926	1408	1673	465
水的生产和供应业	46	18184	7201	5043	4997	943
建筑业	E	**391392**	**218366**	**74623**	**63295**	**35108**
房屋和土木工程建筑业	47	138460	69984	29967	25636	12873
建筑安装业	48	75762	46955	11725	8716	8366
建筑装饰业	49	122892	72461	21008	19787	9636
其他建筑业	50	54278	28966	11923	9156	4233
交通运输、仓储和邮政业	F	**249832**	**140756**	**46710**	**41556**	**20810**
铁路运输业	51	2223	1073	498	467	185
道路运输业	52	122318	60152	28041	23949	10176

1-6 续表 2

单位：个

行业大类	代码	法人单位数	东部地区	中部地区	西部地区	东北地区
城市公共交通业	53	9473	3543	2415	2319	1196
水上运输业	54	10960	6783	2271	1396	510
航空运输业	55	1554	722	194	469	169
管道运输业	56	238	109	61	50	18
装卸搬运和其他运输服务业	57	67161	47841	6992	7314	5014
仓储业	58	24834	13959	4353	3726	2796
邮政业	59	11071	6574	1885	1866	746
信息传输、计算机服务和软件业	**G**	**245669**	**141561**	**40489**	**45906**	**17713**
电信和其他信息传输服务业	60	43250	22974	7478	9060	3738
计算机服务业	61	125293	63666	25945	28044	7638
软件业	62	77126	54921	7066	8802	6337
批发和零售业	**H**	**2630690**	**1577117**	**411936**	**441685**	**199952**
批发业	63	1662888	1076702	224033	235463	126690
零售业	65	967802	500415	187903	206222	73262
住宿和餐饮业	**I**	**186837**	**96472**	**36770**	**41815**	**11780**
住宿业	66	66853	32001	13671	16563	4618
餐饮业	67	119984	64471	23099	25252	7162
金融业	**J**	**67554**	**31320**	**14414**	**15574**	**6246**
银行业	68	14639	5331	3709	4191	1408
证券业	69	5327	2759	1119	1045	404
保险业	70	14772	6948	3203	3254	1367
其他金融活动	71	32816	16282	6383	7084	3067
房地产业	**K**	**356717**	**185391**	**68646**	**73586**	**29094**
房地产业	72	356717	185391	68646	73586	29094
租赁和商务服务业	**L**	**813851**	**514017**	**115869**	**128656**	**55309**
租赁业	73	42279	22143	7502	9699	2935
商务服务业	74	771572	491874	108367	118957	52374
科学研究、技术服务和地质勘查业	**M**	**324932**	**187705**	**51688**	**57130**	**28409**
研究与试验发展	75	43350	26641	7199	5027	4483

1-6 续表 3

单位：个

行业大类	代码	法人单位数	东部地区	中部地区	西部地区	东北地区
专业技术服务业	76	154425	90022	24674	26742	12987
科技交流和推广服务业	77	121899	69518	18788	23238	10355
地质勘查业	78	5258	1524	1027	2123	584
水利、环境和公共设施管理业	**N**	**75981**	**33036**	**17650**	**18622**	**6673**
水利管理业	79	22436	6960	6124	7129	2223
环境管理业	80	17632	7813	3835	4402	1582
公共设施管理业	81	35913	18263	7691	7091	2868
居民服务和其他服务业	**O**	**196880**	**112413**	**34748**	**34194**	**15525**
居民服务业	82	85207	46548	15713	15169	7777
其他服务业	83	111673	65865	19035	19025	7748
教育	**P**	**355072**	**139716**	**86710**	**102116**	**26530**
教育	84	355072	139716	86710	102116	26530
卫生、社会保障和社会福利业	**Q**	**206885**	**64878**	**62767**	**59950**	**19290**
卫生	85	167693	50511	53315	49037	14830
社会保障业	86	12374	3584	3052	4674	1064
社会福利业	87	26818	10783	6400	6239	3396
文化、体育和娱乐业	**R**	**121126**	**59954**	**24986**	**27436**	**8750**
新闻出版业	88	7814	3940	1576	1597	701
广播、电视、电影和音像业	89	17957	8107	4007	4484	1359
文化艺术业	90	51735	23852	11570	12745	3568
体育	91	9778	5484	1607	1828	859
娱乐业	92	33842	18571	6226	6782	2263
公共管理和社会组织	**S**	**1393957**	**481351**	**369845**	**438768**	**103993**
中国共产党机关	93	39257	9772	9880	15939	3666
国家机构	94	402691	114795	109877	138012	40007
人民政协和民主党派	95	6167	2067	1459	2040	601
群众团体、社会团体和宗教组织	96	262817	100043	54590	87572	20612
基层群众自治组织	97	683025	254674	194039	195205	39107

1-7 按行业(大类)、

(2012年)

行业大类	代码	法人单位数	北京	天津	河北	山西	内蒙古
总计		**10616530**	**404907**	**207512**	**387093**	**244262**	**155136**
农、林、牧、渔业	A	**440853**	**3143**	**2939**	**17972**	**34118**	**8928**
农业	01	177717	1357	1226	6994	11243	2482
林业	02	41137	476	218	1628	3975	1035
畜牧业	03	127684	738	717	6082	14898	3747
渔业	04	33815	100	400	248	259	84
农、林、牧、渔服务业	05	60500	472	378	3020	3743	1580
采矿业	B	**107596**	**189**	**100**	**8200**	**7595**	**4740**
煤炭开采和洗选业	06	23241	26	6	692	4434	1038
石油和天然气开采业	07	2240	20	35	32	41	68
黑色金属矿采选业	08	18543	21	18	4828	1347	1203
有色金属矿采选业	09	11903	4	5	403	163	537
非金属矿采选业	10	49517	117	31	2202	1539	1790
其他采矿业	11	2152	1	5	43	71	104
制造业	C	**2380759**	**35495**	**47162**	**94883**	**26189**	**18085**
农副食品加工业	13	115863	955	1025	4565	1914	2330
食品制造业	14	51888	1081	1075	2343	1126	946
饮料制造业	15	40362	416	273	1268	630	665
烟草制品业	16	349	1	1	4	3	2
纺织业	17	137522	703	1289	5347	354	814
纺织服装、鞋、帽制造业	18	113101	2453	1667	2090	308	315
皮革、毛皮、羽毛(绒)及其制品业	19	43066	206	310	2982	79	196
木材加工及木、竹、藤、棕、草制品业	20	71881	688	686	1381	329	779
家具制造业	21	48067	1407	730	1405	271	175
造纸及纸制品业	22	59382	971	1498	2405	473	231
印刷业和记录媒介的复制	23	68042	1712	1096	2563	1021	594
文教体育用品制造业	24	25683	336	494	725	66	20
石油加工及炼焦	25	7659	212	175	458	434	129
化学原料及化学制品制造业	26	114678	2265	2831	5450	1662	1149
医药制造业	27	20606	628	467	685	320	194
化学纤维制造业	28	6175	42	57	251	23	12
橡胶制品业	29	26458	223	721	2120	195	62
塑料制品业	30	124076	1518	2382	4528	609	494
非金属矿物制品业	31	236336	2819	2128	11142	5831	3626
黑色金属冶炼及压延加工业	32	22481	157	1104	1721	681	555
有色金属冶炼及压延加工业	33	28090	243	562	1466	428	457
金属制品业	34	188057	3691	6611	10346	1529	1220
通用设备制造业	35	246517	3045	5953	11550	4116	1147

地区分组的法人单位数

单位：个

辽宁	吉林	黑龙江	上海	江苏	浙江	安徽	福建	江西	山东	代码
453601	**131947**	**189208**	**455055**	**1096912**	**865140**	**324622**	**399091**	**249278**	**906064**	
14181	**6096**	**6102**	**3769**	**26265**	**38278**	**14004**	**19288**	**14632**	**29760**	A
4446	1982	2097	2363	10809	21643	5661	9221	5789	13101	01
1106	639	797	368	2023	2270	1613	2416	2163	1633	02
4882	2105	1761	347	5744	5523	3636	2928	3793	8118	03
1455	177	179	362	3212	4501	1264	2726	1207	1802	04
2292	1193	1268	329	4477	4341	1830	1997	1680	5106	05
6091	**1532**	**2432**	**4**	**1076**	**1508**	**3096**	**3127**	**4144**	**5183**	B
764	252	1337		71	15	262	349	775	652	06
112	148	179	1	32	11	14	5	23	104	07
1809	216	84		106	21	528	348	386	691	08
772	185	90		37	74	321	347	646	321	09
2579	685	715	2	809	1364	1940	2002	2107	3291	10
55	46	27	1	21	23	31	76	207	124	11
93851	**23580**	**31205**	**92397**	**375128**	**324348**	**71928**	**97279**	**50775**	**228076**	C
5822	3069	4661	807	7267	4836	5730	4316	3484	17943	13
2219	884	1304	1281	3436	2246	1861	2777	1331	6185	14
1359	963	1220	266	2000	2411	1995	3894	1073	3255	15
7	17	12	2	10	12	10	14	25	27	16
2409	263	527	4286	37696	33567	2861	4537	2351	13008	17
3985	335	329	6791	21591	15818	4578	9222	3929	9404	18
729	116	139	1070	2974	10216	1003	4325	950	2580	19
2602	1709	2969	1724	7984	4928	3194	4504	2426	10353	20
1319	427	679	3305	3857	4608	1531	1896	1166	4533	21
1707	362	529	2885	8175	8624	1313	3051	1005	5481	22
2172	1063	1076	2793	7440	9658	1864	2836	1322	5258	23
335	70	153	1220	4170	6302	873	1213	555	2031	24
1085	108	296	150	648	282	122	141	78	882	25
5559	1315	1704	3671	15120	8652	3517	3194	4612	14892	26
865	802	424	606	2171	1360	965	456	944	1858	27
137	26	31	144	2455	1283	128	198	70	510	28
1268	181	186	1184	4082	3704	737	1335	330	3113	29
4240	854	1086	5592	18618	23399	3586	5061	1419	10822	30
9616	2949	3524	3215	19220	10549	9117	11832	7797	24499	31
1408	154	176	359	3449	2329	507	525	326	1373	32
1163	133	143	745	4836	2971	654	512	1486	1472	33
6652	1201	1769	11009	34033	24342	4353	5242	2096	16007	34
16421	1658	2877	11685	56807	44234	5716	4732	2017	27273	35

1-7 续表 1

行业大类	代码	法人单位数	北京	天津	河北	山西	内蒙古
专用设备制造业	36	142507	2508	3618	5306	1286	533
交通运输设备制造业	37	104139	1462	3255	4133	635	439
电气机械及器材制造业	39	141799	2151	2515	4546	593	389
通信设备、计算机及其他电子设备制造业	40	75433	1465	1801	948	212	81
仪器仪表及文化、办公用机械制造业	41	33661	1262	1043	858	163	51
工艺品及其他制造业	42	75368	792	1464	1905	724	361
废弃资源和废旧材料回收加工业	43	11513	83	331	392	174	119
电力、燃气及水的生产和供应业	**D**	**69947**	**471**	**472**	**1591**	**1241**	**1425**
电力、热力的生产和供应业	44	46291	313	255	844	635	940
燃气生产和供应业	45	5472	43	78	243	226	138
水的生产和供应业	46	18184	115	139	504	380	347
建筑业	**E**	**391392**	**13102**	**10078**	**10562**	**7433**	**4674**
房屋和土木工程建筑业	47	138460	2774	3343	4557	2506	1916
建筑安装业	48	75762	2621	2698	1969	1305	651
建筑装饰业	49	122892	6743	2728	2526	2320	1523
其他建筑业	50	54278	964	1309	1510	1302	584
交通运输、仓储和邮政业	**F**	**249832**	**8098**	**9726**	**7754**	**5382**	**4267**
铁路运输业	51	2223	36	96	81	109	66
道路运输业	52	122318	4028	2815	4849	3497	2853
城市公共交通业	53	9473	309	94	390	319	237
水上运输业	54	10960	19	308	127	21	19
航空运输业	55	1554	57	44	32	34	47
管道运输业	56	238	7	8	14	9	1
装卸搬运和其他运输服务业	57	67161	2235	4836	1328	680	521
仓储业	58	24834	903	1386	668	554	394
邮政业	59	11071	504	139	265	159	129
信息传输、计算机服务和软件业	**G**	**245669**	**22151**	**3452**	**5106**	**3691**	**2196**
电信和其他信息传输服务业	60	43250	3271	463	892	937	498
计算机服务业	61	125293	6388	1644	3449	2192	1321
软件业	62	77126	12492	1345	765	562	377
批发和零售业	**H**	**2630690**	**121945**	**64701**	**91157**	**53059**	**38712**
批发业	63	1662888	63484	48118	55623	26159	21806
零售业	65	967802	58461	16583	35534	26900	16906
住宿和餐饮业	**I**	**186837**	**13252**	**3118**	**4233**	**3664**	**3449**
住宿业	66	66853	4027	764	1855	1486	1364
餐饮业	67	119984	9225	2354	2378	2178	2085
金融业	**J**	**67554**	**1794**	**1876**	**2597**	**1785**	**1816**
银行业	68	14639	113	339	656	466	361
证券业	69	5327	303	136	162	89	51
保险业	70	14772	539	152	581	356	322
其他金融活动	71	32816	839	1249	1198	874	1082

单位：个

辽宁	吉林	黑龙江	上海	江苏	浙江	安徽	福建	江西	山东	代码
6348	1253	1949	7442	33534	17767	3590	3805	1820	13928	36
4455	1919	1059	3743	16366	18932	3549	3168	1618	8906	37
5053	792	1116	6138	25237	31116	4014	4616	2180	8000	39
1247	188	273	2720	15148	9274	1587	2438	1369	3290	40
1780	243	347	2014	6429	6109	764	983	545	2108	41
1542	399	540	5344	8677	13848	1594	6102	1902	8278	42
347	127	107	206	1698	971	615	354	549	807	43
1973	**1252**	**1279**	**305**	**2798**	**4057**	**2319**	**6570**	**4063**	**2528**	D
1279	923	894	64	679	2727	960	5501	3177	1158	44
224	128	113	55	396	204	214	111	251	490	45
470	201	272	186	1723	1126	1145	958	635	880	46
21772	**5218**	**8118**	**22208**	**55105**	**24059**	**15424**	**12856**	**8698**	**40418**	E
7219	2294	3360	5520	17601	8810	5320	5257	3554	14865	47
5627	1185	1554	5593	13809	3626	2406	1900	1335	8635	48
6440	1166	2030	9238	16310	8809	5154	3682	2510	9097	49
2486	573	1174	1857	7385	2814	2544	2017	1299	7821	50
13580	**2959**	**4271**	**16219**	**25751**	**15490**	**9761**	**9333**	**8396**	**21757**	F
125	32	28	35	183	58	80	68	49	405	51
6453	1494	2229	3804	14997	7206	5810	3688	6067	9508	52
658	187	351	212	616	444	327	269	362	517	53
419	16	75	339	1616	1174	883	1013	359	773	54
90	31	48	89	99	64	29	55	19	87	55
12	4	2	4	22	5	4	2	15	35	56
4055	335	624	7978	5701	4930	1445	3186	749	5900	57
1333	721	742	2638	1754	863	823	627	470	3536	58
435	139	172	1120	763	746	360	425	306	996	59
12119	**2207**	**3387**	**14029**	**23021**	**19949**	**7572**	**8875**	**3182**	**18621**	G
2481	599	658	1082	3830	1782	1506	1931	995	5297	60
5103	989	1546	7529	10237	10199	4404	4571	1512	9595	61
4535	619	1183	5418	8954	7968	1662	2373	675	3729	62
122551	**29292**	**48109**	**150676**	**303339**	**196797**	**74576**	**100295**	**46982**	**252083**	H
82825	14151	29714	112675	221871	153727	45023	69435	26407	157782	63
39726	15141	18395	38001	81468	43070	29553	30860	20575	94301	65
7575	**1714**	**2491**	**11590**	**12019**	**9072**	**5414**	**6455**	**3404**	**16993**	I
2671	740	1207	2870	3636	4145	1856	2871	1795	3829	66
4904	974	1284	8720	8383	4927	3558	3584	1609	13164	67
3615	**1007**	**1624**	**1479**	**5700**	**3065**	**3069**	**3535**	**2300**	**6168**	J
684	259	465	165	576	411	591	566	839	1751	68
286	50	68	286	438	207	204	229	127	302	69
758	240	369	336	1002	593	547	553	420	2001	70
1887	458	722	692	3684	1854	1727	2187	914	2114	71

1-7 续表 2

行业大类	代码	法人单位数	北京	天津	河北	山西	内蒙古
房地产业	K	**356717**	**14661**	**5913**	**11472**	**6364**	**6293**
房地产业	72	356717	14661	5913	11472	6364	6293
租赁和商务服务业	L	**813851**	**77035**	**21553**	**15638**	**11201**	**8901**
租赁业	73	42279	2577	1452	1113	839	822
商务服务业	74	771572	74458	20101	14525	10362	8079
科学研究、技术服务和地质勘查业	M	**324932**	**38136**	**10795**	**6478**	**5449**	**4258**
研究与试验发展	75	43350	3260	658	604	739	393
专业技术服务业	76	154425	12740	4542	3928	2836	2293
科技交流和推广服务业	77	121899	21862	5506	1758	1704	1220
地质勘查业	78	5258	274	89	188	170	352
水利、环境和公共设施管理业	N	**75981**	**2488**	**1458**	**2315**	**2369**	**1878**
水利管理业	79	22436	275	282	530	809	696
环境管理业	80	17632	516	338	433	548	469
公共设施管理业	81	35913	1697	838	1352	1012	713
居民服务和其他服务业	O	**196880**	**14788**	**7457**	**5088**	**4840**	**2787**
居民服务业	82	85207	7030	2253	1771	1856	1307
其他服务业	83	111673	7758	5204	3317	2984	1480
教育	P	**355072**	**8304**	**3467**	**17885**	**8990**	**5673**
教育	84	355072	8304	3467	17885	8990	5673
卫生、社会保障和社会福利业	Q	**206885**	**3084**	**1508**	**6554**	**5217**	**4486**
卫生	85	167693	2238	1092	5502	4142	3560
社会保障业	86	12374	241	197	334	527	386
社会福利业	87	26818	605	219	718	548	540
文化、体育和娱乐业	R	**121126**	**12754**	**1863**	**2675**	**3398**	**1900**
新闻出版业	88	7814	1545	147	152	329	167
广播、电视、电影和音像业	89	17957	1857	230	513	477	409
文化艺术业	90	51735	6538	723	1264	1581	887
体育	91	9778	915	234	166	289	150
娱乐业	92	33842	1899	529	580	722	287
公共管理和社会组织	S	**1393957**	**14017**	**9874**	**74933**	**52277**	**30668**
中国共产党机关	93	39257	333	265	1673	1569	919
国家机构	94	402691	3223	2417	15534	14709	10067
人民政协和民主党派	95	6167	58	61	273	253	155
群众团体、社会团体和宗教组织	96	262817	4216	1909	5444	6069	6123
基层群众自治组织	97	683025	6187	5222	52009	29677	13404

单位：个

辽宁	吉林	黑龙江	上海	江苏	浙江	安徽	福建	江西	山东	代码
17678	**4498**	**6918**	**14202**	**30017**	**20423**	**13254**	**12038**	**9260**	**24972**	K
17678	4498	6918	14202	30017	20423	13254	12038	9260	24972	72
36142	**7395**	**11772**	**63975**	**81495**	**68184**	**24754**	**30609**	**16335**	**53847**	L
1746	439	750	1695	4434	2892	2196	2084	1358	3181	73
34396	6956	11022	62280	77061	65292	22558	28525	14977	50666	74
16450	**5116**	**6843**	**22603**	**27367**	**22256**	**8913**	**9824**	**5479**	**17830**	M
2795	608	1080	2788	5016	2859	1223	1286	498	2357	75
7317	2621	3049	12445	14257	10684	4562	5500	2935	7896	76
6055	1776	2524	7335	7915	8614	2948	2883	1874	7289	77
283	111	190	35	179	99	180	155	172	288	78
3665	**1342**	**1666**	**2127**	**6750**	**4969**	**2654**	**2923**	**2164**	**4213**	N
1144	553	526	209	1922	801	624	735	660	936	79
888	277	417	609	1471	1239	557	754	520	774	80
1633	512	723	1309	3357	2929	1473	1434	984	2503	81
9661	**2157**	**3707**	**13307**	**18805**	**9572**	**5033**	**5919**	**4751**	**17604**	O
4820	962	1995	6953	6816	3857	2372	2815	1727	6192	82
4841	1195	1712	6354	11989	5715	2661	3104	3024	11412	83
13499	**5251**	**7780**	**5760**	**17764**	**17736**	**12597**	**12618**	**9436**	**21213**	P
13499	5251	7780	5760	17764	17736	12597	12618	9436	21213	84
11123	**3271**	**4896**	**2983**	**11288**	**7144**	**5458**	**6127**	**7351**	**15981**	Q
8807	2199	3824	1491	7802	5321	4534	4817	5873	13997	85
469	175	420	282	781	321	216	480	365	578	86
1847	897	652	1210	2705	1502	708	830	1113	1406	87
4880	**1844**	**2026**	**4941**	**9065**	**7218**	**3204**	**5082**	**2899**	**6234**	R
323	188	190	273	365	311	213	275	203	330	88
610	374	375	526	1291	1143	519	551	563	803	89
1779	864	925	1212	3656	2520	1275	2016	1210	2553	90
563	136	160	545	820	922	281	319	163	495	91
1605	282	376	2385	2933	2322	916	1921	760	2053	92
43195	**26216**	**34582**	**12481**	**64159**	**71015**	**41592**	**46338**	**45027**	**122583**	S
1693	735	1238	206	1779	1146	1393	1030	1383	1775	93
15295	10237	14475	3376	19737	14461	12906	13566	16133	22918	94
249	133	219	146	272	293	256	242	214	320	95
10078	3934	6600	3387	20258	21796	9336	14822	7971	13999	96
15880	11177	12050	5366	22113	33319	17701	16678	19326	83571	97

1-7 续表 3

行业大类	代码	河南	湖北	湖南	广东	广西	海南
总计		**425276**	**435964**	**343869**	**1008447**	**274666**	**49117**
农、林、牧、渔业	A	**15825**	**15682**	**14280**	**15611**	**23041**	**2964**
农业	01	2806	5075	6193	7276	8674	1384
林业	02	1176	1454	2234	1572	3193	280
畜牧业	03	8828	4307	2975	2348	6186	801
渔业	04	459	1805	1017	1491	3122	266
农、林、牧、渔服务业	05	2556	3041	1861	2924	1866	233
采矿业	B	**7882**	**5384**	**7685**	**3235**	**3656**	**264**
煤炭开采和洗选业	06	1468	527	1615	7	75	
石油和天然气开采业	07	14	45	9	31	10	1
黑色金属矿采选业	08	1047	1045	953	432	574	14
有色金属矿采选业	09	1268	456	1055	268	682	133
非金属矿采选业	10	4033	3115	3947	2363	2170	101
其他采矿业	11	52	196	106	134	145	15
制造业	C	**119630**	**71998**	**62901**	**287010**	**27725**	**2991**
农副食品加工业	13	12731	6182	5442	4828	1924	374
食品制造业	14	3851	2058	1981	4985	1150	188
饮料制造业	15	2415	2497	1738	1810	944	113
烟草制品业	16	12	27	26	39	4	2
纺织业	17	4252	3778	1620	11715	810	45
纺织服装、鞋、帽制造业	18	2301	3278	1211	19472	740	91
皮革、毛皮、羽毛(绒)及其制品业	19	1712	372	763	9619	436	6
木材加工及木、竹、藤、棕、草制品业	20	6951	1719	3670	4168	3481	163
家具制造业	21	3718	1243	1385	8954	512	109
造纸及纸制品业	22	1898	1227	1643	10903	901	85
印刷业和记录媒介的复制	23	2223	1935	1754	11473	949	192
文教体育用品制造业	24	398	256	338	5414	155	8
石油加工及炼焦	25	325	167	118	412	77	16
化学原料及化学制品制造业	26	5394	3787	6051	10953	1770	189
医药制造业	27	1194	1004	712	1262	477	130
化学纤维制造业	28	110	82	65	347	10	8
橡胶制品业	29	845	515	370	3502	186	40
塑料制品业	30	3743	2598	1624	23970	905	92
非金属矿物制品业	31	29651	11468	12548	13390	4295	470
黑色金属冶炼及压延加工业	32	1031	638	1203	1282	433	18
有色金属冶炼及压延加工业	33	1806	669	1735	2427	450	17
金属制品业	34	5352	4262	2469	32883	1032	115
通用设备制造业	35	9109	5359	4285	12689	1261	40

单位：个

重庆	四川	贵州	云南	西藏	陕西	甘肃	青海	宁夏	新疆	代码
274165	**403208**	**133415**	**214490**	**16664**	**255333**	**124734**	**33425**	**43820**	**110109**	
35984	**21429**	**10244**	**19175**	**42**	**10266**	**7064**	**2509**	**2489**	**4773**	A
15777	7123	4611	10013	9	3353	1958	655	860	1536	01
2301	1674	637	1768	6	1082	530	276	336	258	02
10164	7009	4113	5351	18	3648	3393	1291	881	1352	03
5604	815	481	290		244	74	29	79	63	04
2138	4808	402	1753	9	1939	1109	258	333	1564	05
3085	**5724**	**5630**	**5801**	**129**	**4203**	**2091**	**822**	**682**	**2306**	B
1137	1744	2077	1634	2	1063	342	98	341	438	06
26	92	8	13		917	70	6	49	124	07
146	407	302	586	23	336	308	87	14	663	08
36	628	419	1590	60	561	329	143	2	368	09
1702	2768	2777	1865	41	1172	941	453	266	630	10
38	85	47	113	3	154	101	35	10	83	11
42225	**56827**	**14905**	**17663**	**394**	**32873**	**13585**	**3157**	**5624**	**10870**	C
2585	4292	1115	1744	60	2021	1634	319	771	1117	13
1196	2336	539	765	19	1320	580	107	257	461	14
1047	3548	1290	1482	29	772	398	63	136	392	15
5	13	9	38		13	10		3	1	16
2138	1176	132	238	13	701	227	55	219	391	17
1217	870	187	168	11	399	111	56	50	124	18
786	843	68	47	8	107	170	41	139	74	19
1250	1631	644	962	17	499	173	39	61	197	20
1660	1545	296	270	9	620	184	22	79	152	21
816	1216	262	420	2	746	200	11	94	248	22
1208	2278	455	656	13	1172	632	100	209	325	23
154	171	49	33		78	30	7	10	19	24
87	184	136	117		404	78	12	66	260	25
1432	3164	974	1168	18	1847	756	257	443	882	26
309	907	260	288	29	752	309	64	49	115	27
24	65	3	4		42	11	2	2	33	28
383	414	121	156		327	62	6	24	66	29
1377	2016	395	576	4	850	472	65	224	957	30
5055	10963	3867	3251	67	5026	3795	839	1267	2520	31
422	739	377	420		371	263	103	178	179	32
386	676	332	736	7	1079	194	99	79	127	33
3118	3025	616	914	10	1920	791	329	370	750	34
3106	4990	599	820	3	3600	572	125	307	421	35

1-7 续表 4

行业大类	代码	河南	湖北	湖南	广东	广西	海南
专用设备制造业	36	6080	3736	2690	15452	1074	56
交通运输设备制造业	37	3448	5754	1706	5369	1319	221
电气机械及器材制造业	39	3054	2858	2101	27703	779	56
通信设备、计算机及其他电子设备制造业	40	662	1489	1248	26212	485	32
仪器仪表及文化、办公用机械制造业	41	771	896	516	4542	141	10
工艺品及其他制造业	42	3681	1678	1364	9800	822	91
废弃资源和废旧材料回收加工业	43	912	466	525	1435	203	14
电力、燃气及水的生产和供应业	D	**1627**	**3167**	**5255**	**8522**	**2771**	**327**
电力、热力的生产和供应业	44	703	1678	4068	6775	2001	198
燃气生产和供应业	45	198	320	199	271	93	35
水的生产和供应业	46	726	1169	988	1476	677	94
建筑业	E	**13132**	**21804**	**8132**	**26249**	**5713**	**3729**
房屋和土木工程建筑业	47	6795	7717	4075	6577	1856	680
建筑安装业	48	1687	3898	1094	5518	749	586
建筑装饰业	49	3100	6183	1741	11346	2407	1982
其他建筑业	50	1550	4006	1222	2808	701	481
交通运输、仓储和邮政业	F	**6302**	**11904**	**4965**	**25569**	**6107**	**1059**
铁路运输业	51	62	133	65	105	61	6
道路运输业	52	3465	6603	2599	8866	3210	391
城市公共交通业	53	446	453	508	625	265	67
水上运输业	54	89	664	255	1262	506	152
航空运输业	55	34	46	32	168	49	27
管道运输业	56	2	19	12	9	6	3
装卸搬运和其他运输服务业	57	702	2457	959	11466	1158	281
仓储业	58	1337	813	356	1514	602	70
邮政业	59	165	716	179	1554	250	62
信息传输、计算机服务和软件业	G	**6434**	**9085**	**10525**	**25038**	**6952**	**1319**
电信和其他信息传输服务业	60	744	1944	1352	4245	1363	181
计算机服务业	61	4696	5132	8009	9244	4806	810
软件业	62	994	2009	1164	11549	783	328
批发和零售业	H	**67285**	**106428**	**63606**	**285282**	**67375**	**10842**
批发业	63	34888	54841	36715	188043	35130	5944
零售业	65	32397	51587	26891	97239	32245	4898
住宿和餐饮业	I	**8671**	**8594**	**7023**	**18283**	**3466**	**1457**
住宿业	66	2928	2822	2784	7073	1751	931
餐饮业	67	5743	5772	4239	11210	1715	526
金融业	J	**2033**	**3238**	**1989**	**4759**	**1643**	**347**
银行业	68	498	865	450	681	459	73
证券业	69	77	304	318	645	177	51
保险业	70	544	805	531	1117	334	74
其他金融活动	71	914	1264	690	2316	673	149

单位：个

重庆	四川	贵州	云南	西藏	陕西	甘肃	青海	宁夏	新疆	代码
1726	2598	343	462	4	2511	479	62	174	373	36
7138	2434	585	685	19	1054	365	113	114	176	37
1227	1982	340	397	5	1978	376	70	128	289	39
608	1122	93	84		1243	75	8	12	19	40
696	431	52	131		630	64	8	49	25	41
915	860	666	488	44	623	480	153	89	142	42
154	338	100	143	3	168	94	22	21	35	43
2061	**5863**	**1403**	**2351**	**95**	**1495**	**1146**	**393**	**273**	**854**	**D**
1226	3609	1024	1730	79	826	918	306	174	627	44
191	666	59	106	4	202	71	25	39	79	45
644	1588	320	515	12	467	157	62	60	148	46
8959	**10965**	**2845**	**8603**	**451**	**12822**	**3204**	**1077**	**1502**	**2480**	**E**
3213	4851	1005	3403	405	4815	1726	564	715	1167	47
1062	1540	331	971	14	1974	521	169	250	484	48
2894	3157	1156	2814	14	3993	662	224	420	523	49
1790	1417	353	1415	18	2040	295	120	117	306	50
5431	**8394**	**1946**	**4201**	**188**	**4785**	**2046**	**524**	**784**	**2883**	**F**
20	71	26	42	1	98	29	13	8	32	51
3027	5302	1128	2324	105	2728	1037	303	473	1459	52
147	450	158	200	29	379	198	41	55	160	53
444	257	66	60		21	8	5	8	2	54
31	81	19	78	5	73	37	5	9	35	55
1	8	1	5		17	3		2	6	56
1173	1420	246	823	15	595	347	59	104	853	57
403	496	191	251	9	689	293	65	68	265	58
185	309	111	418	24	185	94	33	57	71	59
6721	**12209**	**2425**	**5021**	**162**	**5088**	**1629**	**481**	**811**	**2211**	**G**
1149	1880	577	1004	72	1074	606	112	116	609	60
3072	8535	1532	2967	86	2518	880	313	601	1413	61
2500	1794	316	1050	4	1496	143	56	94	189	62
70126	**63642**	**19843**	**54080**	**1085**	**61041**	**24181**	**5500**	**11300**	**24800**	**H**
30464	37614	10181	31914	248	29058	13179	2844	6045	16980	63
39662	26028	9662	22166	837	31983	11002	2656	5255	7820	65
10019	**8006**	**2144**	**3498**	**326**	**6064**	**2299**	**653**	**756**	**1135**	**I**
1693	3282	1057	2147	258	2352	1117	399	353	790	66
8326	4724	1087	1351	68	3712	1182	254	403	345	67
1525	**2585**	**1062**	**2607**	**117**	**1764**	**928**	**263**	**399**	**865**	**J**
531	674	238	662	93	376	335	120	69	273	68
163	238	40	148	3	156	34	8	11	16	69
184	645	164	626	15	427	238	42	64	193	70
647	1028	620	1171	6	805	321	93	255	383	71

1-7 续表 5

行业大类	代码	河南	湖北	湖南	广东	广西	海南
房地产业	K	**11360**	**17674**	**10734**	**46107**	**11034**	**5586**
房地产业	72	11360	17674	10734	46107	11034	5586
租赁和商务服务业	L	**16271**	**31783**	**15525**	**96324**	**22108**	**5357**
租赁业	73	952	1541	616	2417	1044	298
商务服务业	74	15319	30242	14909	93907	21064	5059
科学研究、技术服务和地质勘查业	M	**7005**	**15165**	**9677**	**30938**	**9959**	**1478**
研究与试验发展	75	690	1665	2384	7579	766	234
专业技术服务业	76	3693	7137	3511	17153	4014	877
科技交流和推广服务业	77	2454	6162	3646	6045	5030	311
地质勘查业	78	168	201	136	161	149	56
水利、环境和公共设施管理业	N	**2592**	**4644**	**3227**	**5406**	**2748**	**387**
水利管理业	79	773	1735	1523	1160	1230	110
环境管理业	80	492	1122	596	1583	568	96
公共设施管理业	81	1327	1787	1108	2663	950	181
居民服务和其他服务业	O	**4790**	**9659**	**5675**	**18981**	**4093**	**892**
居民服务业	82	2820	3641	3297	8450	1612	411
其他服务业	83	1970	6018	2378	10531	2481	481
教育	P	**23071**	**17743**	**14873**	**32611**	**17788**	**2358**
教育	84	23071	17743	14873	32611	17788	2358
卫生、社会保障和社会福利业	Q	**25235**	**11243**	**8263**	**9397**	**6644**	**812**
卫生	85	23432	8850	6484	7562	4606	689
社会保障业	86	608	681	655	340	1272	30
社会福利业	87	1195	1712	1124	1495	766	93
文化、体育和娱乐业	R	**4574**	**5913**	**4998**	**9290**	**3489**	**832**
新闻出版业	88	203	416	212	471	201	71
广播、电视、电影和音像业	89	651	931	866	1068	981	125
文化艺术业	90	2479	2881	2144	3069	1286	301
体育	91	250	376	248	996	297	72
娱乐业	92	991	1309	1528	3686	724	263
公共管理和社会组织	S	**81557**	**64856**	**84536**	**59835**	**48354**	**6116**
中国共产党机关	93	1420	1590	2525	1418	2359	147
国家机构	94	20785	21060	24284	17581	19799	1982
人民政协和民主党派	95	228	254	254	353	257	49
群众团体、社会团体和宗教组织	96	8184	12861	10169	13280	9780	932
基层群众自治组织	97	50940	29091	47304	27203	16159	3006

单位：个

重庆	四川	贵州	云南	西藏	陕西	甘肃	青海	宁夏	新疆	代码
9341	**12171**	**5658**	**9013**	**108**	**10340**	**3275**	**992**	**1299**	**4062**	K
9341	12171	5658	9013	108	10340	3275	992	1299	4062	72
21127	**24629**	**6576**	**14924**	**292**	**15511**	**4798**	**1337**	**2408**	**6045**	L
1823	1726	710	776	48	1422	449	121	296	462	73
19304	22903	5866	14148	244	14089	4349	1216	2112	5583	74
5409	**11851**	**3368**	**6656**	**187**	**7580**	**2483**	**962**	**835**	**3582**	M
494	910	273	782	20	725	295	72	57	240	75
2909	5018	1668	3206	89	3413	1241	475	513	1903	76
1903	5692	1301	2420	63	3161	839	355	238	1016	77
103	231	126	248	15	281	108	60	27	423	78
1868	**3510**	**1258**	**2210**	**43**	**2464**	**1014**	**345**	**309**	**975**	N
475	1318	625	863	15	860	439	172	96	340	79
495	982	236	511	11	500	211	101	60	258	80
898	1210	397	836	17	1104	364	72	153	377	81
6844	**5066**	**2072**	**3381**	**110**	**5372**	**1776**	**370**	**740**	**1583**	O
4125	2451	903	1162	42	1774	801	158	243	591	82
2719	2615	1169	2219	68	3598	975	212	497	992	83
8815	**21254**	**9821**	**8203**	**1046**	**12248**	**9225**	**1320**	**1425**	**5298**	P
8815	21254	9821	8203	1046	12248	9225	1320	1425	5298	84
6409	**14881**	**4159**	**4517**	**505**	**10492**	**3550**	**789**	**830**	**2688**	Q
4666	11806	3684	3766	491	9596	3192	653	736	2281	85
620	997	231	367	2	415	142	57	45	140	86
1123	2078	244	384	12	481	216	79	49	267	87
3156	**6505**	**1765**	**3393**	**173**	**3231**	**1775**	**457**	**368**	**1224**	R
167	327	101	145	9	207	98	23	31	121	88
284	753	272	419	85	563	257	96	53	312	89
1603	2826	938	1809	52	1569	875	216	134	550	90
220	391	98	222	6	183	69	50	45	97	91
882	2208	356	798	21	709	476	72	105	144	92
25060	**107697**	**36291**	**39193**	**11211**	**47694**	**38665**	**11474**	**10986**	**31475**	S
701	3905	1186	1813	590	1799	1065	379	189	1034	93
8187	31750	11569	13982	3782	13577	10272	3126	1849	10052	94
147	417	139	241	35	192	195	63	67	132	95
5151	18679	4123	9054	1324	3966	9907	3387	6162	9916	96
10874	52946	19274	14103	5480	28160	17226	4519	2719	10341	97

1-8 按行业(大类)、机构类型分组的法人单位数

(2012年) 单位：个

行业大类	代码	法人单位数	企业法人	事业法人	机关法人	社会团体	其他
总计		**10616530**	**8286654**	**729718**	**250271**	**215597**	**1134290**
农、林、牧、渔业	A	**440853**	**331494**	**16106**			**93253**
农业	01	177717	133787	736			43194
林业	02	41137	33299	2899			4939
畜牧业	03	127684	101230	448			26006
渔业	04	33815	28515	187			5113
农、林、牧、渔服务业	05	60500	34663	11836			14001
采矿业	B	**107596**	**107596**				
煤炭开采和洗选业	06	23241	23241				
石油和天然气开采业	07	2240	2240				
黑色金属矿采选业	08	18543	18543				
有色金属矿采选业	09	11903	11903				
非金属矿采选业	10	49517	49517				
其他采矿业	11	2152	2152				
制造业	C	**2380759**	**2380700**	**7**			**52**
农副食品加工业	13	115863	115835				28
食品制造业	14	51888	51877				11
饮料制造业	15	40362	40359				3
烟草制品业	16	349	349				
纺织业	17	137522	137522				
纺织服装、鞋、帽制造业	18	113101	113101				
皮革、毛皮、羽毛(绒)及其制品业	19	43066	43066				
木材加工及木、竹、藤、棕、草制品业	20	71881	71880				1
家具制造业	21	48067	48067				
造纸及纸制品业	22	59382	59381				1
印刷业和记录媒介的复制	23	68042	68038	4			
文教体育用品制造业	24	25683	25683				
石油加工及炼焦	25	7659	7659				

1-8 续表 1

单位：个

行业大类	代码	法人单位数	企业法人	事业法人	机关法人	社会团体	其他
化学原料及化学制品制造业	26	114678	114678				
医药制造业	27	20606	20606				
化学纤维制造业	28	6175	6175				
橡胶制品业	29	26458	26458				
塑料制品业	30	124076	124076				
非金属矿物制品业	31	236336	236335				1
黑色金属冶炼及压延加工业	32	22481	22481				
有色金属冶炼及压延加工业	33	28090	28090				
金属制品业	34	188057	188057				
通用设备制造业	35	246517	246517				
专用设备制造业	36	142507	142507				
交通运输设备制造业	37	104139	104139				
电气机械及器材制造业	39	141799	141797	1			1
通信设备、计算机及其他电子设备制造业	40	75433	75430	1			2
仪器仪表及文化、办公用机械制造业	41	33661	33660	1			
工艺品及其他制造业	42	75368	75364				4
废弃资源和废旧材料回收加工业	43	11513	11513				
电力、燃气及水的生产和供应业	D	**69947**	**68607**	**620**			**720**
电力、热力的生产和供应业	44	46291	45614	251			426
燃气生产和供应业	45	5472	5391	13			68
水的生产和供应业	46	18184	17602	356			226
建筑业	E	**391392**	**391379**	**11**			**2**
房屋和土木工程建筑业	47	138460	138448	11			1
建筑安装业	48	75762	75762				
建筑装饰业	49	122892	122892				
其他建筑业	50	54278	54277				1
交通运输、仓储和邮政业	F	**249832**	**239225**	**6647**			**3960**
铁路运输业	51	2223	2122	28			73
道路运输业	52	122318	115078	5272			1968

1-8 续表 2

单位：个

行业大类	代码	法人单位数	企业法人	事业法人	机关法人	社会团体	其他
城市公共交通业	53	9473	9248	102			123
水上运输业	54	10960	10336	447			177
航空运输业	55	1554	1457	61			36
管道运输业	56	238	232	2			4
装卸搬运和其他运输服务业	57	67161	66133	73			955
仓储业	58	24834	23965	500			369
邮政业	59	11071	10654	162			255
信息传输、计算机服务和软件业	**G**	**245669**	**234453**	**4215**			**7001**
电信和其他信息传输服务业	60	43250	38207	3459			1584
计算机服务业	61	125293	119861	666			4766
软件业	62	77126	76385	90			651
批发和零售业	**H**	**2630690**	**2629580**	**4**			**1106**
批发业	63	1662888	1661805	2			1081
零售业	65	967802	967775	2			25
住宿和餐饮业	**I**	**186837**	**181011**	**723**			**5103**
住宿业	66	66853	64861	566			1426
餐饮业	67	119984	116150	157			3677
金融业	**J**	**67554**	**63712**	**1148**	**342**		**2352**
银行业	68	14639	13447	447	342		403
证券业	69	5327	5052	81			194
保险业	70	14772	14281	145			346
其他金融活动	71	32816	30932	475			1409
房地产业	**K**	**356717**	**349865**	**2657**			**4195**
房地产业	72	356717	349865	2657			4195
租赁和商务服务业	**L**	**813851**	**729986**	**30181**			**53684**
租赁业	73	42279	41132	59			1088
商务服务业	74	771572	688854	30122			52596
科学研究、技术服务和地质勘查业	**M**	**324932**	**242723**	**66403**			**15806**
研究与试验发展	75	43350	34626	6214			2510

1-8　续表 3　　　　单位：个

行业大类	代码	法　人单位数	企业法人	事业法人	机关法人	社会团体	其他
专业技术服务业	76	154425	123192	28002			3231
科技交流和推广服务业	77	121899	81135	30810			9954
地质勘查业	78	5258	3770	1377			111
水利、环境和公共设施管理业	**N**	**75981**	**38723**	**34068**		**81**	**3109**
水利管理业	79	22436	3244	17874			1318
环境管理业	80	17632	8881	7971		81	699
公共设施管理业	81	35913	26598	8223			1092
居民服务和其他服务业	**O**	**196880**	**177802**	**6092**			**12986**
居民服务业	82	85207	72001	4315			8891
其他服务业	83	111673	105801	1777			4095
教育	**P**	**355072**	**33746**	**218304**			**103022**
教育	84	355072	33746	218304			103022
卫生、社会保障和社会福利业	**Q**	**206885**	**19103**	**104957**		**1731**	**81094**
卫生	85	167693	17550	83844			66299
社会保障业	86	12374	426	10927			1021
社会福利业	87	26818	1127	10186		1731	13774
文化、体育和娱乐业	**R**	**121126**	**66949**	**39389**		**2031**	**12757**
新闻出版业	88	7814	3841	3647			326
广播、电视、电影和音像业	89	17957	10007	7441			509
文化艺术业	90	51735	20521	24603			6611
体育	91	9778	2891	2689		2031	2167
娱乐业	92	33842	29689	1009			3144
公共管理和社会组织	**S**	**1393957**		**198186**	**249929**	**211754**	**734088**
中国共产党机关	93	39257		2068	37189		
国家机构	94	402691		195808	206883		
人民政协和民主党派	95	6167		310	5857		
群众团体、社会团体和宗教组织	96	262817				211754	51063
基层群众自治组织	97	683025					683025

1-9 按行业(大类)、开业(成立)

(2012年)

行业大类	代码	法人单位数	1949年及以前	1950-1977年
总计		**10616530**	**85201**	**458270**
农、林、牧、渔业	**A**	**440853**	**125**	**5155**
农业	01	177717	45	961
林业	02	41137	30	1724
畜牧业	03	127684	17	277
渔业	04	33815	1	127
农、林、牧、渔服务业	05	60500	32	2066
采矿业	**B**	**107596**	**54**	**1237**
煤炭开采和洗选业	06	23241	27	658
石油和天然气开采业	07	2240	1	9
黑色金属矿采选业	08	18543	4	63
有色金属矿采选业	09	11903	4	100
非金属矿采选业	10	49517	17	403
其他采矿业	11	2152	1	4
制造业	**C**	**2380759**	**847**	**17819**
农副食品加工业	13	115863	36	1248
食品制造业	14	51888	30	454
饮料制造业	15	40362	54	580
烟草制品业	16	349	16	23
纺织业	17	137522	50	713
纺织服装、鞋、帽制造业	18	113101	15	445
皮革、毛皮、羽毛(绒)及其制品业	19	43066	11	175
木材加工及木、竹、藤、棕、草制品业	20	71881	8	279
家具制造业	21	48067	3	189
造纸及纸制品业	22	59382	30	338
印刷业和记录媒介的复制	23	68042	101	976
文教体育用品制造业	24	25683	9	121
石油加工及炼焦	25	7659	9	65
化学原料及化学制品制造业	26	114678	52	1057
医药制造业	27	20606	31	326
化学纤维制造业	28	6175	2	21
橡胶制品业	29	26458	10	212
塑料制品业	30	124076	7	407
非金属矿物制品业	31	236336	60	2508
黑色金属冶炼及压延加工业	32	22481	8	181
有色金属冶炼及压延加工业	33	28090	13	166
金属制品业	34	188057	25	1123
通用设备制造业	35	246517	84	2027

时间分组的法人单位数

单位：个

1978-1991年	1992-1995年	1996年	1997年	1998年	1999年	2000年	代码
792183	**367797**	**116287**	**117488**	**199960**	**189230**	**288662**	
6286	**2393**	**894**	**786**	**5848**	**2086**	**4938**	A
790	521	208	209	1619	483	1197	01
1569	424	147	135	672	309	765	02
557	359	185	180	1329	686	1579	03
287	208	70	74	606	201	366	04
3083	881	284	188	1622	407	1031	05
4318	**3630**	**1478**	**1333**	**2516**	**2067**	**3394**	B
1748	1307	535	487	730	560	816	06
21	53	15	18	89	39	58	07
365	346	161	109	253	245	473	08
440	397	177	152	232	237	365	09
1721	1511	586	561	1195	969	1651	10
23	16	4	6	17	17	31	11
75012	**99780**	**33335**	**35760**	**60698**	**56639**	**87712**	C
3629	4723	1893	2070	3888	3525	5581	13
1797	2427	858	1005	1755	1469	2282	14
1872	1908	754	809	1528	1350	1952	15
41	22	5	6	10	10	10	16
3258	4812	1599	1892	3250	3234	5835	17
2041	3665	1171	1300	1944	1987	3607	18
982	2025	664	597	919	948	1372	19
1396	1820	748	757	1516	1390	2473	20
898	1577	656	723	1200	1075	1693	21
2162	2758	1033	1009	1656	1578	2317	22
4865	4983	1514	1637	2475	1948	3044	23
785	1268	396	375	608	638	943	24
265	361	108	129	208	202	287	25
4552	6118	1983	2199	3700	3482	5169	26
772	1195	362	387	663	576	836	27
139	233	72	86	141	151	279	28
1070	1307	491	466	767	749	1052	29
3384	5223	1729	1915	3118	3167	4913	30
12055	12072	4102	3763	7167	5814	9121	31
704	975	314	318	535	532	771	32
775	1145	370	419	637	652	990	33
4986	6871	2172	2502	4121	4117	6267	34
8115	10074	3315	3611	6260	5548	8587	35

1-9 续表 1

行业大类	代码	法人单位数	1949年及以前	1950-1977年
专用设备制造业	36	142507	50	1239
交通运输设备制造业	37	104139	68	1042
电气机械及器材制造业	39	141799	34	866
通信设备、计算机及其他电子设备制造业	40	75433	9	296
仪器仪表及文化、办公用机械制造业	41	33661	15	356
工艺品及其他制造业	42	75368	7	374
废弃资源和废旧材料回收加工业	43	11513		12
电力、燃气及水的生产和供应业	D	**69947**	**135**	**3342**
电力、热力的生产和供应业	44	46291	80	2363
燃气生产和供应业	45	5472	6	19
水的生产和供应业	46	18184	49	960
建筑业	E	**391392**	**100**	**5017**
房屋和土木工程建筑业	47	138460	79	4550
建筑安装业	48	75762	15	317
建筑装饰业	49	122892	4	57
其他建筑业	50	54278	2	93
交通运输、仓储和邮政业	F	**249832**	**269**	**4873**
铁路运输业	51	2223	2	27
道路运输业	52	122318	106	2460
城市公共交通业	53	9473	11	219
水上运输业	54	10960	12	467
航空运输业	55	1554		10
管道运输业	56	238		
装卸搬运和其他运输服务业	57	67161	30	445
仓储业	58	24834	79	1183
邮政业	59	11071	29	62
信息传输、计算机服务和软件业	G	**245669**	**38**	**627**
电信和其他信息传输服务业	60	43250	35	591
计算机服务业	61	125293	1	28
软件业	62	77126	2	8
批发和零售业	H	**2630690**	**1388**	**22478**
批发业	63	1662888	466	10645
零售业	65	967802	922	11833
住宿和餐饮业	I	**186837**	**79**	**1620**
住宿业	66	66853	42	1037
餐饮业	67	119984	37	583
金融业	J	**67554**	**163**	**785**
银行业	68	14639	116	761
证券业	69	5327	1	2
保险业	70	14772	45	6
其他金融活动	71	32816	1	16

单位：个

1978-1991年	1992-1995年	1996年	1997年	1998年	1999年	2000年	代码
3384	4600	1564	1757	3083	2895	4325	36
3539	4687	1464	1527	2572	2467	3457	37
3547	5567	1768	1980	3041	3237	4548	39
1136	2584	734	877	1329	1277	2069	40
1078	1894	575	641	905	913	1282	41
1614	2681	870	924	1551	1545	2376	42
171	205	51	79	151	163	274	43
7536	**3618**	**1172**	**1237**	**1879**	**1689**	**2252**	D
4699	2243	759	840	1273	1189	1431	44
146	192	59	58	96	119	159	45
2691	1183	354	339	510	381	662	46
12439	**15462**	**4487**	**4743**	**7808**	**7059**	**9414**	E
9041	7880	1970	2037	3547	2944	3803	47
1842	3039	949	1146	1680	1610	2043	48
985	3561	1295	1257	1963	1906	2703	49
571	982	273	303	618	599	865	50
8169	**7349**	**2364**	**2631**	**4472**	**3856**	**5661**	F
87	50	17	15	35	19	37	51
3896	2926	971	1126	1832	1728	2581	52
436	948	275	321	385	359	404	53
817	516	127	161	259	200	275	54
46	71	18	20	37	31	41	55
8	8		2	5	1	12	56
1299	1500	594	580	895	847	1346	57
1495	1265	331	346	640	509	759	58
85	65	31	60	384	162	206	59
1497	**2050**	**822**	**1069**	**1981**	**2790**	**6259**	G
1062	746	226	253	453	714	1249	60
303	649	311	428	854	1171	3206	61
132	655	285	388	674	905	1804	62
33741	**46825**	**18363**	**21365**	**39458**	**39706**	**60784**	H
18537	27521	10746	12715	24225	24427	36430	63
15204	19304	7617	8650	15233	15279	24354	65
6499	**6246**	**2375**	**2551**	**4059**	**3811**	**6072**	I
4550	3514	1221	1246	1883	1613	2346	66
1949	2732	1154	1305	2176	2198	3726	67
2776	**1370**	**1069**	**641**	**625**	**499**	**698**	J
2308	665	620	298	219	179	193	68
38	194	56	52	37	53	64	69
229	191	304	197	159	68	155	70
201	320	89	94	210	199	286	71

1-9 续表 2

行业大类	代码	法人单位数	1949年及以前	1950-1977年
房地产业	K	**356717**	**80**	**3218**
房地产业	72	356717	80	3218
租赁和商务服务业	L	**813851**	**483**	**5101**
租赁业	73	42279	2	125
商务服务业	74	771572	481	4976
科学研究、技术服务和地质勘查业	M	**324932**	**290**	**12478**
研究与试验发展	75	43350	70	1915
专业技术服务业	76	154425	114	4583
科技交流和推广服务业	77	121899	96	5296
地质勘查业	78	5258	10	684
水利、环境和公共设施管理业	N	**75981**	**224**	**6951**
水利管理业	79	22436	119	5223
环境管理业	80	17632	45	912
公共设施管理业	81	35913	60	816
居民服务和其他服务业	O	**196880**	**66**	**1560**
居民服务业	82	85207	45	1137
其他服务业	83	111673	21	423
教育	P	**355072**	**26190**	**85997**
教育	84	355072	26190	85997
卫生、社会保障和社会福利业	Q	**206885**	**2233**	**51030**
卫生	85	167693	2111	48800
社会保障业	86	12374	14	138
社会福利业	87	26818	108	2092
文化、体育和娱乐业	R	**121126**	**939**	**9117**
新闻出版业	88	7814	115	431
广播、电视、电影和音像业	89	17957	108	2191
文化艺术业	90	51735	685	5852
体育	91	9778	16	546
娱乐业	92	33842	15	97
公共管理和社会组织	S	**1393957**	**51498**	**219865**
中国共产党机关	93	39257	2979	9915
国家机构	94	402691	8449	55883
人民政协和民主党派	95	6167	271	1414
群众团体、社会团体和宗教组织	96	262817	7135	14480
基层群众自治组织	97	683025	32664	138173

单位：个

1978-1991年	1992-1995年	1996年	1997年	1998年	1999年	2000年	代码
7394	**16386**	**3728**	**4332**	**7626**	**7160**	**10413**	K
7394	16386	3728	4332	7626	7160	10413	72
22349	**21658**	**6063**	**7106**	**10656**	**12336**	**18269**	L
370	650	246	250	399	425	654	73
21979	21008	5817	6856	10257	11911	17615	74
24523	**11814**	**3306**	**3254**	**4736**	**4604**	**7368**	M
2630	937	265	310	494	452	812	75
10585	6297	1946	1807	2583	2693	4016	76
10867	4370	1049	1092	1565	1374	2432	77
441	210	46	45	94	85	108	78
11154	**4174**	**1157**	**1229**	**1737**	**1462**	**2129**	N
6084	1714	426	428	505	363	498	79
2326	899	255	289	412	338	526	80
2744	1561	476	512	820	761	1105	81
4207	**4915**	**1769**	**2053**	**3334**	**3288**	**5303**	O
2078	2138	819	1033	1716	1632	2708	82
2129	2777	950	1020	1618	1656	2595	83
54906	**19135**	**5914**	**5399**	**7689**	**6917**	**10704**	P
54906	19135	5914	5399	7689	6917	10704	84
38927	**13788**	**3881**	**3141**	**4991**	**3938**	**6579**	Q
30526	10926	3085	2507	4077	3068	5106	85
1871	1134	288	210	220	247	641	86
6530	1728	508	424	694	623	832	87
15840	**5065**	**1415**	**1370**	**1958**	**1684**	**2764**	R
1752	846	173	103	184	191	275	88
3098	989	252	241	324	228	386	89
9256	2037	567	565	733	558	975	90
1102	481	165	140	186	193	304	91
632	712	258	321	531	514	824	92
454610	**82139**	**22695**	**17488**	**27889**	**27639**	**37949**	S
13604	2553	741	623	582	359	651	93
111746	33586	9185	8222	10469	6884	10528	94
2801	287	107	101	142	71	120	95
51091	17723	5506	4227	7403	6320	9571	96
275368	27990	7156	4315	9293	14005	17079	97

1-9 续表 3

行业大类	代码	2001年	2002年	2003年	2004年	2005年
总计		**350812**	**390450**	**463019**	**482509**	**544586**
农、林、牧、渔业	A	**4955**	**4271**	**4988**	**5280**	**7757**
农业	01	1230	1213	1423	1417	2170
林业	02	837	598	639	657	903
畜牧业	03	1528	1422	1563	1698	2793
渔业	04	343	275	327	425	601
农、林、牧、渔服务业	05	1017	763	1036	1083	1290
采矿业	B	**4330**	**4539**	**6747**	**8205**	**9066**
煤炭开采和洗选业	06	981	919	1570	1716	1865
石油和天然气开采业	07	73	62	86	94	99
黑色金属矿采选业	08	653	717	1219	1995	2087
有色金属矿采选业	09	435	464	646	783	1034
非金属矿采选业	10	2150	2342	3179	3558	3895
其他采矿业	11	38	35	47	59	86
制造业	C	**106851**	**119620**	**144122**	**143993**	**153809**
农副食品加工业	13	6146	6572	7761	7889	8727
食品制造业	14	2574	2565	3058	3103	3369
饮料制造业	15	2066	2163	2475	2349	2689
烟草制品业	16	15	7	20	11	13
纺织业	17	6464	8871	10124	9192	9570
纺织服装、鞋、帽制造业	18	4364	5092	6182	6475	7000
皮革、毛皮、羽毛(绒)及其制品业	19	1757	1951	2187	2213	2566
木材加工及木、竹、藤、棕、草制品业	20	3190	3575	4565	4750	5633
家具制造业	21	2002	2125	2709	2850	3046
造纸及纸制品业	22	2897	3212	3815	3608	3744
印刷业和记录媒介的复制	23	3553	3972	4813	4371	4064
文教体育用品制造业	24	1142	1224	1582	1678	1631
石油加工及炼焦	25	395	396	565	582	494
化学原料及化学制品制造业	26	6422	6682	7747	7526	8114
医药制造业	27	1056	1115	1316	1343	1335
化学纤维制造业	28	267	368	477	432	400
橡胶制品业	29	1334	1385	1683	1622	1769
塑料制品业	30	6148	7314	7950	7928	8586
非金属矿物制品业	31	10742	11183	14139	13810	15086
黑色金属冶炼及压延加工业	32	980	1172	1910	1940	1732
有色金属冶炼及压延加工业	33	1249	1320	1576	1774	1887
金属制品业	34	7844	8855	10660	10724	11698
通用设备制造业	35	10834	12238	15014	15281	16088

单位：个

2006年	2007年	2008年	2009年	2010年	2011年	2012年	无开业年份	代码
622656	**625593**	**560295**	**812398**	**962241**	**1059805**	**995041**	**132047**	
10903	**17929**	**24480**	**66327**	**68593**	**84873**	**107342**	**4644**	A
3066	5389	7533	25081	30863	39835	50166	2298	01
1232	1469	1868	4615	5122	7148	9880	394	02
4037	7006	9582	22393	19731	21753	27994	1015	03
693	1351	1914	4440	4238	7524	9313	431	04
1875	2714	3583	9798	8639	8613	9989	506	05
9948	**8707**	**7513**	**7475**	**7207**	**6781**	**5826**	**1225**	B
1662	1365	1357	1439	1290	1049	894	266	06
166	164	171	209	248	252	306	7	07
1957	1812	1732	1146	1146	1103	728	229	08
1387	1229	897	792	673	674	561	224	09
4677	4041	3240	3572	3475	3339	2961	474	10
99	96	116	317	375	364	376	25	11
179473	**167064**	**134482**	**168688**	**201785**	**202206**	**172125**	**18939**	C
8944	8225	6741	7121	6747	6648	6962	787	13
3758	3628	3054	3204	3185	3698	4202	413	14
2915	2754	2159	2403	2330	2355	2544	353	15
22	5	12	14	36	30	19	2	16
11154	9059	6416	8588	10852	11497	10247	845	17
8678	8458	6574	9238	12352	12446	9246	821	18
3084	3013	2397	3155	4233	4757	3583	477	19
6772	6591	4468	4580	5657	5572	5699	442	20
3727	3615	2801	3548	4639	4544	3985	462	21
4413	4170	3207	4333	4676	4308	3771	347	22
4506	3782	2822	3664	4069	3758	2947	178	23
1921	1777	1389	1746	1921	2292	2054	183	24
508	496	460	622	532	470	393	112	25
8971	7461	6059	7144	7278	6553	5509	900	26
1311	1123	975	1355	1489	1488	1351	201	27
570	454	294	367	554	505	324	39	28
1906	1777	1472	1714	1902	1885	1702	183	29
10180	9366	7146	8850	9685	8948	7227	885	30
18770	17302	14069	14475	16154	17408	14794	1742	31
1701	1692	1458	1499	1483	1354	1065	157	32
2348	2362	1757	1840	1972	2363	2227	248	33
13841	12956	10865	15033	18369	18218	15131	1679	34
18124	17217	13905	16897	21276	22515	17143	2364	35

1-9 续表 4

行业大类	代码	2001年	2002年	2003年	2004年	2005年
专用设备制造业	36	5624	6341	7777	8051	8604
交通运输设备制造业	37	4177	4905	6100	6071	6428
电气机械及器材制造业	39	5797	6439	7658	7675	7976
通信设备、计算机及其他电子设备制造业	40	2850	3253	3754	4167	4349
仪器仪表及文化、办公用机械制造业	41	1659	1680	2030	2013	1960
工艺品及其他制造业	42	2942	3217	3859	3875	4437
废弃资源和废旧材料回收加工业	43	361	428	616	690	814
电力、燃气及水的生产和供应业	**D**	**2674**	**3216**	**4466**	**4555**	**4363**
电力、热力的生产和供应业	44	1801	2242	3278	3414	3220
燃气生产和供应业	45	207	238	303	268	268
水的生产和供应业	46	666	736	885	873	875
建筑业	**E**	**13179**	**14250**	**16379**	**18243**	**20978**
房屋和土木工程建筑业	47	5817	5777	5865	6131	7172
建筑安装业	48	2696	2865	3411	3837	4334
建筑装饰业	49	3415	3928	5123	5868	6779
其他建筑业	50	1251	1680	1980	2407	2693
交通运输、仓储和邮政业	**F**	**7425**	**8546**	**10785**	**13317**	**16097**
铁路运输业	51	33	33	41	36	58
道路运输业	52	3682	4170	5042	6180	6783
城市公共交通业	53	515	535	529	561	535
水上运输业	54	363	473	564	675	707
航空运输业	55	59	48	74	82	69
管道运输业	56	6	5	10	7	8
装卸搬运和其他运输服务业	57	1726	2087	2944	4096	5950
仓储业	58	865	978	1296	1262	1493
邮政业	59	176	217	285	418	494
信息传输、计算机服务和软件业	**G**	**8240**	**10168**	**14362**	**15343**	**18303**
电信和其他信息传输服务业	60	1549	1584	2185	2350	2545
计算机服务业	61	4483	6003	8784	8824	10889
软件业	62	2208	2581	3393	4169	4869
批发和零售业	**H**	**74554**	**86587**	**110124**	**115518**	**132368**
批发业	63	46001	54107	69756	72711	82603
零售业	65	28553	32480	40368	42807	49765
住宿和餐饮业	**I**	**6438**	**7063**	**8967**	**10082**	**12535**
住宿业	66	2318	2547	3164	3541	4301
餐饮业	67	4120	4516	5803	6541	8234
金融业	**J**	**876**	**1455**	**2166**	**2007**	**2681**
银行业	68	162	117	196	228	463
证券业	69	105	143	124	123	109
保险业	70	231	625	983	928	1054
其他金融活动	71	378	570	863	728	1055

单位：个

2006年	2007年	2008年	2009年	2010年	2011年	2012年	无开业年份	代码
10174	9420	8049	11772	14920	14864	12815	1199	36
7604	7397	6094	7385	9560	8960	7678	957	37
9790	9772	8529	11872	14274	14788	11326	1315	39
5277	5264	4960	6592	8940	8422	6659	635	40
2251	2124	1768	2115	2545	2861	2745	251	41
5291	4771	3727	6459	8901	7528	7798	621	42
962	1033	855	1103	1254	1171	979	141	43
4302	**3672**	**3102**	**4131**	**4160**	**3998**	**3648**	**800**	D
2971	2408	1907	2535	2565	2451	2096	526	44
304	290	279	539	620	583	629	90	45
1027	974	916	1057	975	964	923	184	46
23463	**22857**	**21231**	**35305**	**43259**	**48042**	**44692**	**2985**	E
7797	7163	6328	10649	12603	13230	13108	969	47
4745	4532	4103	6961	7840	8862	8412	523	48
7685	8178	7939	11630	14993	17137	15605	881	49
3236	2984	2861	6065	7823	8813	7567	612	50
17482	**17101**	**15439**	**22287**	**26769**	**27549**	**25874**	**1517**	F
39	58	69	229	368	473	480	17	51
8226	8124	7366	11677	13828	14688	14155	771	52
518	491	374	479	478	511	560	29	53
685	766	585	847	858	861	687	55	54
91	86	73	141	188	179	177	13	55
5	5	9	32	32	37	42	4	56
5867	5453	4994	5823	6406	7140	6774	365	57
1546	1512	1248	1742	1954	2171	1958	202	58
505	606	721	1317	2657	1489	1041	61	59
23637	**22881**	**18789**	**22043**	**23236**	**25482**	**25279**	**773**	G
3143	2936	2909	4418	4786	4573	4776	167	60
14669	13825	10073	10207	10052	10525	9767	241	61
5825	6120	5807	7418	8398	10384	10736	365	62
161259	**165772**	**155319**	**270097**	**337999**	**378511**	**345172**	**13302**	H
100608	104465	97831	174751	221278	245275	218905	8885	63
60651	61307	57488	95346	116721	133236	126267	4417	65
14804	**15693**	**15241**	**13558**	**15309**	**16478**	**16755**	**602**	I
5051	5389	5206	3998	4616	4666	4358	246	66
9753	10304	10035	9560	10693	11812	12397	356	67
3211	**4046**	**4874**	**7955**	**8773**	**10642**	**9879**	**363**	J
533	638	699	1206	1507	1704	1788	39	68
99	122	212	489	658	1042	1566	38	69
1149	1362	1545	1363	1225	1559	1357	37	70
1430	1924	2418	4897	5383	6337	5168	249	71

1-9 续表 5

行业大类	代码	2001年	2002年	2003年	2004年	2005年
房地产业	K	**12850**	**14744**	**17803**	**18206**	**19989**
房地产业	72	12850	14744	17803	18206	19989
租赁和商务服务业	L	**21019**	**23469**	**31022**	**36023**	**43917**
租赁业	73	965	1039	1252	1514	1926
商务服务业	74	20054	22430	29770	34509	41991
科学研究、技术服务和地质勘查业	M	**9654**	**11300**	**13439**	**14425**	**17522**
研究与试验发展	75	1051	1088	1300	1504	1817
专业技术服务业	76	5078	6002	7274	7898	8984
科技交流和推广服务业	77	3370	4059	4699	4798	6466
地质勘查业	78	155	151	166	225	255
水利、环境和公共设施管理业	N	**2523**	**2876**	**3352**	**3061**	**3432**
水利管理业	79	618	641	574	488	661
环境管理业	80	631	695	867	785	875
公共设施管理业	81	1274	1540	1911	1788	1896
居民服务和其他服务业	O	**6130**	**6950**	**9099**	**10176**	**11753**
居民服务业	82	3048	3508	4477	4997	5676
其他服务业	83	3082	3442	4622	5179	6077
教育	P	**10778**	**11673**	**13159**	**12904**	**14265**
教育	84	10778	11673	13159	12904	14265
卫生、社会保障和社会福利业	Q	**6980**	**6948**	**8199**	**7478**	**9315**
卫生	85	5453	5302	5695	5635	7355
社会保障业	86	674	748	1392	740	718
社会福利业	87	853	898	1112	1103	1242
文化、体育和娱乐业	R	**3241**	**3721**	**4672**	**4931**	**6314**
新闻出版业	88	274	248	331	392	368
广播、电视、电影和音像业	89	475	650	584	682	858
文化艺术业	90	1294	1390	1720	1629	2231
体育	91	365	419	523	532	596
娱乐业	92	833	1014	1514	1696	2261
公共管理和社会组织	S	**48115**	**49054**	**39168**	**38762**	**40122**
中国共产党机关	93	1024	1138	595	379	415
国家机构	94	16666	20516	14159	12285	14754
人民政协和民主党派	95	112	106	102	59	71
群众团体、社会团体和宗教组织	96	8975	9809	10872	11682	14386
基层群众自治组织	97	21338	17485	13440	14357	10496

单位：个

2006年	2007年	2008年	2009年	2010年	2011年	2012年	无开业年份	代码
23707	**26631**	**19913**	**30611**	**41696**	**39591**	**27549**	**3090**	K
23707	26631	19913	30611	41696	39591	27549	3090	72
49137	**52089**	**53917**	**76943**	**91951**	**113488**	**112214**	**4641**	L
2279	2468	2511	4528	5622	7184	7551	319	73
46858	49621	51406	72415	86329	106304	104663	4322	74
18940	**19554**	**19594**	**26723**	**30084**	**34650**	**35052**	**1622**	M
2175	2268	2401	4289	5299	6234	5759	280	75
9714	9256	8483	11667	13619	15929	15235	662	76
6740	7666	8311	10423	10821	12090	13671	644	77
311	364	399	344	345	397	387	36	78
3409	**3420**	**3512**	**4376**	**4646**	**5346**	**5276**	**535**	N
600	478	573	503	498	645	761	36	79
833	852	996	1158	1163	1349	1280	146	80
1976	2090	1943	2715	2985	3352	3235	353	81
13508	**13757**	**12872**	**19698**	**21128**	**23152**	**21209**	**953**	O
6306	6567	6009	6917	7170	8434	8478	314	82
7202	7190	6863	12781	13958	14718	12731	639	83
13770	**11761**	**9985**	**7578**	**7943**	**9293**	**8850**	**262**	P
13770	11761	9985	7578	7943	9293	8850	262	84
9519	**8416**	**6515**	**3438**	**4014**	**4032**	**3387**	**136**	Q
7382	5991	4644	2263	2877	2629	2193	68	85
812	766	591	257	267	351	288	7	86
1325	1659	1280	918	870	1052	906	61	87
6872	**6978**	**6647**	**8010**	**8821**	**10044**	**10289**	**434**	R
308	269	270	305	337	361	275	6	88
812	738	714	849	1131	1287	1295	65	89
2319	2385	2254	2998	3402	4117	4600	168	90
596	624	585	637	540	647	563	18	91
2837	2962	2824	3221	3411	3632	3556	177	92
35312	**37265**	**26870**	**17155**	**14868**	**15647**	**14623**	**75224**	S
305	262	158	84	113	110	76	2591	93
11056	10154	7445	4838	4831	4635	4623	21777	94
45	37	21	8	10	14	20	248	95
15770	16310	12714	11147	8668	9740	9128	160	96
8136	10502	6532	1078	1246	1148	776	50448	97

1-10 按地区分组的法人单位数

单位：个

地 区	法人单位数(2011年)	#多产业法人单位	法人单位数(2012年)	#多产业法人单位
全 国	**9593729**	**398534**	**10616530**	**408794**
北 京	391503	17941	404907	17863
天 津	185899	4427	207512	4596
河 北	361028	10096	387093	9800
山 西	220371	19649	244262	19994
内蒙古	147105	6815	155136	6770
辽 宁	388515	10374	453601	10822
吉 林	124637	3615	131947	3651
黑龙江	184150	9232	189208	9224
上 海	422955	17914	455055	18324
江 苏	979237	18494	1096912	20339
浙 江	778193	26728	865140	28465
安 徽	286915	14167	324622	14737
福 建	356207	20205	399091	20478
江 西	199355	8491	249278	8882
山 东	832499	23241	906064	23018
河 南	410810	11256	425276	11327
湖 北	382113	19608	435964	19785
湖 南	314853	13175	343869	13195
广 东	908008	40015	1008447	41722
广 西	238512	16538	274666	18142
海 南	42715	2158	49117	2337
重 庆	223752	11394	274165	12536
四 川	366196	18982	403208	17700
贵 州	116423	6938	133415	6939
云 南	197322	14297	214490	14748
西 藏	16474	1194	16664	1190
陕 西	231354	12335	255333	12745
甘 肃	114200	8895	124734	8935
青 海	30446	2488	33425	2512
宁 夏	40053	1560	43820	1573
新 疆	101929	6312	110109	6445

1-11 农、林、牧、渔业按地区分组的法人单位数

单位：个

地区	法人单位数(2011年)	#多产业法人单位	法人单位数(2012年)	#多产业法人单位
全国	**321086**	**2719**	**440853**	**3064**
北京	3111	61	3143	58
天津	2226	7	2939	11
河北	13822	32	17972	41
山西	27869	65	34118	74
内蒙古	7094	94	8928	96
辽宁	13025	59	14181	63
吉林	4998	57	6096	59
黑龙江	5157	245	6102	244
上海	3522	29	3769	29
江苏	20070	67	26265	88
浙江	28997	173	38278	213
安徽	9084	49	14004	57
福建	14630	102	19288	102
江西	8712	71	14632	80
山东	21777	22	29760	23
河南	15105	56	15825	56
湖北	10342	55	15682	69
湖南	9819	29	14280	30
广东	12030	209	15611	230
广西	10310	168	23041	220
海南	2115	115	2964	121
重庆	23935	152	35984	283
四川	14322	135	21429	123
贵州	4422	46	10244	48
云南	14416	218	19175	237
西藏	35	3	42	3
陕西	7982	28	10266	26
甘肃	4886	56	7064	61
青海	1773	34	2509	35
宁夏	1850	16	2489	17
新疆	3650	266	4773	267

1-12 采矿业按地区分组的法人单位数

单位：个

地 区	法人单位数(2011年)	#多产业法人单位	法人单位数(2012年)	#多产业法人单位
全 国	**105490**	**1843**	**107596**	**1878**
北 京	186	8	189	8
天 津	88	8	100	8
河 北	8318	133	8200	125
山 西	7515	151	7595	147
内蒙古	4735	84	4740	81
辽 宁	5949	50	6091	55
吉 林	1544	17	1532	15
黑龙江	2399	51	2432	51
上 海	5	1	4	1
江 苏	1067	16	1076	15
浙 江	1503	15	1508	16
安 徽	3108	48	3096	48
福 建	3038	33	3127	34
江 西	4052	33	4144	34
山 东	5210	69	5183	84
河 南	7933	47	7882	49
湖 北	5222	82	5384	80
湖 南	7947	80	7685	48
广 东	2975	66	3235	73
广 西	3396	87	3656	100
海 南	258	3	264	4
重 庆	3035	174	3085	209
四 川	5806	219	5724	207
贵 州	5269	42	5630	42
云 南	5645	180	5801	191
西 藏	126	6	129	6
陕 西	3741	40	4203	41
甘 肃	1932	23	2091	22
青 海	728	20	822	20
宁 夏	672	7	682	8
新 疆	2088	50	2306	56

1-13 制造业按地区分组的法人单位数

单位：个

地 区	法人单位数(2011年)	#多产业法人单位	法人单位数(2012年)	#多产业法人单位
全 国	**2240315**	**32870**	**2380759**	**34613**
北 京	35234	1497	35495	1508
天 津	44474	946	47162	972
河 北	89874	644	94883	661
山 西	24620	592	26189	638
内蒙古	17807	366	18085	342
辽 宁	92284	913	93851	949
吉 林	22750	148	23580	140
黑龙江	31252	456	31205	447
上 海	90046	2458	92397	2543
江 苏	349839	2459	375128	2754
浙 江	304763	6406	324348	6749
安 徽	65867	701	71928	778
福 建	88371	1046	97279	1089
江 西	43365	303	50775	350
山 东	220014	2006	228076	2205
河 南	117274	418	119630	422
湖 北	66246	896	71998	925
湖 南	60303	426	62901	431
广 东	265396	5407	287010	5555
广 西	27108	862	27725	1053
海 南	2826	58	2991	65
重 庆	37103	987	42225	1126
四 川	54709	964	56827	954
贵 州	11444	247	14905	245
云 南	17252	722	17663	731
西 藏	375	26	394	26
陕 西	29676	325	32873	362
甘 肃	12468	265	13585	257
青 海	2771	73	3157	78
宁 夏	5155	65	5624	64
新 疆	9649	188	10870	194

1-14 电力、燃气及水的生产和供应业按地区分组的法人单位数

单位：个

地 区	法人单位数（2011年）	#多产业法人单位	法人单位数（2012年）	#多产业法人单位
全 国	**66652**	**3318**	**69947**	**3429**
北 京	460	31	471	32
天 津	414	25	472	26
河 北	1463	65	1591	60
山 西	1112	65	1241	77
内蒙古	1344	109	1425	106
辽 宁	1890	114	1973	108
吉 林	1213	66	1252	62
黑龙江	1228	126	1279	125
上 海	307	20	305	22
江 苏	2665	68	2798	79
浙 江	4032	188	4057	195
安 徽	2210	121	2319	126
福 建	6442	152	6570	152
江 西	3776	131	4063	141
山 东	2326	128	2528	149
河 南	1599	102	1627	99
湖 北	2890	170	3167	164
湖 南	4996	126	5255	129
广 东	8295	290	8522	302
广 西	2700	239	2771	243
海 南	314	6	327	7
重 庆	2003	158	2061	163
四 川	5675	270	5863	299
贵 州	1307	111	1403	110
云 南	2224	203	2351	211
西 藏	94	15	95	15
陕 西	1331	55	1495	58
甘 肃	1057	88	1146	90
青 海	325	14	393	15
宁 夏	238	14	273	14
新 疆	722	48	854	50

1-15　建筑业按地区分组的法人单位数

单位：个

地　区	法人单位数 (2011年)	#多产业法人单位	法人单位数 (2012年)	#多产业法人单位
全　国	**346026**	**12509**	**391392**	**14216**
北　京	12582	868	13102	845
天　津	8714	210	10078	222
河　北	9380	255	10562	246
山　西	6536	287	7433	313
内蒙古	4369	147	4674	141
辽　宁	20190	547	21772	565
吉　林	4625	44	5218	49
黑龙江	7895	268	8118	271
上　海	20388	664	22208	735
江　苏	48874	1282	55105	1594
浙　江	21081	1549	24059	1802
安　徽	12952	341	15424	468
福　建	10827	773	12856	844
江　西	6086	236	8698	268
山　东	36047	391	40418	468
河　南	12272	265	13132	287
湖　北	18251	423	21804	503
湖　南	7570	230	8132	262
广　东	23165	1402	26249	1539
广　西	5047	350	5713	504
海　南	3079	55	3729	69
重　庆	7936	363	8959	466
四　川	9987	505	10965	591
贵　州	2437	136	2845	139
云　南	8042	295	8603	350
西　藏	416	4	451	4
陕　西	10215	175	12822	201
甘　肃	2641	129	3204	130
青　海	949	46	1077	50
宁　夏	1337	69	1502	74
新　疆	2136	200	2480	216

1-16 交通运输、仓储和邮政业按地区分组的法人单位数

单位：个

地 区	法人单位数(2011年)	#多产业法人单位	法人单位数(2012年)	#多产业法人单位
全 国	**219630**	**10032**	**249832**	**10799**
北 京	7850	506	8098	510
天 津	8376	169	9726	168
河 北	7234	178	7754	188
山 西	4763	216	5382	242
内蒙古	3920	189	4267	201
辽 宁	10844	295	13580	335
吉 林	2704	69	2959	66
黑龙江	4173	155	4271	153
上 海	14940	998	16219	1053
江 苏	22010	492	25751	584
浙 江	14218	900	15490	985
安 徽	8114	313	9761	329
福 建	8393	365	9333	383
江 西	5846	167	8396	213
山 东	19284	333	21757	336
河 南	6060	137	6302	141
湖 北	9176	323	11904	343
湖 南	4703	152	4965	152
广 东	22784	1706	25569	1799
广 西	5459	423	6107	509
海 南	879	78	1059	85
重 庆	5046	393	5431	470
四 川	7209	434	8394	459
贵 州	1740	118	1946	118
云 南	3859	292	4201	330
西 藏	182	25	188	26
陕 西	4280	180	4785	185
甘 肃	1765	125	2046	121
青 海	490	65	524	68
宁 夏	693	40	784	42
新 疆	2636	196	2883	205

1-17 信息传输、计算机服务和软件业按地区分组的法人单位数

单位：个

地区	法人单位数(2011年)	#多产业法人单位	法人单位数(2012年)	#多产业法人单位
全国	**208867**	**5408**	**245669**	**5811**
北京	21135	1020	22151	1013
天津	2666	30	3452	40
河北	4699	78	5106	83
山西	2632	98	3691	106
内蒙古	2081	88	2196	84
辽宁	9240	138	12119	164
吉林	1778	68	2207	66
黑龙江	3253	94	3387	95
上海	12645	523	14029	559
江苏	18260	262	23021	315
浙江	17387	351	19949	390
安徽	6149	85	7572	102
福建	7823	139	8875	148
江西	2161	81	3182	84
山东	16417	204	18621	208
河南	5462	74	6434	83
湖北	7334	129	9085	137
湖南	8872	89	10525	97
广东	21644	892	25038	1006
广西	6508	127	6952	140
海南	1083	25	1319	28
重庆	5215	159	6721	180
四川	9386	177	12209	177
贵州	2136	52	2425	56
云南	4320	111	5021	124
西藏	159	23	162	24
陕西	4078	67	5088	74
甘肃	1120	64	1629	66
青海	423	39	481	39
宁夏	740	25	811	23
新疆	2061	96	2211	100

1-18 批发和零售业按地区分组的法人单位数

单位：个

地区	法人单位数(2011年)	#多产业法人单位	法人单位数(2012年)	#多产业法人单位
全国	**2276295**	**70919**	**2630690**	**74802**
北京	118485	5896	121945	5834
天津	57462	907	64701	967
河北	81073	1618	91157	1675
山西	45514	2167	53059	2313
内蒙古	35563	1014	38712	1000
辽宁	95346	1694	122551	1939
吉林	27609	327	29292	327
黑龙江	46398	1286	48109	1289
上海	139449	7837	150676	7848
江苏	266216	5414	303339	5703
浙江	165076	6873	196797	7361
安徽	61007	1991	74576	2123
福建	84609	2903	100295	3042
江西	31922	604	46982	703
山东	219046	2615	252083	2768
河南	62431	1742	67285	1757
湖北	91518	1924	106428	2005
湖南	50020	681	63606	691
广东	248484	8722	285282	9257
广西	54824	3241	67375	3693
海南	9096	404	10842	490
重庆	53381	2154	70126	2520
四川	56426	2443	63642	2641
贵州	17073	857	19843	854
云南	48812	2167	54080	2412
西藏	1027	66	1085	66
陕西	50921	990	61041	1073
甘肃	21209	886	24181	899
青海	4576	221	5500	228
宁夏	9941	231	11300	230
新疆	21781	1044	24800	1094

1-19　住宿和餐饮业按地区分组的法人单位数

单位：个

地区	法人单位数(2011年)	#多产业法人单位	法人单位数(2012年)	#多产业法人单位
全国	**172070**	**7622**	**186837**	**7970**
北京	13003	1068	13252	1047
天津	2841	116	3118	129
河北	4069	104	4233	113
山西	3382	123	3664	133
内蒙古	3354	131	3449	121
辽宁	6064	184	7575	196
吉林	1691	28	1714	26
黑龙江	2479	72	2491	71
上海	11694	790	11590	760
江苏	10858	406	12019	447
浙江	8300	1086	9072	1117
安徽	4889	218	5414	248
福建	5848	228	6455	249
江西	3062	51	3404	52
山东	16409	221	16993	241
河南	8381	186	8671	184
湖北	7701	196	8594	204
湖南	7277	74	7023	76
广东	16672	977	18283	1039
广西	3177	174	3466	211
海南	1354	84	1457	96
重庆	7222	273	10019	305
四川	7217	277	8006	325
贵州	1664	36	2144	35
云南	3324	176	3498	188
西藏	307	5	326	4
陕西	5343	123	6064	134
甘肃	2107	105	2299	107
青海	602	26	653	26
宁夏	718	15	756	14
新疆	1061	69	1135	72

1-20 金融业按地区分组的法人单位数

单位：个

地区	法人单位数(2011年)	#多产业法人单位	法人单位数(2012年)	#多产业法人单位
全国	**55513**	**11912**	**67554**	**12343**
北京	1364	247	1794	271
天津	1493	258	1876	267
河北	2230	477	2597	498
山西	1530	369	1785	371
内蒙古	1687	375	1816	368
辽宁	2371	504	3615	547
吉林	898	262	1007	262
黑龙江	1446	364	1624	369
上海	1128	249	1479	270
江苏	5059	614	5700	660
浙江	2607	682	3065	743
安徽	2547	436	3069	462
福建	3311	405	3535	409
江西	1352	339	2300	354
山东	4859	712	6168	719
河南	1972	524	2033	521
湖北	2410	424	3238	455
湖南	1511	427	1989	413
广东	3984	937	4759	984
广西	1649	387	1643	410
海南	275	67	347	70
重庆	1250	350	1525	370
四川	1979	633	2585	645
贵州	894	243	1062	247
云南	2112	469	2607	491
西藏	116	64	117	64
陕西	1374	344	1764	346
甘肃	794	288	928	292
青海	227	89	263	90
宁夏	331	72	399	72
新疆	753	301	865	303

1-21　房地产业按地区分组的法人单位数

单位：个

地　区	法人单位数(2011年)	#多产业法人单位	法人单位数(2012年)	#多产业法人单位
全　国	**323985**	**13681**	**356717**	**14849**
北　京	14384	1295	14661	1284
天　津	5306	241	5913	240
河　北	10546	261	11472	288
山　西	5651	234	6364	276
内蒙古	5937	91	6293	102
辽　宁	14517	326	17678	406
吉　林	4136	25	4498	27
黑龙江	6613	166	6918	165
上　海	13860	876	14202	846
江　苏	27369	913	30017	1076
浙　江	19196	1350	20423	1403
安　徽	11824	382	13254	439
福　建	11291	630	12038	648
江　西	7192	133	9260	182
山　东	22808	273	24972	313
河　南	10479	79	11360	85
湖　北	15300	408	17674	468
湖　南	9699	75	10734	80
广　东	42356	3085	46107	3139
广　西	10235	554	11034	757
海　南	4956	131	5586	146
重　庆	8470	668	9341	765
四　川	11056	538	12171	598
贵　州	5126	140	5658	136
云　南	8421	336	9013	424
西　藏	103		108	
陕　西	8599	127	10340	152
甘　肃	2960	70	3275	81
青　海	933	43	992	46
宁　夏	1157	31	1299	38
新　疆	3505	200	4062	239

1-22　租赁和商务服务业按地区分组的法人单位数

单位：个

地　区	法人单位数(2011年)	#多产业法人单位	法人单位数(2012年)	#多产业法人单位
全　国	**687575**	**15556**	**813851**	**17524**
北　京	73752	1878	77035	1907
天　津	18285	238	21553	256
河　北	13359	265	15638	304
山　西	9506	381	11201	412
内蒙古	8159	172	8901	182
辽　宁	26687	358	36142	490
吉　林	6518	59	7395	65
黑龙江	11304	200	11772	202
上　海	55317	1722	63975	1914
江　苏	65189	1012	81495	1311
浙　江	59494	1586	68184	1820
安　徽	18656	309	24754	374
福　建	25715	543	30609	573
江　西	9839	153	16335	199
山　东	46418	453	53847	487
河　南	14815	146	16271	150
湖　北	24208	351	31783	401
湖　南	13344	213	15525	228
广　东	84173	3064	96324	3297
广　西	18798	604	22108	799
海　南	4340	138	5357	145
重　庆	16729	359	21127	456
四　川	18749	380	24629	407
贵　州	5622	124	6576	131
云　南	13450	352	14924	452
西　藏	280	1	292	1
陕　西	12242	125	15511	148
甘　肃	3961	112	4798	122
青　海	1148	47	1337	48
宁　夏	2025	24	2408	24
新　疆	5493	187	6045	219

1-23 科学研究、技术服务和地质勘查业按地区分组的法人单位数

单位：个

地区	法人单位数(2011年)	#多产业法人单位	法人单位数(2012年)	#多产业法人单位
全国	**283777**	**8148**	**324932**	**9068**
北京	35568	935	38136	952
天津	9357	98	10795	111
河北	5877	107	6478	129
山西	4810	169	5449	186
内蒙古	4100	88	4258	89
辽宁	13455	165	16450	235
吉林	4338	46	5116	45
黑龙江	6625	167	6843	167
上海	19150	505	22603	529
江苏	20893	424	27367	582
浙江	19067	784	22256	894
安徽	7337	196	8913	235
福建	8801	362	9824	376
江西	4187	107	5479	127
山东	15966	183	17830	204
河南	6533	100	7005	111
湖北	13027	335	15165	367
湖南	8151	203	9677	213
广东	26966	1076	30938	1212
广西	9020	581	9959	646
海南	1284	79	1478	86
重庆	4486	178	5409	200
四川	11302	305	11851	345
贵州	3194	95	3368	98
云南	6209	375	6656	402
西藏	182	15	187	14
陕西	6396	117	7580	140
甘肃	2297	115	2483	118
青海	933	51	962	50
宁夏	771	25	835	25
新疆	3495	162	3582	180

1-24 水利、环境和公共设施管理业按地区分组的法人单位数

单位：个

地区	法人单位数(2011年)	#多产业法人单位	法人单位数(2012年)	#多产业法人单位
全国	**69186**	**2616**	**75981**	**2699**
北京	2422	82	2488	80
天津	1319	36	1458	36
河北	2018	65	2315	71
山西	2144	76	2369	78
内蒙古	1785	73	1878	76
辽宁	3098	64	3665	71
吉林	1276	23	1342	24
黑龙江	1629	73	1666	73
上海	1968	53	2127	55
江苏	6053	104	6750	113
浙江	4476	202	4969	216
安徽	2322	137	2654	141
福建	2667	98	2923	107
江西	1760	57	2164	56
山东	3876	125	4213	121
河南	2496	56	2592	58
湖北	4117	167	4644	174
湖南	3012	112	3227	113
广东	4967	222	5406	231
广西	2571	130	2748	136
海南	351	18	387	17
重庆	1676	80	1868	84
四川	3193	115	3510	117
贵州	1167	39	1258	37
云南	2102	111	2210	109
西藏	41	3	43	3
陕西	2244	47	2464	46
甘肃	906	113	1014	118
青海	316	11	345	11
宁夏	289	18	309	20
新疆	925	106	975	107

1-25 居民服务和其他服务业按地区分组的法人单位数

单位：个

地区	法人单位数(2011年)	#多产业法人单位	法人单位数(2012年)	#多产业法人单位
全国	**175813**	**4116**	**196880**	**4390**
北京	14651	660	14788	663
天津	6707	111	7457	124
河北	4732	91	5088	92
山西	4181	98	4840	101
内蒙古	2533	54	2787	57
辽宁	7170	84	9661	110
吉林	2024	10	2157	9
黑龙江	3657	52	3707	50
上海	13396	508	13307	484
江苏	16561	242	18805	282
浙江	8345	333	9572	361
安徽	4352	91	5033	93
福建	5453	160	5919	171
江西	3614	34	4751	44
山东	15525	131	17604	138
河南	4543	48	4790	51
湖北	8639	104	9659	111
湖南	5450	27	5675	29
广东	17530	680	18981	722
广西	3417	104	4093	138
海南	756	25	892	27
重庆	5101	106	6844	126
四川	4327	94	5066	106
贵州	1770	27	2072	27
云南	2882	89	3381	108
西藏	112	3	110	3
陕西	4305	50	5372	57
甘肃	1639	45	1776	45
青海	326	9	370	12
宁夏	638	8	740	9
新疆	1477	38	1583	40

1-26 教育按地区分组的法人单位数

单位：个

地 区	法人单位数(2011年)	#多产业法人单位	法人单位数(2012年)	#多产业法人单位
全 国	**346390**	**31811**	**355072**	**31342**
北 京	8207	274	8304	258
天 津	3325	252	3467	245
河 北	18168	1068	17885	1032
山 西	8755	1091	8990	1102
内蒙古	5557	335	5673	326
辽 宁	11481	1039	13499	1014
吉 林	5248	651	5251	644
黑龙江	7737	700	7780	699
上 海	5615	118	5760	118
江 苏	16869	846	17764	853
浙 江	16742	896	17736	861
安 徽	13538	1607	12597	1670
福 建	12276	1040	12618	1037
江 西	8914	1367	9436	1364
山 东	20908	2010	21213	1981
河 南	22915	2009	23071	2009
湖 北	16753	2083	17743	2045
湖 南	14847	2119	14873	2116
广 东	31500	1431	32611	1454
广 西	17497	1204	17788	1214
海 南	2156	243	2358	245
重 庆	8035	1470	8815	1471
四 川	19961	2511	21254	2249
贵 州	9650	1303	9821	1280
云 南	7962	1386	8203	1344
西 藏	1045	270	1046	267
陕 西	13613	860	12248	820
甘 肃	9173	846	9225	845
青 海	1259	213	1320	212
宁 夏	1409	165	1425	165
新 疆	5275	404	5298	402

1-27　卫生、社会保障和社会福利业按地区分组的法人单位数

地　区	法人单位数(2011年)	#多产业法人单位	法人单位数(2012年)	#多产业法人单位
全　国	**205173**	**13555**	**206885**	**13657**
北　京	3049	216	3084	214
天　津	1446	204	1508	200
河　北	6654	301	6554	301
山　西	5149	447	5217	449
内蒙古	4479	255	4486	252
辽　宁	10239	330	11123	326
吉　林	3285	127	3271	127
黑龙江	4868	500	4896	501
上　海	2818	88	2983	87
江　苏	10821	957	11288	960
浙　江	6921	845	7144	844
安　徽	6207	816	5458	814
福　建	6064	378	6127	377
江　西	7095	357	7351	359
山　东	15893	1256	15981	1252
河　南	25218	222	25235	224
湖　北	11107	1032	11243	1016
湖　南	8291	755	8263	754
广　东	9139	880	9397	880
广　西	6573	397	6644	397
海　南	782	20	812	20
重　庆	5933	573	6409	573
四　川	14169	556	14881	666
贵　州	4049	312	4159	313
云　南	4435	844	4517	847
西　藏	504	25	505	25
陕　西	12197	239	10492	260
甘　肃	3517	305	3550	304
青　海	779	94	789	93
宁　夏	816	45	830	43
新　疆	2676	179	2688	179

1-28 文化、体育和娱乐业按地区分组的法人单位数

单位：个

地 区	法人单位数(2011年)	#多产业法人单位	法人单位数(2012年)	#多产业法人单位
全 国	**102775**	**2672**	**121126**	**2879**
北 京	12112	316	12754	308
天 津	1608	58	1863	61
河 北	2322	55	2675	59
山 西	2727	89	3398	95
内蒙古	1837	37	1900	43
辽 宁	3867	62	4880	63
吉 林	1599	22	1844	34
黑龙江	1856	53	2026	52
上 海	4453	150	4941	145
江 苏	7352	119	9065	136
浙 江	6044	209	7218	233
安 徽	2653	70	3204	76
福 建	4622	133	5082	135
江 西	2357	37	2899	42
山 东	5263	107	6234	117
河 南	3856	51	4574	57
湖 北	4806	128	5913	142
湖 南	4346	68	4998	76
广 东	7762	329	9290	361
广 西	3180	106	3489	115
海 南	712	25	832	29
重 庆	2394	64	3156	69
四 川	4576	105	6505	106
贵 州	1515	20	1765	21
云 南	2809	87	3393	102
西 藏	172		173	
陕 西	2794	43	3231	58
甘 肃	1283	50	1775	65
青 海	404	19	457	19
宁 夏	333	13	368	13
新 疆	1161	47	1224	47

1-29 公共管理和社会组织按地区分组的法人单位数

单位：个

地 区	法人单位数(2011年)	#多产业法人单位	法人单位数(2011年)	#多产业法人单位
全 国	**1387111**	**147227**	**1393957**	**143461**
北 京	13948	1083	14017	1071
天 津	9792	513	9874	513
河 北	75190	4299	74933	3834
山 西	51975	12931	52277	12881
内蒙古	30764	3113	30668	3103
辽 宁	40798	3448	43195	3186
吉 林	26403	1566	26216	1604
黑龙江	34181	4204	34582	4200
上 海	12254	325	12481	326
江 苏	63212	2797	64159	2787
浙 江	69944	2300	71015	2262
安 徽	44099	6256	41592	6154
福 建	46026	10715	46338	10602
江 西	44063	4230	45027	4230
山 东	124453	12002	122583	11204
河 南	81466	4994	81557	4983
湖 北	63066	10378	64856	10176
湖 南	84695	7289	84536	7257
广 东	58186	8640	59835	8642
广 西	47043	6800	48354	6857
海 南	6099	584	6116	587
重 庆	24802	2733	25060	2700
四 川	106147	8321	107697	6685
贵 州	35944	2990	36291	3002
云 南	39046	5884	39193	5695
西 藏	11198	640	11211	639
陕 西	50023	8400	47694	8564
甘 肃	38485	5210	38665	5192
青 海	11484	1374	11474	1372
宁 夏	10940	677	10986	678
新 疆	31385	2531	31475	2475

第二部分

企业法人单位综合资料

2-1 按行业(中类)、

(2012年)

行业中类	代码	企业单位数	北京	天津	河北	山西	内蒙古
总计		**8286654**	**374051**	**187579**	**278564**	**159461**	**105156**
农、林、牧、渔业	**A**	**331494**	**2650**	**2332**	**14769**	**23760**	**6144**
农业	01	133787	1257	931	5806	7577	1862
谷物及其他作物的种植	011	32540	200	250	1666	2575	1220
蔬菜、园艺作物的种植	012	54380	729	536	2813	3079	493
水果、坚果、饮料和香料作物的种植	013	38116	303	138	1066	1473	82
中药材的种植	014	8751	25	7	261	450	67
林业	02	33299	417	185	1396	2928	749
林木的培育和种植	021	31362	412	184	1355	2907	718
木材和竹材的采运	022	1001	2	1	15	10	21
林产品的采集	023	936	3		26	11	10
畜牧业	03	101230	692	604	5383	10761	2736
牲畜的饲养	031	30833	231	224	2286	5192	1962
猪的饲养	032	35369	121	176	1647	2860	300
家禽的饲养	033	25943	231	157	965	1939	316
狩猎和捕捉动物	034	148			5	19	1
其他畜牧业	039	8937	109	47	480	751	157
渔业	04	28515	93	348	225	201	76
海洋渔业	041	7417	6	125	82	12	7
内陆渔业	042	21098	87	223	143	189	69
农、林、牧、渔服务业	05	34663	191	264	1959	2293	721
农业服务业	051	27431	113	205	1622	1992	533
林业服务业	052	2002	19	15	89	128	36
畜牧服务业	053	3427	50	20	166	162	138
渔业服务业	054	1803	9	24	82	11	14
采矿业	**B**	**107596**	**189**	**100**	**8200**	**7595**	**4740**
煤炭开采和洗选业	06	23241	26	6	692	4434	1038
烟煤和无烟煤的开采洗选	061	21592	25		638	4290	728
褐煤的开采洗选	062	642		3	17	41	256
其他煤炭采选	069	1007	1	3	37	103	54
石油和天然气开采业	07	2240	20	35	32	41	68
天然原油和天然气开采	071	519	6	5	10	29	30
与石油和天然气开采有关的服务活动	079	1721	14	30	22	12	38
黑色金属矿采选业	08	18543	21	18	4828	1347	1203
铁矿采选	081	16483	21	15	4766	1318	1174
其他黑色金属矿采选	089	2060		3	62	29	29
有色金属矿采选业	09	11903	4	5	403	163	537
常用有色金属矿采选	091	8291	4	2	105	133	395
贵金属矿采选	092	2272		2	267	26	106
稀有稀土金属矿采选	093	1340		1	31	4	36
非金属矿采选业	10	49517	117	31	2202	1539	1790

地区分组的企业法人单位数

单位：个

辽宁	吉林	黑龙江	上海	江苏	浙江	安徽	福建	江西	山东	代码
370163	**90302**	**134426**	**427928**	**977842**	**739030**	**254386**	**319214**	**176556**	**722344**	
11748	**4142**	**4737**	**1894**	**18798**	**25180**	**10456**	**16047**	**11228**	**23191**	A
3825	1395	1713	1086	8121	13596	3980	7690	4544	10002	01
850	601	1095	165	2078	2900	1625	1348	1394	2723	011
1736	377	454	737	4559	4874	1541	3278	1467	4713	012
1001	87	78	180	1337	5049	588	2796	1483	2288	013
238	330	86	4	147	773	226	268	200	278	014
888	516	559	299	1638	1766	1406	2045	1747	1344	02
869	466	464	298	1583	1664	1343	1823	1560	1306	021
15	40	72	1	41	64	31	168	125	16	022
4	10	23		14	38	32	54	62	22	023
4439	1662	1569	226	4012	3707	2852	2544	2917	6376	03
1382	596	716	86	841	615	482	382	608	1887	031
1283	428	413	61	1272	1187	1040	1409	1404	1824	032
1331	376	243	45	1546	1294	1113	547	602	1897	033
11	4	2	3	10	4	6	4	6	6	034
432	258	195	31	343	607	211	202	297	762	039
1400	153	153	149	2361	3578	972	2415	921	1648	04
874		12	30	531	1473	38	1217	40	1258	041
526	153	141	119	1830	2105	934	1198	881	390	042
1196	416	743	134	2666	2533	1246	1353	1099	3821	05
887	343	628	99	2186	2132	1043	946	830	3146	051
35	20	23	18	87	100	59	175	126	93	052
183	52	76	10	158	185	91	80	90	396	053
91	1	16	7	235	116	53	152	53	186	054
6091	**1532**	**2432**	**4**	**1076**	**1508**	**3096**	**3127**	**4144**	**5183**	B
764	252	1337		71	15	262	349	775	652	06
714	198	1289		51	5	217	296	729	588	061
19	40	24		2	1	4		12	23	062
31	14	24		18	9	41	53	34	41	069
112	148	179	1	32	11	14	5	23	104	07
2	88	14	1	9	5	3	1	12	51	071
110	60	165		23	6	11	4	11	53	079
1809	216	84		106	21	528	348	386	691	08
1707	212	80		99	19	500	301	349	663	081
102	4	4		7	2	28	47	37	28	089
772	185	90		37	74	321	347	646	321	09
514	86	48		30	43	251	265	298	58	091
164	80	32		4	10	49	32	73	253	092
94	19	10		3	21	21	50	275	10	093
2579	685	715	2	809	1364	1940	2002	2107	3291	10

2-1 续表 1

行业中类	代码	企业单位数	北京	天津	河北	山西	内蒙古
土砂石开采	101	41566	112	19	1686	1383	1479
化学矿采选	102	1720		1	12	36	33
采盐	103	850		9	111		10
石棉及其他非金属矿采选	109	5381	5	2	393	120	268
其他采矿业	11	2152	1	5	43	71	104
其他采矿业	110	2152	1	5	43	71	104
制造业	**C**	**2380700**	**35492**	**47162**	**94883**	**26189**	**18084**
农副食品加工业	13	115835	955	1025	4565	1914	2330
谷物磨制	131	29285	60	100	1015	535	365
饲料加工	132	13841	337	246	813	238	335
植物油加工	133	10660	44	86	468	128	140
制糖	134	762	6	8	30	5	14
屠宰及肉类加工	135	18255	265	163	814	283	909
水产品加工	136	10352	13	74	259	4	2
蔬菜、水果和坚果加工	137	15895	109	147	496	287	226
其他农副食品加工	139	16785	121	201	670	434	339
食品制造业	14	51877	1081	1075	2343	1126	945
焙烤食品制造	141	13139	339	175	495	281	288
糖果、巧克力及蜜饯制造	142	5407	84	143	556	191	12
方便食品制造	143	8069	131	107	307	113	98
液体乳及乳制品制造	144	2021	55	45	107	90	189
罐头制造	145	3582	26	82	201	66	27
调味品、发酵制品制造	146	7457	132	173	327	232	145
其他食品制造	149	12202	314	350	350	153	186
饮料制造业	15	40359	416	273	1268	630	665
酒精制造	151	510	2	6	13	13	19
酒的制造	152	14734	116	100	662	264	401
软饮料制造	153	14056	283	166	583	340	242
精制茶加工	154	11059	15	1	10	13	3
烟草制品业	16	349	1	1	4	3	2
烟叶复烤	161	135					
卷烟制造	162	106	1	1	4	2	2
其他烟草制品加工	169	108				1	
纺织业	17	137522	703	1289	5347	354	814
棉、化纤纺织及印染精加工	171	51350	95	352	2828	143	32
毛纺织和染整精加工	172	6023	33	76	667	24	359
麻纺织	173	1147			6	8	2
丝绢纺织及精加工	174	8251	11	23	31	11	3
纺织制成品制造	175	33420	276	453	1374	88	131
针织品、编织品及其制品制造	176	37331	288	385	441	80	287
纺织服装、鞋、帽制造业	18	113101	2453	1667	2090	308	315

单位：个

辽宁	吉林	黑龙江	上海	江苏	浙江	安徽	福建	江西	山东	代码
1956	596	631	2	697	1225	1668	1779	1744	2461	101
131	10	2		19	11	61	21	19	9	102
34				35	22	1	24	2	463	103
458	79	82		58	106	210	178	342	358	109
55	46	27	1	21	23	31	76	207	124	11
55	46	27	1	21	23	31	76	207	124	110
93851	**23580**	**31205**	**92397**	**375127**	**324310**	**71926**	**97279**	**50775**	**228076**	**C**
5822	3069	4661	807	7267	4813	5730	4316	3484	17943	13
942	1188	2345	42	2035	235	2497	384	1506	2279	131
1182	497	563	169	778	416	383	451	354	1641	132
253	120	414	50	458	232	682	188	353	1665	133
16	3	28	7	17	15	9	23	16	60	134
995	348	493	189	1178	644	782	460	379	2822	135
1209	76	22	58	1167	1512	91	1403	73	2632	136
748	319	273	83	751	1259	658	881	262	4600	137
477	518	523	209	883	500	628	526	541	2244	139
2219	884	1304	1281	3436	2236	1861	2777	1331	6185	14
670	251	255	380	802	572	621	710	292	1415	141
80	12	36	93	197	179	118	480	113	630	142
263	187	270	151	508	304	362	324	291	854	143
75	28	161	18	101	52	40	36	30	228	144
208	24	40	43	249	259	108	442	89	506	145
343	127	190	157	520	242	217	283	100	836	146
580	255	352	439	1059	628	395	502	416	1716	149
1359	963	1220	266	2000	2410	1995	3894	1073	3255	15
23	26	26	1	65	7	12	3	10	56	151
697	569	742	64	803	623	571	347	347	1557	152
630	362	444	185	751	788	529	553	434	1282	153
9	6	8	16	381	992	883	2991	282	360	154
7	17	12	2	10	12	10	14	25	27	16
1	9	8		1	1	3	8	15	12	161
4	6	2	2	3	5	3	3	6	7	162
2	2	2		6	6	4	3	4	8	169
2409	263	527	4286	37696	33567	2861	4537	2351	13008	17
622	54	79	820	15423	11083	989	1226	613	6551	171
64	24	13	171	1700	862	109	85	44	496	172
13	13	123	4	217	81	52	13	85	70	173
282	1	5	52	3970	2365	201	53	73	213	174
675	75	242	1335	9719	7089	848	1096	507	2912	175
753	96	65	1904	6667	12087	662	2064	1029	2766	176
3985	335	329	6791	21591	15818	4578	9222	3929	9404	18

2-1 续表 2

行业中类	代码	企业单位数	北京	天津	河北	山西	内蒙古
纺织服装制造	181	104447	2386	1583	1820	275	294
纺织面料鞋的制造	182	6220	45	56	175	29	17
制帽	183	2434	22	28	95	4	4
皮革、毛皮、羽毛(绒)及其制品业	19	43066	206	310	2982	79	196
皮革鞣制加工	191	3367	5	22	437	5	19
皮革制品制造	192	33332	167	244	1087	44	69
毛皮鞣制及制品加工	193	4196	28	32	1325	27	78
羽毛(绒)加工及制品制造	194	2171	6	12	133	3	30
木材加工及木、竹、藤、棕、草制品业	20	71880	688	686	1381	329	779
锯材、木片加工	201	23588	62	90	227	94	434
人造板制造	202	21204	96	99	630	80	167
木制品制造	203	18976	522	463	422	131	168
竹、藤、棕、草制品制造	204	8112	8	34	102	24	10
家具制造业	21	48067	1407	730	1405	271	175
木质家具制造	211	33822	1122	456	883	202	145
竹、藤家具制造	212	909	5		8	3	1
金属家具制造	213	5451	164	115	365	34	13
塑料家具制造	214	818	7	6	16	8	1
其他家具制造	219	7067	109	153	133	24	15
造纸及纸制品业	22	59381	971	1498	2405	473	231
纸浆制造	221	985	3	36	52	20	11
造纸	222	14312	172	342	756	168	59
纸制品制造	223	44084	796	1120	1597	285	161
印刷业和记录媒介的复制	23	68038	1711	1096	2563	1021	594
印刷	231	61718	1428	927	2147	876	512
装订及其他印刷服务活动	232	5945	257	163	377	143	79
记录媒介的复制	233	375	26	6	39	2	3
文教体育用品制造业	24	25683	336	494	725	66	20
文化用品制造	241	7285	99	115	127	23	6
体育用品制造	242	6486	75	170	299	31	5
乐器制造	243	1891	95	177	150	7	7
玩具制造	244	8768	44	26	120	3	1
游艺器材及娱乐用品制造	245	1253	23	6	29	2	1
石油加工及炼焦	25	7659	212	175	458	434	129
精炼石油产品的制造	251	5746	209	163	335	48	55
炼焦	252	1913	3	12	123	386	74
化学原料及化学制品制造业	26	114678	2265	2831	5450	1662	1149
基础化学原料制造	261	19734	161	466	1412	561	486
肥料制造	262	12129	140	142	611	256	195
农药制造	263	3016	38	66	173	67	18
涂料、油墨、颜料及类似产品制造	264	21005	819	788	935	175	104

单位：个

辽宁	吉林	黑龙江	上海	江苏	浙江	安徽	福建	江西	山东	代码
3792	320	306	6515	19939	14418	4346	8204	3658	8437	181
164	8	16	171	955	910	171	945	218	623	182
29	7	7	105	697	490	61	73	53	344	183
729	116	139	1070	2974	10216	1003	4325	950	2580	19
39	13	34	17	151	580	102	235	74	290	191
516	47	67	992	2337	8339	529	4008	750	1803	192
127	31	22	27	206	945	52	26	44	369	193
47	25	16	34	280	352	320	56	82	118	194
2602	1709	2969	1724	7984	4928	3194	4504	2426	10353	20
772	852	1520	221	1590	544	1060	948	706	4168	201
551	349	666	237	3586	1031	998	1104	526	3699	202
1184	467	726	1211	2506	2175	666	1000	493	1821	203
95	41	57	55	302	1178	470	1452	701	665	204
1319	427	679	3305	3857	4608	1531	1896	1166	4533	21
1066	352	528	2373	2830	2516	1150	1228	855	3778	211
7	1	3	15	34	147	52	64	70	77	212
88	21	48	221	413	1057	134	297	72	222	213
13	15	15	16	61	196	32	39	16	52	214
145	38	85	680	519	692	163	268	153	404	219
1707	362	529	2885	8175	8624	1313	3051	1005	5481	22
22	13	30	11	115	32	30	41	37	81	221
372	118	187	367	1663	1788	361	782	348	1380	222
1313	231	312	2507	6397	6804	922	2228	620	4020	223
2172	1063	1076	2793	7439	9657	1864	2836	1322	5258	23
1997	959	980	2426	6865	8997	1766	2703	1201	4740	231
168	94	89	349	543	646	90	122	109	486	232
7	10	7	18	31	14	8	11	12	32	233
335	70	153	1220	4170	6302	873	1213	555	2031	24
127	48	105	479	868	2717	168	257	292	322	241
109	6	23	245	1034	1442	185	579	98	876	242
58	12	13	150	309	182	17	50	14	199	243
25	2	10	304	1799	1499	490	301	130	596	244
16	2	2	42	160	462	13	26	21	38	245
1085	108	296	150	648	282	122	141	78	882	25
1028	91	250	146	588	279	98	135	56	764	251
57	17	46	4	60	3	24	6	22	118	252
5559	1315	1704	3671	15120	8652	3517	3194	4612	14892	26
1040	269	282	352	3075	1212	486	370	624	2682	261
699	250	430	62	823	249	468	292	282	2121	262
114	40	87	31	496	133	131	52	121	443	263
1016	203	251	1191	2931	2156	720	690	386	1931	264

2-1 续表 3

行业中类	代码	企业单位数	北京	天津	河北	山西	内蒙古
合成材料制造	265	8628	115	164	341	76	54
专用化学产品制造	266	38577	683	848	1598	448	256
日用化学产品制造	267	11589	309	357	380	79	36
医药制造业	27	20606	628	467	685	320	194
化学药品原药制造	271	2831	34	61	129	35	35
化学药品制剂制造	272	2647	136	70	102	73	29
中药饮片加工	273	2719	62	28	88	38	39
中成药制造	274	3476	100	55	83	59	32
兽用药品制造	275	1654	52	39	112	56	16
生物、生化制品的制造	276	3907	165	119	84	33	35
卫生材料及医药用品制造	277	3372	79	95	87	26	8
化学纤维制造业	28	6175	42	57	251	23	12
纤维素纤维原料及纤维制造	281	1253	4	15	96	2	2
合成纤维制造	282	4922	38	42	155	21	10
橡胶制品业	29	26458	223	721	2120	195	62
轮胎制造	291	2410	18	106	102	19	14
橡胶板、管、带的制造	292	5066	41	104	729	54	10
橡胶零件制造	293	6842	72	179	496	46	14
再生橡胶制造	294	1197	3	26	161	37	11
日用及医用橡胶制品制造	295	1165	22	18	104	5	1
橡胶靴鞋制造	296	2351	8	54	33	1	
其他橡胶制品制造	299	7427	59	234	495	33	12
塑料制品业	30	124076	1518	2382	4528	609	494
塑料薄膜制造	301	11132	84	217	718	58	46
塑料板、管、型材的制造	302	17261	235	348	924	154	176
塑料丝、绳及编织品的制造	303	11136	88	179	432	114	82
泡沫塑料制造	304	5900	121	157	245	60	27
塑料人造革、合成革制造	305	1419	5	15	60	3	1
塑料包装箱及容器制造	306	13523	274	386	453	70	32
塑料零件制造	307	15888	109	260	433	10	10
日用塑料制造	308	15936	334	120	356	54	42
其他塑料制品制造	309	31881	268	700	907	86	78
非金属矿物制品业	31	236335	2819	2128	11142	5831	3626
水泥、石灰和石膏的制造	311	16309	142	121	1259	670	476
水泥及石膏制品制造	312	53593	887	553	1968	802	808
砖瓦、石材及其他建筑材料制造	313	103472	1007	840	4011	2588	1929
玻璃及玻璃制品制造	314	20613	462	304	1421	273	83
陶瓷制品制造	315	12806	51	43	415	169	25
耐火材料制品制造	316	12981	135	92	916	854	100
石墨及其他非金属矿物制品制造	319	16561	135	175	1152	475	205
黑色金属冶炼及压延加工业	32	22481	157	1104	1721	681	555

单位：个

辽宁	吉林	黑龙江	上海	江苏	浙江	安徽	福建	江西	山东	代码
339	92	83	326	1811	906	322	300	155	1345	265
1852	384	450	1008	4921	3037	1136	898	2709	5489	266
499	77	121	701	1063	959	254	592	335	881	267
865	802	424	606	2171	1360	965	456	944	1858	27
104	22	33	92	473	321	92	38	116	296	271
137	74	75	108	268	139	109	52	110	215	272
158	281	47	28	74	112	311	36	84	128	273
126	273	109	49	89	105	176	81	188	210	274
59	26	36	33	109	70	34	21	68	265	275
182	70	82	176	516	243	143	156	97	427	276
99	56	42	120	642	370	100	72	281	317	277
137	26	31	144	2455	1283	128	198	70	510	28
36	8	7	31	424	121	30	46	20	144	281
101	18	24	113	2031	1162	98	152	50	366	282
1268	181	186	1184	4082	3704	737	1335	330	3113	29
98	25	26	51	268	159	61	102	55	746	291
305	44	35	160	751	819	155	106	56	596	292
483	62	52	387	1216	1321	251	160	37	537	293
36	10	10	25	137	70	41	40	46	123	294
32	7	3	53	210	178	38	66	19	93	295
54	2	3	45	187	554	32	552	21	106	296
260	31	57	463	1313	603	159	309	96	912	299
4240	854	1086	5592	18618	23399	3586	5061	1419	10822	30
415	85	99	461	1678	1437	306	485	114	1224	301
849	231	291	504	2803	2395	633	403	255	1978	302
809	103	145	196	1289	1843	546	264	184	1853	303
292	72	62	249	747	883	154	362	74	536	304
23	5	6	36	199	384	61	194	27	82	305
485	105	91	693	2369	1989	544	393	200	1298	306
228	52	38	747	2789	5692	329	286	62	641	307
565	65	111	417	1315	4249	425	1476	154	767	308
574	136	243	2289	5429	4527	588	1198	349	2443	309
9616	2949	3524	3215	19220	10548	9117	11832	7797	24499	31
627	254	291	95	843	634	608	547	580	1387	311
1466	562	680	673	3987	2470	2340	980	957	5316	312
3790	1687	2029	1117	5557	3426	4216	7786	3366	11259	313
783	148	191	851	3907	1973	919	452	477	2345	314
176	26	54	135	1012	561	158	1693	1702	791	315
1944	92	90	135	1486	779	204	110	140	1229	316
830	180	189	209	2428	705	672	264	575	2172	319
1408	154	176	359	3449	2329	507	525	326	1373	32

2-1 续表 4

行业中类	代码	企业单位数	北京	天津	河北	山西	内蒙古
炼铁	321	2660	9	17	287	323	142
炼钢	322	1105	2	23	102	55	20
钢压延加工	323	15149	140	1050	1240	204	128
铁合金冶炼	324	3567	6	14	92	99	265
有色金属冶炼及压延加工业	33	28090	243	562	1466	428	457
常用有色金属冶炼	331	7518	17	105	582	235	128
贵金属冶炼	332	987	2	2	41	10	41
稀有稀土金属冶炼	333	1601	8	13	20	30	110
有色金属合金制造	334	3310	41	60	206	40	57
有色金属压延加工	335	14674	175	382	617	113	121
金属制品业	34	188057	3691	6611	10346	1529	1220
结构性金属制品制造	341	63278	2241	2331	2748	641	779
金属工具制造	342	24895	199	474	728	169	67
集装箱及金属包装容器制造	343	6809	128	316	273	36	31
金属丝绳及其制品的制造	344	9030	55	673	2228	102	115
建筑、安全用金属制品制造	345	22515	303	673	1516	266	103
金属表面处理及热处理加工	346	12249	238	561	422	57	14
搪瓷制品制造	347	1559	5	25	48	3	6
不锈钢及类似日用金属制品制造	348	18842	267	400	323	64	24
其他金属制品制造	349	28880	255	1158	2060	191	81
通用设备制造业	35	246517	3045	5953	11550	4116	1147
锅炉及原动机制造	351	9848	177	236	472	288	137
金属加工机械制造	352	36524	401	1036	1369	403	194
起重运输设备制造	353	7824	102	200	378	86	14
泵、阀门、压缩机及类似机械的制造	354	31428	429	1265	1049	356	46
轴承、齿轮、传动和驱动部件的制造	355	15686	101	169	621	85	18
烘炉、熔炉及电炉制造	356	2284	52	56	64	18	6
风机、衡器、包装设备等通用设备制造	357	36319	585	726	1320	268	94
通用零部件制造及机械修理	358	74091	858	1813	3608	995	513
金属铸、锻加工	359	32513	340	452	2669	1617	125
专用设备制造业	36	142507	2508	3618	5306	1286	533
矿山、冶金、建筑专用设备制造	361	23724	279	596	1672	566	146
化工、木材、非金属加工专用设备制造	362	38885	334	1056	737	113	64
食品、饮料、烟草及饲料生产专用设备制造	363	4635	93	82	164	13	24
印刷、制药、日化生产专用设备制造	364	8984	160	180	407	42	13
纺织、服装和皮革工业专用设备制造	365	10567	59	159	188	136	
电子和电工机械专用设备制造	366	11655	225	303	229	81	24
农、林、牧、渔专用机械制造	367	10266	88	109	466	87	145
医疗仪器设备及器械制造	368	7889	506	273	188	45	20
环保、社会公共安全及其他专用设备制造	369	25902	764	860	1255	203	97
交通运输设备制造业	37	104139	1462	3255	4133	635	439

单位：个

辽宁	吉林	黑龙江	上海	江苏	浙江	安徽	福建	江西	山东	代码
179	25	32	10	148	30	71	50	34	143	321
99	9	16	11	161	49	45	40	39	55	322
936	93	111	327	2931	2192	356	351	214	1074	323
194	27	17	11	209	58	35	84	39	101	324
1163	133	143	745	4836	2971	654	512	1486	1472	33
324	50	49	84	869	359	195	110	383	382	331
53	6	5	4	132	45	14	21	45	79	332
102	11	9	23	150	27	26	29	237	53	333
155	13	24	107	675	331	75	89	104	156	334
529	53	56	527	3010	2209	344	263	717	802	335
6652	1201	1769	11009	34033	24342	4353	5242	2096	16007	34
3095	671	870	3485	12620	4264	2172	1732	824	6145	341
574	129	261	1414	5501	4368	556	585	300	2465	342
420	57	72	329	1367	686	214	166	66	705	343
275	24	49	272	1953	896	193	104	52	488	344
641	150	213	1124	2559	5910	420	931	280	1397	345
869	30	75	835	2513	2450	199	278	60	632	346
30	5	6	67	169	314	30	264	23	119	347
269	47	90	1047	1992	3372	190	530	174	1187	348
479	88	133	2436	5359	2082	379	652	317	2869	349
16421	1658	2877	11685	56807	44234	5716	4732	2017	27273	35
678	177	423	276	2101	659	343	136	136	1532	351
1735	255	492	1830	9264	3992	900	790	423	5021	352
565	60	45	389	1696	1279	253	151	67	544	353
2495	122	141	1862	6484	9523	592	743	166	2508	354
1197	47	119	519	2745	5034	338	294	150	2213	355
104	9	38	86	835	303	29	19	18	148	356
1482	301	320	2369	10999	5305	539	605	288	4289	357
5497	464	1052	3664	16889	14693	1546	1221	560	6415	358
2668	223	247	690	5794	3446	1176	773	209	4603	359
6348	1253	1949	7442	33534	17767	3590	3805	1820	13928	36
2058	285	625	416	4538	1102	790	541	362	3198	361
1316	217	205	3132	8946	6458	929	1233	283	2550	362
209	40	107	227	675	569	169	114	36	585	363
322	65	74	574	1914	1246	171	266	140	805	364
136	11	28	601	3193	3528	95	294	103	977	365
373	61	145	529	2962	939	365	403	229	936	366
411	254	358	185	1141	946	314	275	154	1660	367
285	98	83	590	1704	892	243	166	222	486	368
1238	222	324	1188	8461	2087	514	513	291	2731	369
4455	1919	1059	3743	16366	18932	3549	3168	1618	8906	37

2-1 续表 5

行业中类	代码	企业单位数	北京	天津	河北	山西	内蒙古
铁路运输设备制造	371	3620	156	86	289	102	37
汽车制造	372	70155	1169	1377	2995	495	388
摩托车制造	373	7916	7	54	197	5	
自行车制造	374	6358	27	1323	330	9	
船舶及浮动装置制造	375	12905	8	326	170		1
航空航天器制造	376	581	48	28	20	2	2
交通器材及其他交通运输设备制造	379	2604	47	61	132	22	11
电气机械及器材制造业	39	141797	2151	2515	4546	593	389
电机制造	391	14852	123	312	237	51	86
输配电及控制设备制造	392	46864	1050	958	1501	210	113
电线、电缆、光缆及电工器材制造	393	21428	247	531	1426	116	76
电池制造	394	5483	78	112	183	31	15
家用电力器具制造	395	17530	177	160	220	16	8
非电力家用器具制造	396	5791	136	68	210	37	30
照明器具制造	397	20599	209	122	235	58	18
其他电气机械及器材制造	399	9250	131	252	534	74	43
通信设备、计算机及其他电子设备制造业	40	75430	1464	1801	948	212	81
通信设备制造	401	7855	280	194	211	27	15
雷达及配套设备制造	402	184	8	6	5	1	
广播电视设备制造	403	2142	78	18	62	3	2
电子计算机制造	404	6416	266	101	82	13	10
电子器件制造	405	11084	267	181	94	35	4
电子元件制造	406	31279	284	917	330	82	28
家用视听设备制造	407	4499	36	41	4	2	4
其他电子设备制造	409	11971	245	343	160	49	18
仪器仪表及文化、办公用机械制造业	41	33660	1262	1043	858	163	51
通用仪器仪表制造	411	15556	697	651	535	89	28
专用仪器仪表制造	412	5728	321	167	144	25	4
钟表与计时仪器制造	413	2333	11	40	18	3	
光学仪器及眼镜制造	414	4827	79	46	13	6	1
文化、办公用机械制造	415	2238	61	55	32	7	1
其他仪器仪表的制造及修理	419	2978	93	84	116	33	17
工艺品及其他制造业	42	75364	791	1464	1905	724	361
工艺美术品制造	421	41896	450	664	941	273	113
日用杂品制造	422	10425	73	113	232	18	56
煤制品制造	423	4129	164	13	68	288	36
其他未列明的制造业	429	18914	104	674	664	145	156
废弃资源和废旧材料回收加工业	43	11513	83	331	392	174	119
金属废料和碎屑的加工处理	431	5836	40	302	201	73	62
非金属废料和碎屑的加工处理	432	5677	43	29	191	101	57

单位：个

辽宁	吉林	黑龙江	上海	江苏	浙江	安徽	福建	江西	山东	代码
440	92	135	52	596	140	96	18	41	281	371
2693	1777	845	2579	8895	13288	2840	2071	1195	6211	372
13	11	4	106	903	1539	63	377	45	233	373
47	4	7	210	1523	1494	127	52	44	322	374
1156	9	20	659	3876	2133	321	600	219	1341	375
34	5	16	33	69	24	9	12	17	19	376
72	21	32	104	504	314	93	38	57	499	379
5053	792	1116	6138	25237	31116	4013	4616	2180	8000	39
497	80	171	588	3173	3288	314	1793	153	941	391
2455	357	446	2130	8600	11589	1166	938	621	2663	392
918	133	205	1051	4266	2944	1005	349	364	1206	393
113	19	29	162	839	726	205	214	223	365	394
278	58	65	530	1559	5293	436	391	143	721	395
139	49	43	131	995	1062	236	115	96	657	396
361	42	48	768	3491	5297	450	590	457	570	397
292	54	109	778	2314	917	201	226	123	877	399
1247	188	273	2720	15148	9273	1587	2438	1369	3290	40
156	27	60	310	1339	884	140	293	139	383	401
9	1	1	5	31	5	11	4	1	7	402
63	5	9	61	430	405	31	93	37	56	403
110	26	42	217	988	331	97	200	127	191	404
234	38	35	527	2475	1135	318	506	203	402	405
405	37	47	952	6973	5305	729	840	582	1493	406
38	9	8	95	368	592	108	123	64	63	407
232	45	71	553	2544	616	153	379	216	695	409
1780	243	347	2014	6429	6109	763	983	545	2108	41
1233	139	204	959	3257	2826	367	253	153	1054	411
300	45	86	399	1234	763	283	115	73	372	412
38	2	5	94	69	204	12	204	30	98	413
46	26	5	212	817	1653	28	249	178	59	414
45	4	22	133	338	439	35	118	39	113	415
118	27	25	217	714	224	38	44	72	412	419
1542	399	540	5344	8677	13847	1594	6102	1902	8278	42
1078	180	195	1013	4191	9094	873	4578	763	5103	421
125	30	31	266	1181	3566	450	930	220	489	422
167	84	98	6	119	56	68	60	70	388	423
172	105	216	4059	3186	1131	203	534	849	2298	429
347	127	107	206	1698	971	615	354	549	807	43
154	41	27	96	889	443	246	113	335	348	431
193	86	80	110	809	528	369	241	214	459	432

2-1 续表 6

行业中类	代码	企业单位数	北京	天津	河北	山西	内蒙古
电力、燃气及水的生产和供应业	D	**68607**	**460**	**460**	**1563**	**1167**	**1394**
电力、热力的生产和供应业	44	45614	307	247	835	611	935
电力生产	441	36928	52	46	422	370	433
电力供应	442	4176	12	18	166	68	170
热力生产和供应	443	4510	243	183	247	173	332
燃气生产和供应业	45	5391	43	78	243	221	137
燃气生产和供应业	450	5391	43	78	243	221	137
水的生产和供应业	46	17602	110	135	485	335	322
自来水的生产和供应	461	13810	53	58	286	233	240
污水处理及其再生利用	462	2944	47	41	173	66	61
其他水的处理、利用与分配	469	848	10	36	26	36	21
建筑业	E	**391379**	**13096**	**10078**	**10562**	**7433**	**4674**
房屋和土木工程建筑业	47	138448	2769	3343	4557	2506	1916
房屋工程建筑	471	81175	1395	1399	2465	1276	1181
土木工程建筑	472	57273	1374	1944	2092	1230	735
建筑安装业	48	75762	2621	2698	1969	1305	651
建筑安装业	480	75762	2621	2698	1969	1305	651
建筑装饰业	49	122892	6743	2728	2526	2320	1523
建筑装饰业	490	122892	6743	2728	2526	2320	1523
其他建筑业	50	54277	963	1309	1510	1302	584
工程准备	501	14951	326	208	530	394	180
提供施工设备服务	502	6239	112	162	201	209	132
其他未列明的建筑活动	509	33087	525	939	779	699	272
交通运输、仓储和邮政业	F	**239225**	**8085**	**9468**	**7216**	**5058**	**3860**
铁路运输业	51	2122	36	94	78	103	64
铁路旅客运输	511	179	5	3	6	3	3
铁路货物运输	512	851	19	47	27	37	27
铁路运输辅助活动	513	1092	12	44	45	63	34
道路运输业	52	115078	4023	2707	4373	3243	2484
公路旅客运输	521	10015	17	88	285	241	174
道路货物运输	522	95016	3555	2471	3693	2699	2064
道路运输辅助活动	523	10047	451	148	395	303	246
城市公共交通业	53	9248	308	92	384	312	228
公共电汽车客运	531	2560	37	26	113	96	83
轨道交通	532	165	5	5	8	6	4
出租车客运	533	5866	258	49	246	188	123
城市轮渡	534	95			1		
其他城市公共交通	539	562	8	12	16	22	18
水上运输业	54	10336	19	295	124	18	14
水上旅客运输	541	1147	1	11	20	8	9
水上货物运输	542	6443	16	138	51	3	1
水上运输辅助活动	543	2746	2	146	53	7	4

单位：个

辽宁	吉林	黑龙江	上海	江苏	浙江	安徽	福建	江西	山东	代码
1915	**1238**	**1255**	**294**	**2777**	**4008**	**2289**	**6470**	**3959**	**2462**	D
1258	918	885	64	672	2688	954	5420	3097	1132	44
323	323	311	33	396	2499	732	5189	2784	503	441
145	90	165	10	95	114	182	202	267	228	442
790	505	409	21	181	75	40	29	46	401	443
222	126	112	53	391	203	206	111	246	479	45
222	126	112	53	391	203	206	111	246	479	450
435	194	258	177	1714	1117	1129	939	616	851	46
295	136	202	121	1200	653	993	822	517	518	461
120	47	46	39	441	280	119	94	70	254	462
20	11	10	17	73	184	17	23	29	79	469
21769	**5218**	**8118**	**22208**	**55105**	**24059**	**15424**	**12856**	**8698**	**40418**	E
7216	2294	3360	5520	17601	8810	5320	5257	3554	14865	47
3721	1341	2201	2416	9077	4047	3177	3145	2259	9727	471
3495	953	1159	3104	8524	4763	2143	2112	1295	5138	472
5627	1185	1554	5593	13809	3626	2406	1900	1335	8635	48
5627	1185	1554	5593	13809	3626	2406	1900	1335	8635	480
6440	1166	2030	9238	16310	8809	5154	3682	2510	9097	49
6440	1166	2030	9238	16310	8809	5154	3682	2510	9097	490
2486	573	1174	1857	7385	2814	2544	2017	1299	7821	50
1140	174	326	543	1931	1790	882	571	241	926	501
230	54	109	235	810	201	420	270	140	724	502
1116	345	739	1079	4644	823	1242	1176	918	6171	509
13053	**2800**	**3985**	**16173**	**25126**	**15144**	**9467**	**8898**	**7853**	**20844**	F
113	31	26	35	181	57	76	67	47	387	51
10		4	5	15	2	8	7	12	26	511
57	10	10	16	74	41	36	18	21	110	512
46	21	12	14	92	14	32	42	14	251	513
6086	1366	1969	3796	14637	6974	5643	3412	5699	9061	52
414	164	234	80	636	513	473	450	510	458	521
5233	979	1496	3526	13380	5836	4719	2568	4889	7938	522
439	223	239	190	621	625	451	394	300	665	523
644	184	349	211	608	439	320	265	348	500	53
114	58	91	41	153	107	89	98	162	115	531
10	3	2	12	11	8	6	1	8	14	532
502	117	233	142	374	285	197	135	139	329	533
1		3	3	13	9	5	4	3	8	534
17	6	20	13	57	30	23	27	36	34	539
401	16	70	339	1523	1123	870	979	302	743	54
59	6	21	15	62	100	70	55	26	75	541
209	5	25	196	1006	724	661	733	228	396	542
133	5	24	128	455	299	139	191	48	272	543

2-1 续表 7

行业中类	代码	企业单位数	北京	天津	河北	山西	内蒙古
航空运输业	55	1457	57	43	31	33	40
航空客货运输	551	549	19	17	9	8	13
通用航空服务	552	363	7	12	8	9	9
航空运输辅助活动	553	545	31	14	14	16	18
管道运输业	56	232	7	7	14	9	1
管道运输业	560	232	7	7	14	9	1
装卸搬运和其他运输服务业	57	66133	2233	4722	1313	663	518
装卸搬运	571	10837	122	185	486	329	149
运输代理服务	572	55296	2111	4537	827	334	369
仓储业	58	23965	898	1372	644	523	390
谷物、棉花等农产品仓储	581	6457	76	73	194	218	180
其他仓储	589	17508	822	1299	450	305	210
邮政业	59	10654	504	136	255	154	121
国家邮政	591	2254	5	25	51	50	33
其他寄递服务	599	8400	499	111	204	104	88
信息传输、计算机服务和软件业	**G**	**234453**	**22048**	**3288**	**4980**	**3346**	**2037**
电信和其他信息传输服务业	60	38207	3233	428	833	801	393
电信	601	11568	977	124	310	258	164
互联网信息服务	602	23675	2015	280	406	476	175
广播电视传输服务	603	2677	167	21	114	58	53
卫星传输服务	604	287	74	3	3	9	1
计算机服务业	61	119861	6336	1531	3387	2001	1274
计算机系统服务	611	27966	2531	553	431	395	221
数据处理	612	1606	259	38	29	17	17
计算机维修	613	3918	470	80	69	43	48
其他计算机服务	619	86371	3076	860	2858	1546	988
软件业	62	76385	12479	1329	760	544	370
公共软件服务	621	59946	10380	846	583	439	260
其他软件服务	629	16439	2099	483	177	105	110
批发和零售业	**H**	**2629580**	**121942**	**64701**	**91157**	**53059**	**38712**
批发业	63	1661805	63482	48118	55623	26159	21806
农畜产品批发	631	66117	953	855	2691	1252	2245
食品、饮料及烟草制品批发	632	126729	4750	2623	4927	2140	1095
纺织、服装及日用品批发	633	182605	6061	2927	3023	962	692
文化、体育用品及器材批发	634	50279	4315	1474	1052	454	238
医药及医疗器材批发	635	43655	3030	806	1592	568	351
矿产品、建材及化工产品批发	636	520970	14511	17665	24411	11164	9761
机械设备、五金交电及电子产品批发	637	449715	24831	12629	12535	7216	4979
贸易经纪与代理	638	62412	1610	1018	584	452	613
其他批发	639	159323	3421	8121	4808	1951	1832
零售业	65	967775	58460	16583	35534	26900	16906

单位：个

辽宁	吉林	黑龙江	上海	江苏	浙江	安徽	福建	江西	山东	代码
82	30	47	89	93	58	28	51	15	80	55
28	9	9	40	37	31	4	17	5	26	551
25	12	17	7	19	8	10	10	3	25	552
29	9	21	42	37	19	14	24	7	29	553
12	4	2	4	22	5	4	2	14	33	56
12	4	2	4	22	5	4	2	14	33	560
3998	332	617	7949	5622	4909	1413	3120	708	5715	57
365	82	238	310	1548	808	583	375	356	826	571
3633	250	379	7639	4074	4101	830	2745	352	4889	572
1299	707	733	2630	1714	842	761	598	441	3416	58
419	532	435	42	385	100	379	116	217	743	581
880	175	298	2588	1329	742	382	482	224	2673	589
418	130	172	1120	726	737	352	404	279	909	59
102	22	30	8	82	46	61	87	80	252	591
316	108	142	1112	644	691	291	317	199	657	599
11422	**2102**	**3256**	**13938**	**22052**	**19453**	**7085**	**8130**	**2963**	**17627**	G
2127	535	577	1044	3325	1540	1345	1677	861	4871	60
861	191	258	259	790	404	448	379	201	1394	601
1102	246	243	708	2366	1039	770	1214	541	3323	602
157	94	72	68	145	88	117	77	117	121	603
7	4	4	9	24	9	10	7	2	33	604
4811	958	1512	7495	9872	9977	4102	4106	1438	9104	61
1379	271	334	2792	2882	2841	905	1093	387	1580	611
109	14	33	80	174	75	36	59	22	160	612
193	60	51	298	424	260	95	136	36	255	613
3130	613	1094	4325	6392	6801	3066	2818	993	7109	619
4484	609	1167	5399	8855	7936	1638	2347	664	3652	62
3644	488	833	3350	7094	6964	1212	1922	451	2312	621
840	121	334	2049	1761	972	426	425	213	1340	629
122551	**29292**	**48109**	**150676**	**303339**	**196702**	**74576**	**100294**	**46982**	**252083**	H
82825	14151	29714	112675	221871	153640	45023	69435	26407	157782	63
4355	2372	3882	551	5270	2309	2804	1758	1304	6352	631
6498	929	2285	5444	12278	10787	4811	8567	2251	13771	632
6399	527	2011	15981	28751	40296	3533	10696	1470	13644	633
1886	295	634	4500	5152	5865	1104	2849	510	3833	634
1952	666	1250	2691	2969	2671	2067	1183	1410	4118	635
29346	4212	9335	32030	77853	41724	14390	20690	7501	50165	636
22221	3652	6520	38104	60314	34236	11434	15698	4398	36319	637
2472	349	1430	2958	6930	8551	1574	2813	2359	4883	638
7696	1149	2367	10416	22354	7201	3306	5181	5204	24697	639
39726	15141	18395	38001	81468	43062	29553	30859	20575	94301	65

2-1 续表 8

行业中类	代码	企业单位数	北京	天津	河北	山西	内蒙古
综合零售	651	117396	3529	1447	3868	5386	1830
食品、饮料及烟草制品专门零售	652	78654	4750	1454	2556	2143	1117
纺织、服装及日用品专门零售	653	93424	6399	1614	2402	1994	1290
文化、体育用品及器材专门零售	654	56481	7914	1293	1607	1172	762
医药及医疗器材专门零售	655	84019	3877	906	2330	1207	866
汽车、摩托车、燃料及零配件专门零售	656	134892	3798	1999	8086	3987	3314
家用电器及电子产品专门零售	657	153649	14177	1952	4944	3480	2510
五金、家具及室内装修材料专门零售	658	122377	7970	2805	3823	3808	3022
无店铺及其他零售	659	126883	6046	3113	5918	3723	2195
住宿和餐饮业	**I**	**181011**	**13192**	**2797**	**4200**	**3520**	**3353**
住宿业	66	64861	3968	703	1836	1418	1336
旅游饭店	661	23278	1094	208	714	443	480
一般旅馆	662	36538	2637	389	987	857	785
其他住宿服务	669	5045	237	106	135	118	71
餐饮业	67	116150	9224	2094	2364	2102	2017
正餐服务	671	92977	7321	1531	2070	1884	1872
快餐服务	672	8175	742	208	134	87	94
饮料及冷饮服务	673	4868	663	49	37	28	8
其他餐饮服务	679	10130	498	306	123	103	43
金融业	**J**	**63712**	**1758**	**1835**	**2426**	**1686**	**1733**
银行业	68	13447	107	329	621	434	333
中央银行	681	199			7	8	7
商业银行	682	11012	100	313	521	318	270
其他银行	689	2236	7	16	93	108	56
证券业	69	5052	283	134	156	80	50
证券市场管理	691	580	4	9	11	35	3
证券经纪与交易	692	1386	106	56	50	18	16
证券投资	693	2174	127	47	64	18	21
证券分析与咨询	694	912	46	22	31	9	10
保险业	70	14281	536	142	563	344	315
人寿保险	701	5527	77	30	216	130	109
非人寿保险	702	5405	67	30	208	136	143
保险辅助服务	703	3349	392	82	139	78	63
其他金融活动	71	30932	832	1230	1086	828	1035
金融信托与管理	711	3859	124	218	103	85	72
金融租赁	712	1020	67	79	21	30	21
财务公司	713	1462	50	26	22	29	28
邮政储蓄	714	1200	1	25	54	16	21
典当	715	5616	157	140	185	170	225
其他未列明的金融活动	719	17775	433	742	701	498	668

单位：个

辽宁	吉林	黑龙江	上海	江苏	浙江	安徽	福建	江西	山东	代码
3914	1387	1833	4387	10172	2160	4641	2795	2704	13276	651
2997	1247	1371	3462	6929	3133	2478	4889	1500	7199	652
4378	1375	1625	5717	8007	5560	2629	4185	1501	7115	653
2030	833	879	3265	5259	2557	1324	1923	917	4012	654
5565	1474	2732	1618	5042	9337	1800	1592	1624	10446	655
6355	2706	2672	2771	10285	6642	5432	4799	3361	14381	656
5213	2121	2666	3925	13697	5283	4970	4474	2685	10745	657
5474	2306	2141	7283	10113	3861	3469	3696	2169	10422	658
3800	1692	2476	5573	11964	4529	2810	2506	4114	16705	659
7294	**1673**	**2385**	**11517**	**11840**	**9009**	**5205**	**6124**	**3222**	**16116**	I
2561	726	1155	2831	3585	4119	1779	2732	1680	3681	66
845	288	406	542	1313	1482	757	1098	757	1155	661
1517	384	635	2024	1954	2369	890	1410	778	2118	662
199	54	114	265	318	268	132	224	145	408	669
4733	947	1230	8686	8255	4890	3426	3392	1542	12435	67
3840	837	1039	5910	6275	3603	2816	2612	1321	10565	671
412	43	95	663	668	382	247	297	52	1112	672
141	22	20	804	310	389	148	187	37	111	673
340	45	76	1309	1002	516	215	296	132	647	679
3372	**938**	**1538**	**1435**	**5309**	**2978**	**2877**	**3383**	**2151**	**5732**	J
628	225	425	159	509	379	547	528	785	1621	68
19	3	4	1	5	1	9	5	18	21	681
435	192	342	154	414	342	476	437	627	1241	682
174	30	79	4	90	36	62	86	140	359	689
262	49	66	281	406	204	192	207	120	277	69
40	6	8	11	20	6	13	10	8	32	691
54	19	27	112	91	27	76	59	27	106	692
134	16	21	121	203	88	64	102	56	104	693
34	8	10	37	92	83	39	36	29	35	694
731	233	358	329	950	588	526	527	396	1886	70
271	91	160	57	372	204	241	220	194	908	701
253	101	148	61	348	259	214	187	158	634	702
207	41	50	211	230	125	71	120	44	344	703
1751	431	689	666	3444	1807	1612	2121	850	1948	71
165	50	83	53	554	220	237	167	116	247	711
54	13	15	102	135	24	52	58	31	52	712
50	29	42	15	195	31	132	81	30	71	713
43	34	38		26	17	26	73	93	237	714
456	109	176	225	432	410	210	247	115	256	715
983	196	335	271	2102	1105	955	1495	465	1085	719

2-1 续表 9

行业中类	代码	企业单位数	北京	天津	河北	山西	内蒙古
房地产业	K	**349865**	**14529**	**5784**	**11289**	**6212**	**6129**
房地产业	72	349865	14529	5784	11289	6212	6129
房地产开发经营	721	165020	4188	1803	6376	3404	3857
物业管理	722	90909	4263	1850	3061	1887	1561
房地产中介服务	723	56912	3680	1224	1303	418	467
其他房地产活动	729	37024	2398	907	549	503	244
租赁和商务服务业	L	**729986**	**72208**	**20324**	**14279**	**9330**	**7544**
租赁业	73	41132	2573	1410	1101	788	810
机械设备租赁	731	39798	2388	1387	1079	771	799
文化及日用品出租	732	1334	185	23	22	17	11
商务服务业	74	688854	69635	18914	13178	8542	6734
企业管理服务	741	144683	9323	4545	2172	1511	1040
法律服务	742	10215	563	284	354	145	111
咨询与调查	743	195124	29334	5816	2988	1856	1467
广告业	744	142063	11989	3151	3307	2088	1667
知识产权服务	745	5548	1097	75	80	41	59
职业中介服务	746	33449	1481	1087	994	346	438
市场管理	747	18734	1166	444	348	357	255
旅行社	748	30338	1622	721	1158	817	762
其他商务服务	749	108700	13060	2791	1777	1381	935
科学研究、技术服务和地质勘查业	M	**242723**	**36714**	**9727**	**4654**	**3183**	**2279**
研究与试验发展	75	34626	2735	557	435	367	196
自然科学研究与试验发展	751	4009	220	83	67	33	44
工程和技术研究与试验发展	752	20342	1336	265	222	198	57
农业科学研究与试验发展	753	4445	160	63	97	98	71
医学研究与试验发展	754	5369	979	130	41	30	17
社会人文科学研究与试验发展	755	461	40	16	8	8	7
专业技术服务业	76	123192	12267	3835	2951	1849	1322
气象服务	761	1227	22	5	21	35	6
地震服务	762	115	14	1	2	4	2
海洋服务	763	313	9	53	9	10	
测绘服务	764	4341	142	55	256	134	175
技术检测	765	10767	557	274	547	291	176
环境监测	766	1964	100	38	64	45	50
工程技术与规划管理	767	55310	4443	918	1410	856	640
其他专业技术服务	769	49155	6980	2491	642	474	273
科技交流和推广服务业	77	81135	21466	5264	1140	859	480
技术推广服务	771	57845	17176	4051	774	586	242
科技中介服务	772	7379	1116	246	189	92	82
其他科技服务	779	15911	3174	967	177	181	156
地质勘查业	78	3770	246	71	128	108	281
矿产地质勘查	781	1763	109	18	49	42	201
基础地质勘查	782	509	23	9	24	19	20
地质勘查技术服务	783	1498	114	44	55	47	60

单位：个

辽宁	吉林	黑龙江	上海	江苏	浙江	安徽	福建	江西	山东	代码
17097	**4400**	**6770**	**14145**	**29694**	**20027**	**12935**	**11630**	**9040**	**24020**	K
17097	4400	6770	14145	29694	20027	12935	11630	9040	24020	72
7960	2315	3133	5349	13304	8539	6643	5813	5535	12271	721
5184	1394	1907	3626	8291	4146	3545	2630	2014	6370	722
2865	436	1168	4001	5132	5268	1700	1719	847	3705	723
1088	255	562	1169	2967	2074	1047	1468	644	1674	729
31673	**6449**	**10339**	**62288**	**75287**	**58023**	**22776**	**27081**	**14565**	**48543**	L
1693	426	731	1687	4335	2846	2133	2022	1326	2997	73
1621	413	697	1623	4193	2786	2104	1977	1303	2922	731
72	13	34	64	142	60	29	45	23	75	732
29980	6023	9608	60601	70952	55177	20643	25059	13239	45546	74
3900	643	1330	13541	16608	15147	3447	6026	2922	7112	741
462	186	257	438	926	650	326	284	168	982	742
8489	1224	2291	23127	18264	15917	4524	5995	2309	12595	743
6120	1749	2210	8882	14041	10650	6593	6502	3292	9264	744
199	47	95	312	546	685	158	244	44	265	745
2415	368	637	1774	6209	1711	1735	814	458	2167	746
1180	352	488	1171	2272	2228	455	304	153	1134	747
1602	483	696	1096	2219	2136	1200	1361	913	2507	748
5613	971	1604	10260	9867	6053	2205	3529	2980	9520	749
12300	**3260**	**4606**	**21804**	**22204**	**18943**	**6627**	**6472**	**2987**	**12944**	M
2385	407	743	2564	4582	2342	970	911	239	1659	75
357	80	123	151	516	177	141	163	36	255	751
1385	116	370	1499	2647	1630	534	381	81	776	752
356	150	193	53	415	306	147	256	69	316	753
252	52	45	850	948	205	136	101	37	268	754
35	9	12	11	56	24	12	10	16	44	755
5671	1932	2096	12117	12443	9257	3698	4049	1931	6362	76
37	13	21	21	93	44	52	45	48	95	761
5	1	2	4	15	4	5		2	11	762
19	1	1	14	30	30	2	17	1	58	763
316	103	155	53	334	346	190	187	151	244	764
655	212	304	340	990	1004	442	359	255	653	765
102	23	67	92	277	165	78	73	38	115	766
2537	1178	790	4767	6434	4790	2063	2230	845	2746	767
2000	401	756	6826	4270	2874	866	1138	591	2440	769
4049	855	1641	7091	5041	7285	1824	1419	710	4703	77
2909	461	900	4812	2953	5777	1400	971	351	3171	771
634	118	149	334	799	417	173	125	134	779	772
506	276	592	1945	1289	1091	251	323	225	753	779
195	66	126	32	138	59	135	93	107	220	78
78	39	66	11	41	18	74	37	45	77	781
39	6	16	8	27	22	19	17	15	52	782
78	21	44	13	70	19	42	39	47	91	783

2-1 续表 10

行业中类	代码	企业单位数	北京	天津	河北	山西	内蒙古
水利、环境和公共设施管理业	N	**38723**	**1844**	**858**	**1388**	**1053**	**712**
水利管理业	79	3244	59	71	92	141	68
防洪管理	791	295	3	7	9	5	5
水资源管理	792	1350	32	25	38	51	32
其他水利管理	799	1599	24	39	45	85	31
环境管理业	80	8881	336	153	229	261	177
自然保护	801	829	18	13	20	36	25
环境治理	802	8052	318	140	209	225	152
公共设施管理业	81	26598	1449	634	1067	651	467
市政公共设施管理	811	3744	99	100	126	63	68
城市绿化管理	812	14655	1036	472	464	336	233
游览景区管理	813	8199	314	62	477	252	166
居民服务和其他服务业	O	**177802**	**14356**	**6658**	**4710**	**4319**	**2475**
居民服务业	82	72001	6745	1869	1519	1517	1068
家庭服务	821	7950	651	282	194	111	126
托儿所	822	460	6	9	9	5	4
洗染服务	823	2765	449	88	59	61	33
理发及美容保健服务	824	17741	3024	239	256	202	128
洗浴服务	825	9973	636	103	198	274	192
婚姻服务	826	4330	394	129	120	101	91
殡葬服务	827	2188	57	28	45	36	60
摄影扩印服务	828	7978	876	144	193	182	104
其他居民服务	829	18616	652	847	445	545	330
其他服务业	83	105801	7611	4789	3191	2802	1407
修理与维护	831	45238	3584	1166	1379	1134	631
清洁服务	832	19379	1822	580	585	312	200
其他未列明的服务	839	41184	2205	3043	1227	1356	576
教育	P	**33746**	**2917**	**487**	**710**	**674**	**498**
教育	84	33746	2917	487	710	674	498
学前教育	841	5710	132	44	73	88	44
初等教育	842	748	22	7	4	15	8
中等教育	843	1433	28	25	31	63	17
高等教育	844	295	29	8	1	4	
其他教育	849	25560	2706	403	601	504	429
卫生、社会保障和社会福利业	Q	**19103**	**1229**	**320**	**405**	**525**	**219**
卫生	85	17550	1165	283	369	490	202
医院	851	6229	287	103	189	249	90

单位：个

辽宁	吉林	黑龙江	上海	江苏	浙江	安徽	福建	江西	山东	代码
1677	**479**	**632**	**1650**	**3964**	**3549**	**1696**	**1682**	**1002**	**2765**	N
182	50	67	90	347	209	92	178	102	267	79
12	2	9	6	39	31	14	15	7	17	791
56	27	26	31	96	99	24	102	39	91	792
114	21	32	53	212	79	54	61	56	159	799
339	99	130	389	939	829	362	420	218	502	80
38	6	17	14	65	35	29	30	20	65	801
301	93	113	375	874	794	333	390	198	437	802
1156	330	435	1171	2678	2511	1242	1084	682	1996	81
158	51	63	230	415	421	146	152	135	278	811
716	178	274	882	1577	1234	709	424	270	1148	812
282	101	98	59	686	856	387	508	277	570	813
8525	**1943**	**3226**	**12520**	**16724**	**8794**	**4524**	**5293**	**4227**	**15382**	O
3955	799	1605	6368	5413	3246	2024	2348	1421	4922	82
414	86	140	374	520	530	235	284	180	353	821
20	1	35	1	35	15	9	11	4	40	822
119	22	46	185	169	193	59	95	29	186	823
769	103	281	2995	691	776	275	486	124	671	824
989	127	342	1060	996	322	357	475	95	596	825
288	46	112	232	329	339	171	133	48	324	826
216	32	88	125	146	197	124	79	43	112	827
316	94	189	542	438	332	203	249	114	680	828
824	288	372	854	2089	542	591	536	784	1960	829
4570	1144	1621	6152	11311	5548	2500	2945	2806	10460	83
2276	598	707	2624	3898	2540	1202	1619	767	3538	831
635	166	339	1066	2114	1492	753	659	325	1117	832
1659	380	575	2462	5299	1516	545	667	1714	5805	839
1810	**406**	**672**	**498**	**2927**	**1847**	**1224**	**1163**	**898**	**2135**	P
1810	406	672	498	2927	1847	1224	1163	898	2135	84
353	23	92	28	211	164	184	147	204	415	841
16	9	7	10	34	14	13	8	15	28	842
82	23	68	21	93	29	83	20	64	124	843
19	3	10	6	20	15	14	7	8	22	844
1340	348	495	433	2569	1625	930	981	607	1546	849
1433	**271**	**419**	**782**	**1181**	**1019**	**487**	**573**	**430**	**1323**	Q
1311	232	366	704	1044	934	431	531	379	1211	85
337	153	175	202	380	268	181	140	170	431	851

2-1 续表 11

行业中类	代码	企业单位数	北京	天津	河北	山西	内蒙古
卫生院及社区医疗活动	852	2047	12	16	75	67	20
门诊部医疗活动	853	7289	768	104	76	98	60
计划生育技术服务活动	854	217	1	3	1	4	
妇幼保健活动	855	119	6	2	1	5	1
专科疾病防治活动	856	341	16	1	8	9	4
疾病预防控制及防疫活动	857	180	7	3	4	1	8
其他卫生活动	859	1128	68	51	15	57	19
社会保障业	86	426	12	27	7	13	5
社会保障业	860	426	12	27	7	13	5
社会福利业	87	1127	52	10	29	22	12
提供住宿的社会福利	871	812	16	8	26	17	11
不提供住宿的社会福利	872	315	36	2	3	5	1
文化、体育和娱乐业	**R**	**66949**	**11342**	**1200**	**1173**	**1352**	**569**
新闻出版业	88	3841	1070	69	67	74	46
新闻业	881	232	9	3	6	8	5
出版业	882	3609	1061	66	61	66	41
广播、电视、电影和音像业	89	10007	1773	155	234	204	126
广播	891	486	22	7	17	12	5
电视	892	2496	632	31	48	36	23
电影	893	5096	726	92	150	106	57
音像制作	894	1929	393	25	19	50	41
文化艺术业	90	20521	6058	474	312	433	161
文艺创作与表演	901	4595	534	74	108	149	40
艺术表演场馆	902	555	39	10	11	28	11
图书馆与档案馆	903	211	4	1	4	1	1
文物及文化保护	904	359	22	4	16	30	7
博物馆	905	213	17	8	5	8	4
烈士陵园、纪念馆	906	54		1	3	2	
群众文化活动	907	2174	727	39	38	24	8
文化艺术经纪代理	908	3631	1395	76	48	19	31
其他文化艺术	909	8729	3320	261	79	172	59
体育	91	2891	597	80	35	53	21
体育组织	911	1011	290	32	9	17	7
体育场馆	912	827	84	18	12	25	9
其他体育	919	1053	223	30	14	11	5
娱乐业	92	29689	1844	422	525	588	215
室内娱乐活动	921	18973	710	239	267	433	129
游乐园	922	956	24	11	26	16	11
休闲健身娱乐活动	923	6457	986	112	127	87	43
其他娱乐活动	929	3303	124	60	105	52	32

单位：个

辽宁	吉林	黑龙江	上海	江苏	浙江	安徽	福建	江西	山东	代码
175	25	62	8	124	57	115	72	88	210	852
692	29	84	374	407	525	77	253	57	433	853
3	2	1	4	3	2	6	2	10	3	854
3	3	3	2	4	8	4	2	3	9	855
21	4	16	61	21	23	8	11	4	23	856
20	2	6	10	8	11	5	13	5	18	857
60	14	19	43	97	40	35	38	42	84	859
36	6	20	7	44	27	15	11	7	37	86
36	6	20	7	44	27	15	11	7	37	860
86	33	33	71	93	58	41	31	44	75	87
68	27	30	51	65	39	31	19	31	61	871
18	6	3	20	28	19	10	12	13	14	872
2582	**579**	**742**	**3705**	**5312**	**4477**	**1716**	**2712**	**1432**	**3500**	**R**
179	71	62	169	191	131	96	81	90	169	88
15	5	8	5	21	4	6	9	11	11	881
164	66	54	164	170	127	90	72	79	158	882
331	119	122	380	825	990	302	279	211	501	89
10	7	12	6	31	11	17	14	15	57	891
84	26	33	86	249	471	47	58	43	55	892
173	68	41	226	433	446	164	154	138	301	893
64	18	36	62	112	62	74	53	15	88	894
646	157	255	717	1557	1008	461	551	436	990	90
209	39	26	130	392	303	147	173	106	211	901
32	16	10	30	49	42	22	10	16	27	902
25	3	4	3	12	47	9	14	9	8	903
6	10	4		23	14	17	12	16	21	904
22		1	5	23	18	4	10	5	13	905
1	1			7	2		4	2	2	906
54	18	20	25	200	104	30	42	24	63	907
79	15	88	129	225	180	67	82	51	234	908
218	55	102	395	626	298	165	204	207	411	909
159	14	23	189	207	169	57	94	35	124	91
52	3	2	38	65	62	21	23	8	37	911
57	8	9	76	50	57	18	41	11	30	912
50	3	12	75	92	50	18	30	16	57	919
1267	218	280	2250	2532	2179	800	1707	660	1716	92
815	118	133	1430	1556	1397	569	1181	430	1057	921
37	18	29	17	87	60	23	55	20	85	922
266	42	74	645	471	537	128	339	99	303	923
149	40	44	158	418	185	80	132	111	271	929

2-1 续表 12

行业中类	代码	河南	湖北	湖南	广东	广西	海南
总计		**283009**	**322331**	**221798**	**884679**	**180309**	**37505**
农、林、牧、渔业	A	**13447**	**12139**	**11409**	**12461**	**17432**	**1866**
农业	01	2210	3878	4956	6038	6614	947
谷物及其他作物的种植	011	529	1200	1523	1584	969	407
蔬菜、园艺作物的种植	012	1162	1586	1850	2207	1168	259
水果、坚果、饮料和香料作物的种植	013	396	836	1225	2042	4157	272
中药材的种植	014	123	256	358	205	320	9
林业	02	974	1152	1654	1306	2870	246
林木的培育和种植	021	940	1099	1523	1228	2808	108
木材和竹材的采运	022	14	24	59	39	30	4
林产品的采集	023	20	29	72	39	32	134
畜牧业	03	8168	3515	2578	2089	4767	362
牲畜的饲养	031	1567	812	607	306	871	98
猪的饲养	032	4258	1338	1187	1064	1909	136
家禽的饲养	033	2038	989	569	530	1602	103
狩猎和捕捉动物	034	5	10	7	3	3	2
其他畜牧业	039	300	366	208	186	382	23
渔业	04	377	1454	896	1357	2671	160
海洋渔业	041	15	129	24	581	618	94
内陆渔业	042	362	1325	872	776	2053	66
农、林、牧、渔服务业	05	1718	2140	1325	1671	510	151
农业服务业	051	1393	1680	977	1230	332	137
林业服务业	052	57	145	139	101	80	6
畜牧服务业	053	233	175	113	110	56	
渔业服务业	054	35	140	96	230	42	8
采矿业	B	**7882**	**5384**	**7685**	**3235**	**3656**	**264**
煤炭开采和洗选业	06	1468	527	1615	7	75	
烟煤和无烟煤的开采洗选	061	1444	462	1467		41	
褐煤的开采洗选	062	8	2	11	1	20	
其他煤炭采选	069	16	63	137	6	14	
石油和天然气开采业	07	14	45	9	31	10	1
天然原油和天然气开采	071	4	17	2	14	4	1
与石油和天然气开采有关的服务活动	079	10	28	7	17	6	
黑色金属矿采选业	08	1047	1045	953	432	574	14
铁矿采选	081	1027	982	384	401	210	11
其他黑色金属矿采选	089	20	63	569	31	364	3
有色金属矿采选业	09	1268	456	1055	268	682	133
常用有色金属矿采选	091	594	405	831	189	573	120
贵金属矿采选	092	428	34	93	21	81	8
稀有稀土金属矿采选	093	246	17	131	58	28	5
非金属矿采选业	10	4033	3115	3947	2363	2170	101

单位：个

重庆	四川	贵州	云南	西藏	陕西	甘肃	青海	宁夏	新疆	代码
224487	**230936**	**76025**	**150093**	**3434**	**176977**	**66817**	**17567**	**28802**	**64883**	
31975	**12212**	**8134**	**14359**	**23**	**7990**	**4825**	**1746**	**1728**	**2672**	A
14144	4461	3545	7502	8	2779	1279	510	597	934	01
1415	586	330	1480	2	437	622	224	158	384	011
6922	2447	1096	2087	3	1230	356	162	242	217	012
4316	1073	1475	2795	2	912	170	72	132	292	013
1491	355	644	1140	1	200	131	52	65	41	014
2128	1234	536	1543	5	812	318	207	236	195	02
2029	1147	510	1285	5	794	313	205	236	180	021
54	55	17	64		7	1	1		10	022
45	32	9	194		11	4	1		5	023
9004	4625	3450	4158	7	3159	2572	896	618	782	03
2295	888	787	1241	4	1036	1314	629	388	500	031
2492	2265	1504	1621	2	1219	663	135	87	64	032
2976	1206	947	993	1	642	417	91	85	152	033
10	7	11	2		3	2		1	1	034
1231	259	201	301		259	176	41	57	65	039
5333	525	408	241		221	54	24	58	43	04
142	39	18	18		17	8	5	3	1	041
5191	486	390	223		204	46	19	55	42	042
1366	1367	195	915	3	1019	602	109	219	718	05
1068	915	171	767	3	828	347	83	166	629	051
79	114	16	83		59	34	11	22	33	052
137	286	7	39		111	216	14	28	45	053
82	52	1	26		21	5	1	3	11	054
3085	**5724**	**5630**	**5801**	**129**	**4203**	**2091**	**822**	**682**	**2306**	B
1137	1744	2077	1634	2	1063	342	98	341	438	06
1085	1683	2048	1485	2	965	311	90	330	411	061
12	11	7	102		8	11		5	2	062
40	50	22	47		90	20	8	6	25	069
26	92	8	13		917	70	6	49	124	07
14	35	5	6		79	11	4	43	14	071
12	57	3	7		838	59	2	6	110	079
146	407	302	586	23	336	308	87	14	663	08
28	367	129	458	14	269	271	73	12	623	081
118	40	173	128	9	67	37	14	2	40	089
36	628	419	1590	60	561	329	143	2	368	09
34	508	324	1457	57	361	217	120		269	091
	73	64	67	1	107	100	18	1	78	092
2	47	31	66	2	93	12	5	1	21	093
1702	2768	2777	1865	41	1172	941	453	266	630	10

2-1 续表 13

行业中类	代码	河南	湖北	湖南	广东	广西	海南
土砂石开采	101	3587	2264	3648	2038	1825	81
化学矿采选	102	42	492	53	12	58	
采盐	103	7	3	3	44	6	5
石棉及其他非金属矿采选	109	397	356	243	269	281	15
其他采矿业	11	52	196	106	134	145	15
其他采矿业	110	52	196	106	134	145	15
制造业	C	**119630**	**71998**	**62901**	**287007**	**27715**	**2991**
农副食品加工业	13	12731	6182	5442	4827	1920	374
谷物磨制	131	6088	2421	1980	608	248	14
饲料加工	132	1343	485	571	675	327	26
植物油加工	133	1573	762	648	407	191	8
制糖	134	23	18	13	122	121	29
屠宰及肉类加工	135	1205	614	795	974	345	70
水产品加工	136	60	295	135	874	138	120
蔬菜、水果和坚果加工	137	724	485	454	491	173	34
其他农副食品加工	139	1715	1102	846	676	377	73
食品制造业	14	3851	2058	1981	4985	1150	188
焙烤食品制造	141	1023	613	555	1377	417	24
糖果、巧克力及蜜饯制造	142	258	92	169	1193	68	53
方便食品制造	143	948	435	454	496	175	6
液体乳及乳制品制造	144	147	41	39	55	27	6
罐头制造	145	172	163	172	193	92	8
调味品、发酵制品制造	146	613	240	151	583	116	19
其他食品制造	149	690	474	441	1088	255	72
饮料制造业	15	2415	2497	1738	1810	942	113
酒精制造	151	42	26	16	25	43	3
酒的制造	152	786	501	466	524	230	31
软饮料制造	153	1173	781	672	1063	371	70
精制茶加工	154	414	1189	584	198	298	9
烟草制品业	16	12	27	26	39	4	2
烟叶复烤	161	5	15	13	8	1	
卷烟制造	162	4	5	7	11	3	1
其他烟草制品加工	169	3	7	6	20		1
纺织业	17	4252	3778	1620	11715	810	45
棉、化纤纺织及印染精加工	171	2448	2186	438	2942	118	
毛纺织和染整精加工	172	164	50	35	583	80	1
麻纺织	173	65	75	107	49	18	1
丝绢纺织及精加工	174	48	59	20	229	138	1
纺织制成品制造	175	797	1054	565	2716	177	22
针织品、编织品及其制品制造	176	730	354	455	5196	279	20
纺织服装、鞋、帽制造业	18	2301	3278	1211	19472	740	91

单位：个

重庆	四川	贵州	云南	西藏	陕西	甘肃	青海	宁夏	新疆	代码
1585	2412	2396	1515	29	938	737	366	230	477	101
39	135	249	163	8	81	12	4		7	102
4	20		5		4	5	21	1	11	103
74	201	132	182	4	149	187	62	35	135	109
38	85	47	113	3	154	101	35	10	83	11
38	85	47	113	3	154	101	35	10	83	110
42225	**56826**	**14905**	**17663**	**394**	**32873**	**13585**	**3157**	**5624**	**10870**	**C**
2585	4292	1115	1744	60	2021	1634	319	771	1117	13
402	561	146	104	27	429	347	29	178	175	131
304	628	117	265	4	326	171	38	81	77	132
288	433	200	122	7	207	107	61	70	295	133
23	24	17	83		3	8		3	18	134
575	1378	251	367	8	314	245	125	89	176	135
21	36	9	25		18	7	3	4	12	136
434	579	107	355	1	314	289	17	96	243	137
538	653	268	423	13	410	460	46	250	121	139
1196	2336	539	765	19	1320	580	107	257	461	14
264	448	81	198	5	331	106	15	71	65	141
70	159	31	42		237	82	1	8	20	142
265	467	107	108	1	192	74	6	34	31	143
14	55	13	40	7	117	69	25	41	70	144
59	104	17	32	2	28	24	2	11	133	145
303	664	174	122	2	206	144	25	36	35	146
221	439	116	223	2	209	81	33	56	107	149
1047	3548	1290	1482	29	772	398	63	136	392	15
8	27	7	12		7	5	1		6	151
560	2184	465	356	11	185	228	33	81	230	152
330	537	318	402	18	383	147	27	50	142	153
149	800	500	712		197	18	2	5	14	154
5	13	9	38		13	10		3	1	16
2	5	7	15		5			1		161
2	4	1	9		4	2		1	1	162
1	4	1	14		4	8		1		169
2138	1176	132	238	13	701	227	55	219	391	17
1126	437	23	49		372	77	9	10	205	171
31	34	3	5	7	31	47	15	179	31	172
77	32	1	14		3	7			11	173
137	221	8	44		46	3		1	2	174
496	313	50	84	5	163	51	16	20	71	175
271	139	47	42	1	86	42	15	9	71	176
1217	870	187	168	11	399	111	56	50	124	18

2-1 续表 14

行业中类	代码	河南	湖北	湖南	广东	广西	海南
纺织服装制造	181	1962	3132	990	18257	702	91
纺织面料鞋的制造	182	302	111	209	925	27	
制帽	183	37	35	12	290	11	
皮革、毛皮、羽毛(绒)及其制品业	19	1712	372	763	9619	436	6
皮革鞣制加工	191	395	57	87	498	49	
皮革制品制造	192	781	260	618	8801	291	3
毛皮鞣制及制品加工	193	361	38	19	186	16	1
羽毛(绒)加工及制品制造	194	175	17	39	134	80	2
木材加工及木、竹、藤、棕、草制品业	20	6951	1719	3670	4168	3480	163
锯材、木片加工	201	4086	599	1372	1070	1136	88
人造板制造	202	2043	462	972	1082	1600	32
木制品制造	203	589	461	483	1542	387	31
竹、藤、棕、草制品制造	204	233	197	843	474	357	12
家具制造业	21	3718	1243	1385	8954	512	109
木质家具制造	211	3122	931	1115	5084	380	72
竹、藤家具制造	212	42	28	96	140	24	3
金属家具制造	213	360	95	51	1222	32	7
塑料家具制造	214	33	32	11	170	9	
其他家具制造	219	161	157	112	2338	67	27
造纸及纸制品业	22	1898	1227	1643	10903	900	85
纸浆制造	221	33	76	56	154	39	1
造纸	222	680	323	667	2142	396	27
纸制品制造	223	1185	828	920	8607	465	57
印刷业和记录媒介的复制	23	2223	1935	1754	11473	949	192
印刷	231	2013	1678	1596	10680	843	176
装订及其他印刷服务活动	232	201	241	147	730	100	14
记录媒介的复制	233	9	16	11	63	6	2
文教体育用品制造业	24	398	256	338	5414	155	8
文化用品制造	241	123	107	142	857	47	2
体育用品制造	242	42	45	67	1029	15	1
乐器制造	243	63	37	10	277	5	3
玩具制造	244	132	52	110	2945	83	1
游艺器材及娱乐用品制造	245	38	15	9	306	5	1
石油加工及炼焦	25	325	167	118	412	77	16
精炼石油产品的制造	251	235	152	73	389	70	16
炼焦	252	90	15	45	23	7	
化学原料及化学制品制造业	26	5394	3787	6051	10953	1770	189
基础化学原料制造	261	1078	805	928	631	242	11
肥料制造	262	721	746	398	393	396	62
农药制造	263	199	142	113	119	91	9
涂料、油墨、颜料及类似产品制造	264	911	545	408	3293	168	13

单位：个

重庆	四川	贵州	云南	西藏	陕西	甘肃	青海	宁夏	新疆	代码
1151	829	171	155	11	385	100	49	49	120	181
59	34	16	12		13	7		1	1	182
7	7		1		1	4	7		3	183
786	843	68	47	8	107	170	41	139	74	19
42	50		12		13	64	13	36	28	191
650	669	61	27	3	60	53	18	18	20	192
44	36	3	4	3	25	41	8	56	16	193
50	88	4	4	2	9	12	2	29	10	194
1250	1631	644	962	17	499	173	39	61	197	20
331	575	272	484	11	134	60	20	11	51	201
167	380	173	185	2	135	33	8	16	95	202
400	424	142	225	4	196	61	8	21	47	203
352	252	57	68		34	19	3	13	4	204
1660	1545	296	270	9	620	184	22	79	152	21
1264	1167	201	202	7	442	155	20	63	113	211
31	30	16	7		3	1		1		212
103	119	33	26	1	93	13	1	5	26	213
17	20	8	3		10	1		3	8	214
245	209	38	32	1	72	14	1	7	5	219
816	1216	262	420	2	746	200	11	94	248	22
2	40	3	11		15	12		3	6	221
189	422	89	136		201	53	2	39	83	222
625	754	170	273	2	530	135	9	52	159	223
1208	2277	455	656	13	1172	632	100	209	325	23
1049	2034	415	577	12	979	557	93	191	301	231
149	236	39	71	1	181	71	7	18	24	232
10	7	1	8		12	4				233
154	171	49	33		78	30	7	10	19	24
67	76	21	16		35	18	4	6	11	241
26	43	7	2		19	4		3	6	242
13	16	8	7		6	3	2		1	243
42	26	13	5		7			1	1	244
6	10		3		11	5	1			245
87	184	136	117		404	78	12	66	260	25
63	128	21	20		121	63	6	18	126	251
24	56	115	97		283	15	6	48	134	252
1432	3164	974	1168	18	1847	756	257	443	882	26
224	812	236	273	2	370	210	83	205	146	261
189	580	302	392	1	291	180	113	53	292	262
39	85	15	25		127	16	4	6	16	263
346	434	73	82	1	204	104	8	27	92	264

2-1 续表 15

行业中类	代码	河南	湖北	湖南	广东	广西	海南
合成材料制造	265	245	194	164	1045	42	11
专用化学产品制造	266	1851	1085	3813	2508	655	51
日用化学产品制造	267	389	270	227	2964	176	32
医药制造业	27	1194	1004	712	1262	477	130
化学药品原药制造	271	157	187	105	76	49	21
化学药品制剂制造	272	142	120	65	175	39	59
中药饮片加工	273	151	87	100	182	60	5
中成药制造	274	213	197	132	233	157	22
兽用药品制造	275	167	43	63	125	61	6
生物、生化制品的制造	276	153	190	168	257	67	13
卫生材料及医药用品制造	277	211	180	79	214	44	4
化学纤维制造业	28	110	82	65	347	10	8
纤维素纤维原料及纤维制造	281	45	35	19	80	3	
合成纤维制造	282	65	47	46	267	7	8
橡胶制品业	29	845	515	370	3502	186	40
轮胎制造	291	103	78	49	119	25	1
橡胶板、管、带的制造	292	245	105	71	375	38	7
橡胶零件制造	293	146	103	95	685	31	2
再生橡胶制造	294	94	37	29	112	10	1
日用及医用橡胶制品制造	295	30	22	22	182	19	4
橡胶靴鞋制造	296	75	31	36	474	5	
其他橡胶制品制造	299	152	139	68	1555	58	25
塑料制品业	30	3743	2598	1624	23970	905	92
塑料薄膜制造	301	285	342	157	2068	101	13
塑料板、管、型材的制造	302	862	492	316	1533	152	12
塑料丝、绳及编织品的制造	303	689	333	234	542	170	9
泡沫塑料制造	304	215	139	51	942	48	10
塑料人造革、合成革制造	305	21	17	23	221	3	1
塑料包装箱及容器制造	306	334	317	188	2332	111	18
塑料零件制造	307	127	172	77	3451	33	6
日用塑料制造	308	370	277	191	3896	131	8
其他塑料制品制造	309	840	509	387	8985	156	15
非金属矿物制品业	31	29651	11468	12548	13390	4295	470
水泥、石灰和石膏的制造	311	1169	1014	1113	758	602	36
水泥及石膏制品制造	312	10922	3774	3269	1446	657	118
砖瓦、石材及其他建筑材料制造	313	10973	5244	6084	4458	2374	275
玻璃及玻璃制品制造	314	944	524	372	2239	127	16
陶瓷制品制造	315	693	132	793	3314	222	8
耐火材料制品制造	316	2972	281	340	182	43	3
石墨及其他非金属矿物制品制造	319	1978	499	577	993	270	14
黑色金属冶炼及压延加工业	32	1031	638	1203	1282	433	18

单位：个

重庆	四川	贵州	云南	西藏	陕西	甘肃	青海	宁夏	新疆	代码
95	157	32	31		86	39	6	17	35	265
373	823	252	271	2	630	146	32	115	253	266
166	273	64	94	12	139	61	11	20	48	267
309	907	260	288	29	752	309	64	49	115	27
49	105	4	20		136	17	5	7	12	271
49	129	22	30		95	12	1	4	8	272
44	196	30	54	5	81	169	13	7	21	273
53	148	159	106	21	162	56	34	13	35	274
23	104	5	7	1	31	9	1	6	6	275
55	162	18	45	1	178	31	9	11	21	276
36	63	22	26	1	69	15	1	1	12	277
24	65	3	4		42	11	2	2	33	28
6	23	1	1		21	3			30	281
18	42	2	3		21	8	2	2	3	282
383	414	121	156		327	62	6	24	66	29
44	50	19	17		23	11		5	16	291
47	65	16	32		47	16	2	9	26	292
152	93	45	16		139	5	1	3	13	293
17	47	16	13		25	11	2	2	5	294
5	14	1	1		10	1		4	1	295
31	21	8	4		8	4	1		1	296
87	124	16	73		75	14		1	4	299
1377	2016	395	576	4	850	472	65	224	957	30
115	221	26	60		84	75	4	20	134	301
255	409	110	151	3	182	106	10	62	427	302
119	283	75	135	1	135	93	21	62	108	303
64	114	20	29		86	36	13	12	80	304
10	13	2	1		5	1				305
178	292	41	73		130	49	8	18	52	306
156	98	16	8		31	14	2	4	7	307
153	192	41	34		88	36	3	10	56	308
327	394	64	85		109	62	4	36	93	309
5055	10963	3867	3251	67	5026	3795	839	1267	2520	31
334	666	368	403	16	491	338	101	108	258	311
1574	2477	1073	624	20	1443	653	208	264	622	312
2383	6027	1933	1826	24	2504	2384	458	512	1405	313
413	760	155	88	2	185	57	12	22	108	314
138	238	34	55	1	107	45	5	3	7	315
87	354	100	50		97	92	14	21	39	316
126	441	204	205	4	199	226	41	337	81	319
422	739	377	420		371	263	103	178	179	32

2-1 续表 16

行业中类	代码	河南	湖北	湖南	广东	广西	海南
炼铁	321	142	101	332	96	57	4
炼钢	322	45	79	36	49	14	3
钢压延加工	323	588	387	248	1096	111	11
铁合金冶炼	324	256	71	587	41	251	
有色金属冶炼及压延加工业	33	1806	669	1735	2427	450	17
常用有色金属冶炼	331	518	236	820	313	267	6
贵金属冶炼	332	49	19	178	50	21	3
稀有稀土金属冶炼	333	171	55	148	55	22	1
有色金属合金制造	334	295	77	221	243	22	3
有色金属压延加工	335	773	282	368	1766	118	4
金属制品业	34	5352	4262	2469	32883	1032	115
结构性金属制品制造	341	2990	2275	1013	6170	393	59
金属工具制造	342	479	450	493	3930	169	10
集装箱及金属包装容器制造	343	241	292	87	786	35	11
金属丝绳及其制品的制造	344	348	133	62	547	23	2
建筑、安全用金属制品制造	345	522	325	217	3656	105	11
金属表面处理及热处理加工	346	134	138	97	1961	40	4
搪瓷制品制造	347	53	21	22	263	17	
不锈钢及类似日用金属制品制造	348	240	222	182	7461	135	9
其他金属制品制造	349	345	406	296	8109	115	9
通用设备制造业	35	9109	5359	4285	12689	1261	40
锅炉及原动机制造	351	308	454	233	233	87	1
金属加工机械制造	352	981	1089	881	2530	201	5
起重运输设备制造	353	915	210	143	375	44	
泵、阀门、压缩机及类似机械的制造	354	882	402	408	892	76	3
轴承、齿轮、传动和驱动部件的制造	355	620	229	203	412	41	3
烘炉、熔炉及电炉制造	356	85	49	59	113	10	
风机、衡器、包装设备等通用设备制造	357	847	759	582	2905	138	3
通用零部件制造及机械修理	358	2017	1323	945	4228	359	17
金属铸、锻加工	359	2454	844	831	1001	305	8
专用设备制造业	36	6080	3736	2690	15452	1074	56
矿山、冶金、建筑专用设备制造	361	2138	842	598	459	216	3
化工、木材、非金属加工专用设备制造	362	606	739	320	7975	178	8
食品、饮料、烟草及饲料生产专用设备制造	363	361	198	150	330	77	2
印刷、制药、日化生产专用设备制造	364	355	230	197	1293	76	1
纺织、服装和皮革工业专用设备制造	365	198	121	71	483	4	
电子和电工机械专用设备制造	366	226	432	269	1952	69	4
农、林、牧、渔专用机械制造	367	1436	246	367	222	255	18
医疗仪器设备及器械制造	368	213	207	198	870	77	11
环保、社会公共安全及其他专用设备制造	369	547	721	520	1868	122	9
交通运输设备制造业	37	3448	5754	1706	5369	1319	221

单位：个

重庆	四川	贵州	云南	西藏	陕西	甘肃	青海	宁夏	新疆	代码
20	75	66	88		41	40	6	28	64	321
11	39	7	19		53	13	1	1	9	322
314	399	68	201		178	70	8	37	86	323
77	226	236	112		99	140	88	112	20	324
386	676	332	736	7	1079	194	99	79	127	33
113	248	203	506	2	180	76	52	48	58	331
5	19	20	29		38	22	6	1	27	332
15	74	36	74		73	12	3	7	7	333
56	106	17	23		73	14	14	7	6	334
197	229	56	104	5	715	70	24	16	29	335
3118	3025	616	914	10	1920	791	329	370	750	34
1413	1416	286	432	4	885	459	152	224	489	341
554	389	109	92	1	278	71	17	24	39	342
74	171	24	45		84	36	4	13	40	343
57	96	37	30	2	36	29	111	11	27	344
287	317	54	75		263	78	23	34	62	345
217	196	21	40		103	28	9	6	22	346
25	21	3			16	2		2		347
226	163	30	49	1	94	19	2	12	21	348
265	256	52	151	2	161	69	11	44	50	349
3106	4990	599	820	3	3600	572	125	307	421	35
138	246	16	21		162	75	18	27	58	351
512	905	133	183		772	99	22	61	45	352
79	100	13	22	1	45	7	1	17	23	353
160	495	40	26		193	45	2	12	11	354
160	168	28	24		96	25	3	20	4	355
46	30	19	5		70	6	4	2	1	356
357	454	52	112		467	52	18	30	53	357
1274	1901	203	252	2	1406	115	37	73	151	358
380	691	95	175		389	148	20	65	75	359
1726	2598	343	462	4	2511	479	62	174	373	36
257	730	119	104		776	145	15	56	92	361
489	534	53	46		253	59	8	19	25	362
54	164	14	50		91	20	2	1	14	363
86	134	15	22		149	25	3	8	11	364
37	24	1	3	1	94	11	1		10	365
129	252	29	22		410	33	1	10	13	366
330	212	47	62	3	166	97	18	37	157	367
88	173	16	34		142	32	5	13	9	368
256	375	49	119		430	57	9	30	42	369
7138	2434	585	685	19	1054	365	113	114	176	37

2-1 续表 17

行业中类	代码	河南	湖北	湖南	广东	广西	海南
铁路运输设备制造	371	217	196	206	36	26	
汽车制造	372	2664	4962	1250	3263	1079	163
摩托车制造	373	271	49	39	548	6	5
自行车制造	374	176	42	16	472	36	
船舶及浮动装置制造	375	33	422	125	877	151	49
航空航天器制造	376	9	13	11	21	2	
交通器材及其他交通运输设备制造	379	78	70	59	152	19	4
电气机械及器材制造业	39	3054	2858	2101	27702	779	56
电机制造	391	330	376	244	1274	91	2
输配电及控制设备制造	392	1016	896	690	6601	256	20
电线、电缆、光缆及电工器材制造	393	718	546	379	3638	135	8
电池制造	394	218	144	121	1390	35	5
家用电力器具制造	395	159	160	168	6434	67	3
非电力家用器具制造	396	180	168	97	837	58	4
照明器具制造	397	288	243	164	6571	67	11
其他电气机械及器材制造	399	145	325	238	957	70	3
通信设备、计算机及其他电子设备制造业	40	662	1489	1248	26211	485	32
通信设备制造	401	94	359	148	2178	65	12
雷达及配套设备制造	402	2	4	7	38	2	
广播电视设备制造	403	36	22	33	588	18	1
电子计算机制造	404	44	143	116	2820	61	3
电子器件制造	405	114	286	151	3543	43	6
电子元件制造	406	253	317	542	10051	197	7
家用视听设备制造	407	24	30	26	2792	25	
其他电子设备制造	409	95	328	225	4201	74	3
仪器仪表及文化、办公用机械制造业	41	771	896	516	4542	141	10
通用仪器仪表制造	411	454	449	251	912	52	3
专用仪器仪表制造	412	151	181	128	512	25	3
钟表与计时仪器制造	413	12	12	7	1434	11	2
光学仪器及眼镜制造	414	98	61	47	844	24	1
文化、办公用机械制造	415	31	35	29	622	8	
其他仪器仪表的制造及修理	419	25	158	54	218	21	1
工艺品及其他制造业	42	3681	1678	1364	9800	820	91
工艺美术品制造	421	1773	822	530	5976	610	62
日用杂品制造	422	485	149	273	1307	81	3
煤制品制造	423	1289	132	370	35	29	
其他未列明的制造业	429	134	575	191	2482	100	26
废弃资源和废旧材料回收加工业	43	912	466	525	1435	203	14
金属废料和碎屑的加工处理	431	487	256	318	705	140	3
非金属废料和碎屑的加工处理	432	425	210	207	730	63	11

单位：个

重庆	四川	贵州	云南	西藏	陕西	甘肃	青海	宁夏	新疆	代码
37	136	15	14		137	26	3	1	9	371
3388	1983	518	625	17	752	322	108	98	145	372
3319	103	4	4		6	1		1	3	373
15	58	1	3		11	1	1	2	5	374
328	52	11	7		8	3				375
1	42	27	5		106	6				376
50	60	9	27	2	34	6	1	12	14	379
1227	1982	340	397	5	1978	376	70	128	289	39
171	185	13	25		260	33	6	15	20	391
354	739	89	112	1	926	163	14	45	145	392
192	392	62	101	1	291	46	8	17	57	393
49	101	14	21		34	11	15	6	5	394
117	153	53	13		110	17	5	1	15	395
44	119	28	81	2	75	50	11	17	16	396
155	165	61	18		86	20	7	6	21	397
145	128	20	26	1	196	36	4	21	10	399
608	1122	93	84		1243	75	8	12	19	40
77	173	14	18		233	14	1	5	6	401
	18	2			13	2		1		402
12	46	1	2		25	2	1		2	403
90	126	14	28		161	5	2	2		404
70	202	14	10		162	24	2	1	2	405
224	385	35	7		239	14			4	406
12	17	3	3		5	2	1	1	3	407
123	155	10	16		405	12	1	2	2	409
696	431	52	131		630	64	8	49	25	41
356	178	26	32		317	38	4	26	13	411
86	114	10	11		154	12	1	4	5	412
11	7	2			7					413
148	63	7	67		42	4	1	2		414
18	23	3	4		11	5	1	3	3	415
77	46	4	17		99	5	1	14	4	419
915	860	666	488	44	623	480	153	89	142	42
538	383	543	236	40	331	310	95	35	103	421
123	98	23	36		33	23	1	2	8	422
80	210	40	25	1	76	85	41	20	11	423
174	169	60	191	3	183	62	16	32	20	429
154	338	100	143	3	168	94	22	21	35	43
68	180	59	87	1	89	38	10	8	17	431
86	158	41	56	2	79	56	12	13	18	432

2-1 续表 18

行业中类	代码	河南	湖北	湖南	广东	广西	海南
电力、燃气及水的生产和供应业	D	**1582**	**3070**	**5200**	**8365**	**2709**	**318**
电力、热力的生产和供应业	44	691	1614	4033	6659	1974	192
电力生产	441	457	1224	3651	6386	1777	157
电力供应	442	166	341	351	220	178	32
热力生产和供应	443	68	49	31	53	19	3
燃气生产和供应业	45	193	318	199	266	92	35
燃气生产和供应业	450	193	318	199	266	92	35
水的生产和供应业	46	698	1138	968	1440	643	91
自来水的生产和供应	461	570	1006	862	1104	562	71
污水处理及其再生利用	462	112	99	82	293	64	16
其他水的处理、利用与分配	469	16	33	24	43	17	4
建筑业	E	**13132**	**21804**	**8132**	**26248**	**5712**	**3729**
房屋和土木工程建筑业	47	6795	7717	4075	6576	1855	680
房屋工程建筑	471	4762	4821	2763	3939	1085	332
土木工程建筑	472	2033	2896	1312	2637	770	348
建筑安装业	48	1687	3898	1094	5518	749	586
建筑安装业	480	1687	3898	1094	5518	749	586
建筑装饰业	49	3100	6183	1741	11346	2407	1982
建筑装饰业	490	3100	6183	1741	11346	2407	1982
其他建筑业	50	1550	4006	1222	2808	701	481
工程准备	501	306	974	257	1059	200	316
提供施工设备服务	502	201	438	197	290	135	28
其他未列明的建筑活动	509	1043	2594	768	1459	366	137
交通运输、仓储和邮政业	F	**5934**	**11283**	**4654**	**24898**	**5592**	**987**
铁路运输业	51	59	128	53	102	57	6
铁路旅客运输	511	6	21	4	8	8	2
铁路货物运输	512	26	44	21	37	18	3
铁路运输辅助活动	513	27	63	28	57	31	1
道路运输业	52	3252	6219	2377	8494	2841	347
公路旅客运输	521	445	1060	540	713	310	74
道路货物运输	522	2366	4606	1518	6929	2267	260
道路运输辅助活动	523	441	553	319	852	264	13
城市公共交通业	53	421	429	497	607	257	67
公共电汽车客运	531	110	104	187	186	88	24
轨道交通	532	6	11	7	14	2	
出租车客运	533	299	268	268	371	139	37
城市轮渡	534		16	7	6	4	
其他城市公共交通	539	6	30	28	30	24	6
水上运输业	54	87	608	230	1219	456	142
水上旅客运输	541	17	117	57	125	62	15
水上货物运输	542	60	338	119	683	323	104
水上运输辅助活动	543	10	153	54	411	71	23

单位：个

重庆	四川	贵州	云南	西藏	陕西	甘肃	青海	宁夏	新疆	代码
2035	**5779**	**1389**	**2319**	**91**	**1460**	**1093**	**378**	**268**	**840**	D
1219	3587	1020	1723	75	818	888	304	173	621	44
1144	3312	892	1503	63	626	589	270	100	361	441
69	262	121	210	12	111	103	9	16	43	442
6	13	7	10		81	196	25	57	217	443
191	646	59	106	4	201	68	25	39	78	45
191	646	59	106	4	201	68	25	39	78	450
625	1546	310	490	12	441	137	49	56	141	46
531	1391	282	418	11	355	110	40	47	123	461
74	125	21	57		61	18	3	6	15	462
20	30	7	15	1	25	9	6	3	3	469
8958	**10965**	**2845**	**8603**	**451**	**12822**	**3204**	**1077**	**1502**	**2479**	E
3212	4851	1005	3403	405	4815	1726	564	715	1166	47
2476	3443	687	2163	305	3013	1154	313	433	659	471
736	1408	318	1240	100	1802	572	251	282	507	472
1062	1540	331	971	14	1974	521	169	250	484	48
1062	1540	331	971	14	1974	521	169	250	484	480
2894	3157	1156	2814	14	3993	662	224	420	523	49
2894	3157	1156	2814	14	3993	662	224	420	523	490
1790	1417	353	1415	18	2040	295	120	117	306	50
147	310	120	272	1	533	90	57	36	111	501
246	192	35	67	3	282	34	16	20	46	502
1397	915	198	1076	14	1225	171	47	61	149	509
5258	**7713**	**1734**	**3845**	**142**	**4470**	**1819**	**401**	**737**	**2728**	F
17	64	26	39	1	96	27	12	8	32	51
	5		2		3	6	1	2	2	511
9	30	11	18	1	35	12	7	2	27	512
8	29	15	19		58	9	4	4	3	513
2926	4800	956	2025	65	2474	858	200	438	1333	52
268	602	234	259	21	286	176	38	68	184	521
2388	3605	609	1433	35	1901	559	117	350	1027	522
270	593	113	333	9	287	123	45	20	122	523
145	438	154	197	29	372	195	38	54	156	53
42	118	42	52	2	94	48	9	15	56	531
2	8		6		5				1	532
87	286	94	124	27	260	135	27	36	91	533
4	5	2			1					534
10	21	16	15		12	12	2	3	8	539
425	191	55	51		16	6	4	8	2	54
70	74	21	30		11	3	4	2	1	541
302	78	25	11		4	1		3		542
53	39	9	10		1	2		3	1	543

2-1 续表 19

行业中类	代码	河南	湖北	湖南	广东	广西	海南
航空运输业	55	31	42	30	160	43	24
航空客货运输	551	15	13	10	99	18	6
通用航空服务	552	9	8	10	30	9	6
航空运输辅助活动	553	7	21	10	31	16	12
管道运输业	56	2	19	12	9	5	3
管道运输业	560	2	19	12	9	5	3
装卸搬运和其他运输服务业	57	678	2390	944	11346	1145	270
装卸搬运	571	269	761	326	862	322	35
运输代理服务	572	409	1629	618	10484	823	235
仓储业	58	1247	768	338	1435	547	67
谷物、棉花等农产品仓储	581	703	240	137	196	215	17
其他仓储	589	544	528	201	1239	332	50
邮政业	59	157	680	173	1526	241	61
国家邮政	591	36	252	51	427	73	17
其他寄递服务	599	121	428	122	1099	168	44
信息传输、计算机服务和软件业	**G**	**5771**	**8256**	**9900**	**24379**	**6519**	**1274**
电信和其他信息传输服务业	60	628	1566	1054	3981	1033	171
电信	601	224	561	317	1061	285	49
互联网信息服务	602	289	840	542	2738	721	105
广播电视传输服务	603	98	147	185	167	24	16
卫星传输服务	604	17	18	10	15	3	1
计算机服务业	61	4182	4724	7695	8930	4714	779
计算机系统服务	611	491	1343	714	2962	541	151
数据处理	612	22	63	31	180	16	10
计算机维修	613	92	132	57	437	78	38
其他计算机服务	619	3577	3186	6893	5351	4079	580
软件业	62	961	1966	1151	11468	772	324
公共软件服务	621	734	1636	865	9196	611	260
其他软件服务	629	227	330	286	2272	161	64
批发和零售业	**H**	**67285**	**106428**	**63606**	**285281**	**66373**	**10842**
批发业	63	34888	54841	36715	188043	34142	5944
农畜产品批发	631	3795	7519	1580	2462	2249	230
食品、饮料及烟草制品批发	632	2843	4173	3997	12249	2925	751
纺织、服装及日用品批发	633	1676	4009	2438	24854	2160	653
文化、体育用品及器材批发	634	744	1324	957	7952	735	276
医药及医疗器材批发	635	1114	1485	1377	4506	1128	495
矿产品、建材及化工产品批发	636	13360	15302	11533	38943	13054	1677
机械设备、五金交电及电子产品批发	637	8385	13266	9953	66638	7556	1246
贸易经纪与代理	638	518	2024	1123	14486	1547	93
其他批发	639	2453	5739	3757	15953	2788	523
零售业	65	32397	51587	26891	97238	32231	4898

单位：个

重庆	四川	贵州	云南	西藏	陕西	甘肃	青海	宁夏	新疆	代码
28	75	19	77	5	70	34	4	8	30	55
6	28	8	33	4	13	10		4	10	551
9	22	3	21	1	33	9	2	1	9	552
13	25	8	23		24	15	2	3	11	553
1	8	1	5		17	2		2	6	56
1	8	1	5		17	2		2	6	560
1157	1384	243	797	15	590	335	56	101	850	57
380	389	78	216	1	156	83	20	40	137	571
777	995	165	581	14	434	252	36	61	713	572
392	465	176	245	4	668	273	56	65	251	58
50	135	70	36	1	271	157	31	30	59	581
342	330	106	209	3	397	116	25	35	192	589
167	288	104	409	23	167	89	31	53	68	59
105	83	30	115	11	36	35	14	12	23	591
62	205	74	294	12	131	54	17	41	45	599
6437	**11424**	**2253**	**4700**	**137**	**4953**	**1458**	**431**	**767**	**2067**	**G**
1079	1511	490	836	51	986	513	95	101	522	60
462	413	163	297	32	302	145	46	45	148	601
562	890	284	470	19	585	314	34	39	339	602
51	205	42	66		90	52	15	15	35	603
4	3	1	3		9	2		2		604
2925	8144	1457	2825	82	2480	806	280	574	1360	61
530	784	163	585	12	709	79	33	81	193	611
20	40	4	15		60	6	2	1	14	612
160	139	39	38	2	78	27	8	24	51	613
2215	7181	1251	2187	68	1633	694	237	468	1102	619
2433	1769	306	1039	4	1487	139	56	92	185	62
1723	1453	216	833	4	1282	97	50	85	123	621
710	316	90	206		205	42	6	7	62	629
70121	**63641**	**19843**	**54079**	**1084**	**61041**	**24181**	**5500**	**11300**	**24800**	**H**
30459	37613	10181	31914	248	29058	13179	2844	6045	16980	63
1957	1987	395	884	24	1041	1199	137	365	1340	631
3254	4275	1055	2434	48	2335	1252	236	440	1306	632
2331	2105	456	1485	6	1558	581	113	227	980	633
745	741	299	719	8	746	351	79	131	311	634
932	1580	391	830	22	1077	589	131	164	510	635
10760	13532	4131	10124	44	9643	4972	1187	2370	5580	636
8001	10140	2392	5841	64	9359	3414	631	1626	6117	637
573	483	161	798	4	1505	111	75	48	267	638
1906	2770	901	8799	28	1794	710	255	674	569	639
39662	26028	9662	22165	836	31983	11002	2656	5255	7820	65

2-1 续表 20

行业中类	代码	河南	湖北	湖南	广东	广西	海南
综合零售	651	6187	11952	4282	7041	3627	456
食品、饮料及烟草制品专门零售	652	2878	3688	2000	6152	2859	307
纺织、服装及日用品专门零售	653	3314	4224	2304	10014	2500	635
文化、体育用品及器材专门零售	654	1776	2377	1295	5615	1306	397
医药及医疗器材专门零售	655	1890	3678	2752	8748	6478	196
汽车、摩托车、燃料及零配件专门零售	656	5217	6169	4470	10085	3365	572
家用电器及电子产品专门零售	657	5549	8040	4266	21755	4382	944
五金、家具及室内装修材料专门零售	658	3241	5013	2792	14190	3225	840
无店铺及其他零售	659	2345	6446	2730	13638	4489	551
住宿和餐饮业	**I**	**8343**	**8121**	**6864**	**17675**	**3365**	**1393**
住宿业	66	2814	2681	2756	6853	1700	904
旅游饭店	661	890	1023	1033	2482	732	579
一般旅馆	662	1760	1400	1525	3914	833	293
其他住宿服务	669	164	258	198	457	135	32
餐饮业	67	5529	5440	4108	10822	1665	489
正餐服务	671	4648	4623	3427	8144	1145	394
快餐服务	672	540	302	185	1004	134	15
饮料及冷饮服务	673	60	138	235	525	96	41
其他餐饮服务	679	281	377	261	1149	290	39
金融业	**J**	**1876**	**3010**	**1916**	**4619**	**1539**	**330**
银行业	68	452	776	427	631	413	69
中央银行	681	6	22	14	4	8	
商业银行	682	400	617	357	526	340	48
其他银行	689	46	137	56	101	65	21
证券业	69	69	292	292	631	173	51
证券市场管理	691	7	24	173	20	12	31
证券经纪与交易	692	24	76	70	162	17	5
证券投资	693	23	118	35	298	113	11
证券分析与咨询	694	15	74	14	151	31	4
保险业	70	524	785	524	1103	323	71
人寿保险	701	211	365	233	302	126	28
非人寿保险	702	230	307	228	364	154	23
保险辅助服务	703	83	113	63	437	43	20
其他金融活动	71	831	1157	673	2254	630	139
金融信托与管理	711	163	153	99	327	80	4
金融租赁	712	9	46	16	41	25	1
财务公司	713	52	61	23	155	30	6
邮政储蓄	714	18	137	25	50	21	1
典当	715	104	202	212	311	125	81
其他未列明的金融活动	719	485	558	298	1370	349	46

单位：个

重庆	四川	贵州	云南	西藏	陕西	甘肃	青海	宁夏	新疆	代码
4780	2968	1041	3399	84	4665	1918	281	618	768	651
3970	2445	993	1637	129	2257	897	311	334	572	652
6705	2175	487	992	48	2237	814	177	392	615	653
1844	1275	482	1049	58	1626	694	208	291	441	654
1482	2497	647	1242	88	2183	732	315	271	404	655
3927	5721	2138	3873	105	4280	1564	389	912	1517	656
6296	4494	1746	2461	103	5849	2035	440	857	1590	657
7221	2562	1085	1791	58	4553	1267	209	758	1210	658
3437	1891	1043	5721	163	4333	1081	326	822	703	659
9806	**7712**	**2039**	**3355**	**292**	**5976**	**2200**	**609**	**720**	**1094**	**I**
1661	3192	1011	2069	239	2318	1072	372	344	765	66
549	1115	438	875	141	899	315	117	131	377	661
961	1850	506	1017	92	1213	663	227	184	366	662
151	227	67	177	6	206	94	28	29	22	669
8145	4520	1028	1286	53	3658	1128	237	376	329	67
6761	3632	891	1014	38	2996	977	187	341	263	671
260	167	23	47	3	144	52	4	13	46	672
224	316	42	54	6	135	19	13	8	2	673
900	405	72	171	6	383	80	33	14	18	679
1409	**2356**	**1010**	**2501**	**104**	**1620**	**852**	**222**	**375**	**822**	**J**
503	591	223	606	81	348	295	99	60	243	68
	10	1	8	2	4	4	6		2	681
448	514	186	471	62	294	247	80	40	200	682
55	67	36	127	17	50	44	13	20	41	689
155	224	37	143	2	153	31	6	10	16	69
8	53	2	15	1	8	9			1	691
13	51	15	41	1	43	13	5	3	3	692
114	94	15	74		70	6	1	6	10	693
20	26	5	13		32	3		1	2	694
176	619	160	616	15	422	229	38	61	191	70
69	260	61	260	6	134	86	14	22	70	701
68	240	82	281	9	192	126	21	31	102	702
39	119	17	75		96	17	3	8	19	703
575	922	590	1136	6	697	297	79	244	372	71
58	123	63	100	2	101	34	7	11	40	711
10	35	7	39		23	6		4	4	712
56	57	37	42		55	19	6	6	26	713
61	44	17	62	1	15	25	4	7	8	714
85	192	158	262	2	125	56	22	63	103	715
305	471	308	631	1	378	157	40	153	191	719

2-1 续表 21

行业中类	代码	河南	湖北	湖南	广东	广西	海南
房地产业	**K**	**11227**	**17121**	**10653**	**45367**	**10931**	**5534**
房地产业	72	11227	17121	10653	45367	10931	5534
房地产开发经营	721	7423	7136	7280	14074	6381	3546
物业管理	722	2231	4878	2193	13082	2071	890
房地产中介服务	723	1113	2545	619	8113	1539	876
其他房地产活动	729	460	2562	561	10098	940	222
租赁和商务服务业	**L**	**14007**	**28408**	**13222**	**84945**	**17403**	**5052**
租赁业	73	896	1465	603	2383	1000	295
机械设备租赁	731	859	1414	569	2247	967	277
文化及日用品出租	732	37	51	34	136	33	18
商务服务业	74	13111	26943	12619	82562	16403	4757
企业管理服务	741	1778	5234	3424	25556	4431	782
法律服务	742	271	393	359	1117	229	50
咨询与调查	743	3934	6578	2209	24875	2929	1052
广告业	744	3406	6190	2508	13352	3760	1092
知识产权服务	745	97	139	70	777	44	16
职业中介服务	746	524	1507	535	2334	648	180
市场管理	747	348	585	534	1488	412	48
旅行社	748	991	1430	940	1816	872	477
其他商务服务	749	1762	4887	2040	11247	3078	1060
科学研究、技术服务和地质勘查业	**M**	**3770**	**9293**	**5338**	**27591**	**4000**	**1069**
研究与试验发展	75	343	1197	2014	7032	344	142
自然科学研究与试验发展	751	41	341	278	465	61	20
工程和技术研究与试验发展	752	133	474	1378	5754	114	32
农业科学研究与试验发展	753	105	191	251	276	117	46
医学研究与试验发展	754	56	169	88	497	45	39
社会人文科学研究与试验发展	755	8	22	19	40	7	5
专业技术服务业	76	2358	5179	1868	15549	2195	715
气象服务	761	24	349	27	52	19	10
地震服务	762	5	3	5	9	3	1
海洋服务	763		4	1	35	8	4
测绘服务	764	138	116	59	222	163	35
技术检测	765	239	397	210	1024	325	69
环境监测	766	34	76	42	150	36	9
工程技术与规划管理	767	1289	2107	893	6072	1061	416
其他专业技术服务	769	629	2127	631	7985	580	171
科技交流和推广服务业	77	962	2790	1380	4903	1355	171
技术推广服务	771	691	1813	839	3490	863	107
科技中介服务	772	151	235	206	552	131	22
其他科技服务	779	120	742	335	861	361	42
地质勘查业	78	107	127	76	107	106	41
矿产地质勘查	781	36	48	41	34	66	28
基础地质勘查	782	10	19	12	26	10	5
地质勘查技术服务	783	61	60	23	47	30	8

单位：个

重庆	四川	贵州	云南	西藏	陕西	甘肃	青海	宁夏	新疆	代码
9189	**11965**	**5516**	**8872**	**103**	**10213**	**3207**	**981**	**1263**	**4022**	K
9189	11965	5516	8872	103	10213	3207	981	1263	4022	72
3874	6234	3341	5139	58	4803	1858	564	688	2131	721
2265	3333	1036	1785	39	2764	940	299	386	988	722
2448	1716	465	1387	3	1090	347	71	149	498	723
602	682	674	561	3	1556	62	47	40	405	729
19748	**19399**	**5617**	**13679**	**252**	**14534**	**4156**	**1170**	**2154**	**5531**	L
1775	1660	673	763	45	1408	424	115	290	459	73
1729	1603	650	747	40	1383	411	110	285	444	731
46	57	23	16	5	25	13	5	5	15	732
17973	17739	4944	12916	207	13126	3732	1055	1864	5072	74
1860	3823	964	3246	27	2457	402	198	184	1050	741
243	482	97	212	3	234	132	31	44	182	742
5156	3651	869	2740	39	2671	626	140	255	1204	743
5821	4173	1198	2283	51	3957	1016	186	558	1007	744
109	109	27	51	1	89	7	3	21	41	745
1300	1318	278	426	4	782	289	86	212	392	746
484	1004	148	567	5	224	246	77	83	174	747
668	918	397	753	46	693	395	172	121	356	748
2332	2261	966	2638	31	2019	619	162	386	666	749
3584	**4719**	**1410**	**3611**	**71**	**5477**	**1129**	**412**	**523**	**2022**	M
371	552	153	600	6	508	111	24	30	107	75
39	61	10	153		50	12	8	4	20	751
179	269	46	192	1	179	41	5	12	36	752
71	123	60	173	2	191	33	9	10	37	753
70	90	36	71	3	74	21	2	3	14	754
12	9	1	11		14	4		1		755
2299	2874	966	2075	44	2647	782	275	379	1207	76
7	20	35	33	2	48	12		10	21	761
1	4	3	3		1	2	2		1	762
					6				1	763
41	215	61	205	1	122	29	13	15	65	764
146	250	128	223	8	264	89	39	58	239	765
55	51	26	35	3	72	15	4	9	20	766
1179	1556	451	1051	24	1123	455	181	227	578	767
870	778	262	525	6	1011	180	36	60	282	769
843	1152	206	740	11	2095	175	79	96	350	77
458	836	114	374	7	1255	124	47	79	214	771
137	129	36	67	1	202	21	23	11	68	772
248	187	56	299	3	638	30	9	6	68	779
71	141	85	196	10	227	61	34	18	358	78
19	49	42	115	6	144	34	20	14	162	781
17	30	9	19		15	5	6	2	8	782
35	62	34	62	4	68	22	8	2	188	783

2-1 续表 22

行业中类	代码	河南	湖北	湖南	广东	广西	海南
水利、环境和公共设施管理业	N	**1091**	**1733**	**977**	**3104**	**896**	**204**
水利管理业	79	66	210	102	180	79	17
防洪管理	791	8	21	10	18	14	
水资源管理	792	21	85	50	98	32	12
其他水利管理	799	37	104	42	64	33	5
环境管理业	80	165	432	212	911	217	47
自然保护	801	24	74	35	50	24	1
环境治理	802	141	358	177	861	193	46
公共设施管理业	81	860	1091	663	2013	600	140
市政公共设施管理	811	90	185	111	317	73	15
城市绿化管理	812	380	526	275	1195	238	62
游览景区管理	813	390	380	277	501	289	63
居民服务和其他服务业	O	**4103**	**8452**	**5273**	**17121**	**3786**	**834**
居民服务业	82	2314	2861	2993	7026	1418	368
家庭服务	821	167	395	235	814	225	60
托儿所	822	14	33	22	115	10	
洗染服务	823	66	89	81	203	53	8
理发及美容保健服务	824	380	465	1170	2306	334	97
洗浴服务	825	678	221	358	909	68	14
婚姻服务	826	130	207	83	252	77	7
殡葬服务	827	83	65	66	129	31	14
摄影扩印服务	828	456	307	336	798	173	84
其他居民服务	829	340	1079	642	1500	447	84
其他服务业	83	1789	5591	2280	10095	2368	466
修理与维护	831	1001	2014	1366	4777	1083	173
清洁服务	832	378	773	314	2610	392	178
其他未列明的服务	839	410	2804	600	2708	893	115
教育	P	**1197**	**1959**	**1171**	**4252**	**941**	**192**
教育	84	1197	1959	1171	4252	941	192
学前教育	841	312	567	335	1261	228	22
初等教育	842	155	60	19	206	21	1
中等教育	843	101	106	76	134	36	5
高等教育	844	6	12	12	50	5	1
其他教育	849	623	1214	729	2601	651	163
卫生、社会保障和社会福利业	Q	**1138**	**1115**	**524**	**1945**	**447**	**65**
卫生	85	1098	994	482	1801	410	59
医院	851	227	276	234	308	101	22

单位：个

重庆	四川	贵州	云南	西藏	陕西	甘肃	青海	宁夏	新疆	代码
1195	**1228**	**414**	**892**	**16**	**1193**	**253**	**87**	**147**	**342**	N
96	115	64	76	2	105	37	11	12	57	79
9	10	5	5		9			1	4	791
50	60	37	25	2	42	18	4	6	39	792
37	45	22	46		54	19	7	5	14	799
382	372	87	227	3	270	47	37	20	69	80
24	54	14	28	1	30	6	17	5	11	801
358	318	73	199	2	240	41	20	15	58	802
717	741	263	589	11	818	169	39	115	216	81
75	100	29	87	1	83	33	7	5	28	811
417	433	78	313	6	517	62	17	74	109	812
225	208	156	189	4	218	74	15	36	79	813
6286	**4134**	**1812**	**3111**	**84**	**5147**	**1568**	**321**	**677**	**1417**	O
3652	1757	722	995	31	1609	647	131	209	449	82
589	301	122	147	1	243	72	10	38	51	821
24	14	1	5		5	2	1	1	9	822
247	75	28	29		58	21	1	4	9	823
1052	292	109	124	6	223	80	15	20	48	824
160	182	100	119	6	208	88	28	25	47	825
333	135	23	36	1	113	32	6	16	22	826
102	77	63	55		44	26	10	16	19	827
426	179	64	90	2	221	111	14	25	36	828
719	502	212	390	15	494	215	46	64	208	829
2634	2377	1090	2116	53	3538	921	190	468	968	83
1304	1345	578	794	37	1590	537	89	279	608	831
791	472	176	341	5	445	143	40	54	102	832
539	560	336	981	11	1503	241	61	135	258	839
1024	**1407**	**477**	**632**	**24**	**767**	**345**	**73**	**92**	**327**	P
1024	1407	477	632	24	767	345	73	92	327	84
149	305	77	51	7	129	17	7	8	33	841
8	12	12	8	1	31	1			3	842
27	59	22	21	1	36	21	4	3	10	843
4	12		15		4	6	1		1	844
836	1019	366	537	15	567	300	61	81	280	849
339	**867**	**445**	**511**	**11**	**515**	**174**	**48**	**86**	**257**	Q
279	823	434	482	10	481	166	48	86	245	85
110	495	286	340	3	146	76	25	55	170	851

2-1 续表 23

行业中类	代码	河南	湖北	湖南	广东	广西	海南
卫生院及社区医疗活动	852	83	153	82	179	40	10
门诊部医疗活动	853	750	457	116	1004	204	10
计划生育技术服务活动	854	1	27	1	126	1	
妇幼保健活动	855	3	8	3	11	3	3
专科疾病防治活动	856	7	8	6	46	6	5
疾病预防控制及防疫活动	857	4	9	5	12	7	
其他卫生活动	859	23	56	35	115	48	9
社会保障业	86	6	40	10	39	11	2
社会保障业	860	6	40	10	39	11	2
社会福利业	87	34	81	32	105	26	4
提供住宿的社会福利	871	28	64	22	69	16	2
不提供住宿的社会福利	872	6	17	10	36	10	2
文化、体育和娱乐业	**R**	**1594**	**2757**	**2373**	**6186**	**1293**	**561**
新闻出版业	88	77	222	105	307	66	42
新闻业	881	11	23	6	18	9	1
出版业	882	66	199	99	289	57	41
广播、电视、电影和音像业	89	260	440	311	757	193	96
广播	891	16	52	52	42	11	2
电视	892	41	65	57	158	20	14
电影	893	143	200	147	365	123	61
音像制作	894	60	123	55	192	39	19
文化艺术业	90	414	936	538	1336	333	138
文艺创作与表演	901	203	150	134	393	96	33
艺术表演场馆	902	19	15	27	43	11	3
图书馆与档案馆	903	4	10	3	25	5	3
文物及文化保护	904	31	21	12	20	9	1
博物馆	905	5	6		13	3	4
烈士陵园、纪念馆	906	3	6	10	4	1	
群众文化活动	907	26	171	48	224	31	5
文化艺术经纪代理	908	51	100	106	247	62	40
其他文化艺术	909	72	457	198	367	115	49
体育	91	47	109	62	420	58	50
体育组织	911	29	31	20	122	18	17
体育场馆	912	6	13	17	176	23	15
其他体育	919	12	65	25	122	17	18
娱乐业	92	796	1050	1357	3366	643	235
室内娱乐活动	921	542	591	944	2144	434	104
游乐园	922	45	71	31	145	19	11
休闲健身娱乐活动	923	112	223	256	834	105	81
其他娱乐活动	929	97	165	126	243	85	39

单位：个

重庆	四川	贵州	云南	西藏	陕西	甘肃	青海	宁夏	新疆	代码
43	95	65	43	1	48	28	15	9	27	852
81	165	54	63	5	240	45	5	16	37	853
4	3		3	1	1	3		1		854
4	8	4	6		7	2			1	855
2	10	6	4		3	3	1		4	856
1	9	1	2		7	1		1		857
34	38	18	21		29	8	2	4	6	859
3	8	5	14		9	2			3	86
3	8	5	14		9	2			3	860
57	36	6	15	1	25	6			9	87
40	27	3	11	1	20	4			5	871
17	9	3	4		5	2			4	872
1813	**2865**	**552**	**1560**	**26**	**1723**	**677**	**132**	**157**	**287**	**R**
96	111	18	42	1	126	30	4	9	20	88
9	11	2	7		4	2			3	881
87	100	16	35	1	122	28	4	9	17	882
194	296	101	214	3	336	98	39	32	85	89
5	13	4	16		13	8	3	3	3	891
34	51	17	28		47	23	7	2	10	892
87	172	72	97	2	208	54	19	22	49	893
68	60	8	73	1	68	13	10	5	23	894
687	423	120	535	5	566	169	30	21	54	90
306	148	42	151	2	190	69	8	12	17	901
15	15	5	13		24	7		1	4	902
8	1		3		3		1			903
8	10	5	12		25	1	1		1	904
5	13	2	6		6	1	2		4	905
	2		1		2					906
46	55	10	71		53	13	2		3	907
66	66	19	53	1	67	13	4	2	15	908
233	113	37	225	2	196	65	12	6	10	909
69	81	22	54		35	8	6	3	10	91
29	31	9	15		13	2	4	1	4	911
15	27	3	7		8	6	1	2	3	912
25	23	10	32		14		1		3	919
767	1954	291	715	17	660	372	53	92	118	92
526	1697	204	415	8	447	287	42	56	68	921
19	22	7	17	1	20	8	3	9	9	922
123	153	40	80	1	122	30	3	12	23	923
99	82	40	203	7	71	47	5	15	18	929

2-2 按行业(中类)、东中西部以及东北地区分组的企业法人单位数

(2012年)　　单位：个

行业中类	代码	企业单位数	东部地区	中部地区	西部地区	东北地区
总计		**8286654**	**4948736**	**1417541**	**1325486**	**594891**
农、林、牧、渔业	A	**331494**	**119188**	**82439**	**109240**	**20627**
农业	01	133787	55474	27145	44235	6933
谷物及其他作物的种植	011	32540	13321	8846	7827	2546
蔬菜、园艺作物的种植	012	54380	24705	10685	16423	2567
水果、坚果、饮料和香料作物的种植	013	38116	15471	6001	15478	1166
中药材的种植	014	8751	1977	1613	4507	654
林业	02	33299	10642	9861	10833	1963
林木的培育和种植	021	31362	9961	9372	10230	1799
木材和竹材的采运	022	1001	351	263	260	127
林产品的采集	023	936	330	226	343	37
畜牧业	03	101230	25995	30791	36774	7670
牲畜的饲养	031	30833	6956	9268	11915	2694
猪的饲养	032	35369	8897	12087	12261	2124
家禽的饲养	033	25943	7315	7250	9428	1950
狩猎和捕捉动物	034	148	37	53	41	17
其他畜牧业	039	8937	2790	2133	3129	885
渔业	04	28515	12334	4821	9654	1706
海洋渔业	041	7417	5397	258	876	886
内陆渔业	042	21098	6937	4563	8778	820
农、林、牧、渔服务业	05	34663	14743	9821	7744	2355
农业服务业	051	27431	11816	7915	5842	1858
林业服务业	052	2002	703	654	567	78
畜牧服务业	053	3427	1175	864	1077	311
渔业服务业	054	1803	1049	388	258	108
采矿业	B	**107596**	**22886**	**35786**	**38869**	**10055**
煤炭开采和洗选业	06	23241	1818	9081	9989	2353
烟煤和无烟煤的开采洗选	061	21592	1603	8609	9179	2201
褐煤的开采洗选	062	642	47	78	434	83
其他煤炭采选	069	1007	168	394	376	69
石油和天然气开采业	07	2240	272	146	1383	439
天然原油和天然气开采	071	519	103	67	245	104
与石油和天然气开采有关的服务活动	079	1721	169	79	1138	335
黑色金属矿采选业	08	18543	6479	5306	4649	2109
铁矿采选	081	16483	6296	4560	3628	1999
其他黑色金属矿采选	089	2060	183	746	1021	110
有色金属矿采选业	09	11903	1592	3909	5355	1047
常用有色金属矿采选	091	8291	816	2512	4315	648
贵金属矿采选	092	2272	597	703	696	276
稀有稀土金属矿采选	093	1340	179	694	344	123
非金属矿采选业	10	49517	12282	16681	16575	3979

2-2 续表 1

单位：个

行业中类	代码	企业单位数	东部地区	中部地区	西部地区	东北地区
土砂石开采	101	41566	10100	14294	13989	3183
化学矿采选	102	1720	85	703	789	143
采盐	103	850	713	16	87	34
石棉及其他非金属矿采选	109	5381	1384	1668	1710	619
其他采矿业	11	2152	443	663	918	128
其他采矿业	110	2152	443	663	918	128
制造业	**C**	**2380700**	**1584724**	**403419**	**243921**	**148636**
农副食品加工业	13	115835	46892	35483	19908	13552
谷物磨制	131	29285	6772	15027	3011	4475
饲料加工	132	13841	5552	3374	2673	2242
植物油加工	133	10660	3606	4146	2121	787
制糖	134	762	317	84	314	47
屠宰及肉类加工	135	18255	7579	4058	4782	1836
水产品加工	136	10352	8112	658	275	1307
蔬菜、水果和坚果加工	137	15895	8851	2870	2834	1340
其他农副食品加工	139	16785	6103	5266	3898	1518
食品制造业	14	51877	25587	12208	9675	4407
焙烤食品制造	141	13139	6289	3385	2289	1176
糖果、巧克力及蜜饯制造	142	5407	3608	941	730	128
方便食品制造	143	8069	3188	2603	1558	720
液体乳及乳制品制造	144	2021	703	387	667	264
罐头制造	145	3582	2009	770	531	272
调味品、发酵制品制造	146	7457	3272	1553	1972	660
其他食品制造	149	12202	6518	2569	1928	1187
饮料制造业	15	40359	15705	10348	10764	3542
酒精制造	151	510	181	119	135	75
酒的制造	152	14734	4827	2935	4964	2008
软饮料制造	153	14056	5724	3929	2967	1436
精制茶加工	154	11059	4973	3365	2698	23
烟草制品业	16	349	112	103	98	36
烟叶复烤	161	135	30	51	36	18
卷烟制造	162	106	38	27	29	12
其他烟草制品加工	169	108	44	25	33	6
纺织业	17	137522	112193	15216	6914	3199
棉、化纤纺织及印染精加工	171	51350	41320	6817	2458	755
毛纺织和染整精加工	172	6023	4674	426	822	101
麻纺织	173	1147	441	392	165	149
丝绢纺织及精加工	174	8251	6948	412	603	288
纺织制成品制造	175	33420	26992	3859	1577	992
针织品、编织品及其制品制造	176	37331	31818	3310	1289	914
纺织服装、鞋、帽制造业	18	113101	88599	15605	4248	4649

2-2 续表 2

单位：个

行业中类	代码	企业单位数	东部地区	中部地区	西部地区	东北地区
纺织服装制造	181	104447	81650	14363	4016	4418
纺织面料鞋的制造	182	6220	4805	1040	187	188
制帽	183	2434	2144	202	45	43
皮革、毛皮、羽毛(绒)及其制品业	19	43066	34288	4879	2915	984
皮革鞣制加工	191	3367	2235	720	326	86
皮革制品制造	192	33332	27781	2982	1939	630
毛皮鞣制及制品加工	193	4196	3145	541	330	180
羽毛(绒)加工及制品制造	194	2171	1127	636	320	88
木材加工及木、竹、藤、棕、草制品业	20	71880	36579	18289	9732	7280
锯材、木片加工	201	23588	9008	7917	3519	3144
人造板制造	202	21204	11596	5081	2961	1566
木制品制造	203	18976	11693	2823	2083	2377
竹、藤、棕、草制品制造	204	8112	4282	2468	1169	193
家具制造业	21	48067	30804	9314	5524	2425
木质家具制造	211	33822	20342	7375	4159	1946
竹、藤家具制造	212	909	493	291	114	11
金属家具制造	213	5451	4083	746	465	157
塑料家具制造	214	818	563	132	80	43
其他家具制造	219	7067	5323	770	706	268
造纸及纸制品业	22	59381	44078	7559	5146	2598
纸浆制造	221	985	526	252	142	65
造纸	222	14312	9419	2547	1669	677
纸制品制造	223	44084	34133	4760	3335	1856
印刷业和记录媒介的复制	23	68038	45018	10119	8590	4311
印刷	231	61718	41089	9130	7563	3936
装订及其他印刷服务活动	232	5945	3687	931	976	351
记录媒介的复制	233	375	242	58	51	24
文教体育用品制造业	24	25683	21913	2486	726	558
文化用品制造	241	7285	5843	855	307	280
体育用品制造	242	6486	5750	468	130	138
乐器制造	243	1891	1592	148	68	83
玩具制造	244	8768	7635	917	179	37
游艺器材及娱乐用品制造	245	1253	1093	98	42	20
石油加工及炼焦	25	7659	3376	1244	1550	1489
精炼石油产品的制造	251	5746	3024	662	691	1369
炼焦	252	1913	352	582	859	120
化学原料及化学制品制造业	26	114678	67217	25023	13860	8578
基础化学原料制造	261	19734	10372	4482	3289	1591
肥料制造	262	12129	4895	2871	2984	1379
农药制造	263	3016	1560	773	442	241
涂料、油墨、颜料及类似产品制造	264	21005	14747	3145	1643	1470

2-2　续表 3　　　　单位：个

行业中类	代码	企　业单位数	东部地区	中部地区	西部地区	东北地区
合成材料制造	265	8628	6364	1156	594	514
专用化学产品制造	266	38577	21041	11042	3808	2686
日用化学产品制造	267	11589	8238	1554	1100	697
医药制造业	27	20606	9623	5139	3753	2091
化学药品原药制造	271	2831	1541	692	439	159
化学药品制剂制造	272	2647	1324	619	418	286
中药饮片加工	273	2719	743	771	719	486
中成药制造	274	3476	1027	965	976	508
兽用药品制造	275	1654	832	431	270	121
生物、生化制品的制造	276	3907	2156	784	633	334
卫生材料及医药用品制造	277	3372	2000	877	298	197
化学纤维制造业	28	6175	5295	478	208	194
纤维素纤维原料及纤维制造	281	1253	961	151	90	51
合成纤维制造	282	4922	4334	327	118	143
橡胶制品业	29	26458	20024	2992	1807	1635
轮胎制造	291	2410	1672	365	224	149
橡胶板、管、带的制造	292	5066	3688	686	308	384
橡胶零件制造	293	6842	5055	678	512	597
再生橡胶制造	294	1197	698	284	159	56
日用及医用橡胶制品制造	295	1165	930	136	57	42
橡胶靴鞋制造	296	2351	2013	196	83	59
其他橡胶制品制造	299	7427	5968	647	464	348
塑料制品业	30	124076	95982	13579	8335	6180
塑料薄膜制造	301	11132	8385	1262	886	599
塑料板、管、型材的制造	302	17261	11135	2712	2043	1371
塑料丝、绳及编织品的制造	303	11136	6695	2100	1284	1057
泡沫塑料制造	304	5900	4252	693	529	426
塑料人造革、合成革制造	305	1419	1197	152	36	34
塑料包装箱及容器制造	306	13523	10205	1653	984	681
塑料零件制造	307	15888	14414	777	379	318
日用塑料制造	308	15936	12938	1471	786	741
其他塑料制品制造	309	31881	26761	2759	1408	953
非金属矿物制品业	31	236335	99263	76412	44571	16089
水泥、石灰和石膏的制造	311	16309	5822	5154	4161	1172
水泥及石膏制品制造	312	53593	18398	22064	10423	2708
砖瓦、石材及其他建筑材料制造	313	103472	39736	32471	23759	7506
玻璃及玻璃制品制造	314	20613	13970	3509	2012	1122
陶瓷制品制造	315	12806	8023	3647	880	256
耐火材料制品制造	316	12981	5067	4791	997	2126
石墨及其他非金属矿物制品制造	319	16561	8247	4776	2339	1199
黑色金属冶炼及压延加工业	32	22481	12317	4386	4040	1738

2-2 续表 4

单位：个

行业中类	代码	企业单位数	东部地区	中部地区	西部地区	东北地区
炼铁	321	2660	794	1003	627	236
炼钢	322	1105	495	299	187	124
钢压延加工	323	15149	10412	1997	1600	1140
铁合金冶炼	324	3567	616	1087	1626	238
有色金属冶炼及压延加工业	33	28090	15251	6778	4622	1439
常用有色金属冶炼	331	7518	2827	2387	1881	423
贵金属冶炼	332	987	379	315	229	64
稀有稀土金属冶炼	333	1601	379	667	433	122
有色金属合金制造	334	3310	1911	812	395	192
有色金属压延加工	335	14674	9755	2597	1684	638
金属制品业	34	188057	144279	20061	14095	9622
结构性金属制品制造	341	63278	41795	9915	6932	4636
金属工具制造	342	24895	19674	2447	1810	964
集装箱及金属包装容器制造	343	6809	4767	936	557	549
金属丝绳及其制品的制造	344	9030	7218	890	574	348
建筑、安全用金属制品制造	345	22515	18080	2030	1401	1004
金属表面处理及热处理加工	346	12249	9894	685	696	974
搪瓷制品制造	347	1559	1274	152	92	41
不锈钢及类似日用金属制品制造	348	18842	16588	1072	776	406
其他金属制品制造	349	28880	24989	1934	1257	700
通用设备制造业	35	246517	178008	30602	16951	20956
锅炉及原动机制造	351	9848	5823	1762	985	1278
金属加工机械制造	352	36524	26238	4677	3127	2482
起重运输设备制造	353	7824	5114	1674	366	670
泵、阀门、压缩机及类似机械的制造	354	31428	24758	2806	1106	2758
轴承、齿轮、传动和驱动部件的制造	355	15686	12111	1625	587	1363
烘炉、熔炉及电炉制造	356	2284	1676	258	199	151
风机、衡器、包装设备等通用设备制造	357	36319	29106	3283	1827	2103
通用零部件制造及机械修理	358	74091	53406	7386	6286	7013
金属铸、锻加工	359	32513	19776	7131	2468	3138
专用设备制造业	36	142507	103416	19202	10339	9550
矿山、冶金、建筑专用设备制造	361	23724	12804	5296	2656	2968
化工、木材、非金属加工专用设备制造	362	38885	32429	2990	1728	1738
食品、饮料、烟草及饲料生产专用设备制造	363	4635	2841	927	511	356
印刷、制药、日化生产专用设备制造	364	8984	6846	1135	542	461
纺织、服装和皮革工业专用设备制造	365	10567	9482	724	186	175
电子和电工机械专用设备制造	366	11655	8482	1602	992	579
农、林、牧、渔专用机械制造	367	10266	5110	2604	1529	1023
医疗仪器设备及器械制造	368	7889	5686	1128	609	466
环保、社会公共安全及其他专用设备制造	369	25902	19736	2796	1586	1784
交通运输设备制造业	37	104139	65555	16710	14441	7433

2-2 续表 5

单位：个

行业中类	代码	企业单位数	东部地区	中部地区	西部地区	东北地区
铁路运输设备制造	371	3620	1654	858	441	667
汽车制造	372	70155	42011	13406	9423	5315
摩托车制造	373	7916	3969	472	3447	28
自行车制造	374	6358	5753	414	133	58
船舶及浮动装置制造	375	12905	10039	1120	561	1185
航空航天器制造	376	581	274	61	191	55
交通器材及其他交通运输设备制造	379	2604	1855	379	245	125
电气机械及器材制造业	39	141797	112077	14799	7960	6961
电机制造	391	14852	11731	1468	905	748
输配电及控制设备制造	392	46864	36050	4599	2957	3258
电线、电缆、光缆及电工器材制造	393	21428	15666	3128	1378	1256
电池制造	394	5483	4074	942	306	161
家用电力器具制造	395	17530	15488	1082	559	401
非电力家用器具制造	396	5791	4215	814	531	231
照明器具制造	397	20599	17864	1660	624	451
其他电气机械及器材制造	399	9250	6989	1106	700	455
通信设备、计算机及其他电子设备制造业	40	75430	63325	6567	3830	1708
通信设备制造	401	7855	6084	907	621	243
雷达及配套设备制造	402	184	109	26	38	11
广播电视设备制造	403	2142	1792	162	111	77
电子计算机制造	404	6416	5199	540	499	178
电子器件制造	405	11084	9136	1107	534	307
电子元件制造	406	31279	27152	2505	1133	489
家用视听设备制造	407	4499	4114	254	76	55
其他电子设备制造	409	11971	9739	1066	818	348
仪器仪表及文化、办公用机械制造业	41	33660	25358	3654	2278	2370
通用仪器仪表制造	411	15556	11147	1763	1070	1576
专用仪器仪表制造	412	5728	4030	841	426	431
钟表与计时仪器制造	413	2333	2174	76	38	45
光学仪器及眼镜制造	414	4827	3973	418	359	77
文化、办公用机械制造	415	2238	1911	176	80	71
其他仪器仪表的制造及修理	419	2978	2123	380	305	170
工艺品及其他制造业	42	75364	56299	10943	5641	2481
工艺美术品制造	421	41896	32072	5034	3337	1453
日用杂品制造	422	10425	8160	1595	484	186
煤制品制造	423	4129	909	2217	654	349
其他未列明的制造业	429	18914	15158	2097	1166	493
废弃资源和废旧材料回收加工业	43	11513	6291	3241	1400	581
金属废料和碎屑的加工处理	431	5836	3140	1715	759	222
非金属废料和碎屑的加工处理	432	5677	3151	1526	641	359

2-2 续表 6

单位：个

行业中类	代码	企业单位数	东部地区	中部地区	西部地区	东北地区
电力、燃气及水的生产和供应业	D	**68607**	**27177**	**17267**	**19755**	**4408**
电力、热力的生产和供应业	44	45614	18216	11000	13337	3061
电力生产	441	36928	15683	9218	11070	957
电力供应	442	4176	1097	1375	1304	400
热力生产和供应	443	4510	1436	407	963	1704
燃气生产和供应业	45	5391	1902	1383	1646	460
燃气生产和供应业	450	5391	1902	1383	1646	460
水的生产和供应业	46	17602	7059	4884	4772	887
自来水的生产和供应	461	13810	4886	4181	4110	633
污水处理及其再生利用	462	2944	1678	548	505	213
其他水的处理、利用与分配	469	848	495	155	157	41
建筑业	E	**391379**	**218359**	**74623**	**63292**	**35105**
房屋和土木工程建筑业	47	138448	69978	29967	25633	12870
房屋工程建筑	471	81175	37942	19058	16912	7263
土木工程建筑	472	57273	32036	10909	8721	5607
建筑安装业	48	75762	46955	11725	8716	8366
建筑安装业	480	75762	46955	11725	8716	8366
建筑装饰业	49	122892	72461	21008	19787	9636
建筑装饰业	490	122892	72461	21008	19787	9636
其他建筑业	50	54277	28965	11923	9156	4233
工程准备	501	14951	8200	3054	2057	1640
提供施工设备服务	502	6239	3033	1605	1208	393
其他未列明的建筑活动	509	33087	17732	7264	5891	2200
交通运输、仓储和邮政业	F	**239225**	**136839**	**44249**	**38299**	**19838**
铁路运输业	51	2122	1043	466	443	170
铁路旅客运输	511	179	79	54	32	14
铁路货物运输	512	851	392	185	197	77
铁路运输辅助活动	513	1092	572	227	214	79
道路运输业	52	115078	57824	26433	21400	9421
公路旅客运输	521	10015	3314	3269	2620	812
道路货物运输	522	95016	50156	20797	16355	7708
道路运输辅助活动	523	10047	4354	2367	2425	901
城市公共交通业	53	9248	3481	2327	2263	1177
公共电汽车客运	531	2560	900	748	649	263
轨道交通	532	165	78	44	28	15
出租车客运	533	5866	2226	1359	1429	852
城市轮渡	534	95	44	31	16	4
其他城市公共交通	539	562	233	145	141	43
水上运输业	54	10336	6506	2115	1228	487
水上旅客运输	541	1147	479	295	287	86
水上货物运输	542	6443	4047	1409	748	239
水上运输辅助活动	543	2746	1980	411	193	162

2-2 续表 7

单位：个

行业中类	代码	企业单位数	东部地区	中部地区	西部地区	东北地区
航空运输业	55	1457	686	179	433	159
航空客货运输	551	549	301	55	147	46
通用航空服务	552	363	132	49	128	54
航空运输辅助活动	553	545	253	75	158	59
管道运输业	56	232	106	60	48	18
管道运输业	560	232	106	60	48	18
装卸搬运和其他运输服务业	57	66133	47199	6796	7191	4947
装卸搬运	571	10837	5557	2624	1971	685
运输代理服务	572	55296	41642	4172	5220	4262
仓储业	58	23965	13616	4078	3532	2739
谷物、棉花等农产品仓储	581	6457	1942	1894	1235	1386
其他仓储	589	17508	11674	2184	2297	1353
邮政业	59	10654	6378	1795	1761	720
国家邮政	591	2254	1000	530	570	154
其他寄递服务	599	8400	5378	1265	1191	566
信息传输、计算机服务和软件业	**G**	**234453**	**137169**	**37321**	**43183**	**16780**
电信和其他信息传输服务业	60	38207	21103	6255	7610	3239
电信	601	11568	5747	2009	2502	1310
互联网信息服务	602	23675	14194	3458	4432	1591
广播电视传输服务	603	2677	984	722	648	323
卫星传输服务	604	287	178	66	28	15
计算机服务业	61	119861	61517	24142	26921	7281
计算机系统服务	611	27966	17816	4235	3931	1984
数据处理	612	1606	1064	191	195	156
计算机维修	613	3918	2467	455	692	304
其他计算机服务	619	86371	40170	19261	22103	4837
软件业	62	76385	54549	6924	8652	6260
公共软件服务	621	59946	42907	5337	6737	4965
其他软件服务	629	16439	11642	1587	1915	1295
批发和零售业	**H**	**2629580**	**1577017**	**411936**	**440675**	**199952**
批发业	63	1661805	1076613	224033	234469	126690
农畜产品批发	631	66117	23431	18254	13823	10609
食品、饮料及烟草制品批发	632	126729	76147	20215	20655	9712
纺织、服装及日用品批发	633	182605	146886	14088	12694	8937
文化、体育用品及器材批发	634	50279	37268	5093	5103	2815
医药及医疗器材批发	635	43655	24061	8021	7705	3868
矿产品、建材及化工产品批发	636	520970	319669	73250	85158	42893
机械设备、五金交电及电子产品批发	637	449715	302550	54652	60120	32393
贸易经纪与代理	638	62412	43926	8050	6185	4251
其他批发	639	159323	102675	22410	23026	11212
零售业	65	967775	500404	187903	206206	73262

2-2 续表 8

单位：个

行业中类	代码	企业单位数	东部地区	中部地区	西部地区	东北地区
综合零售	651	117396	49131	35152	25979	7134
食品、饮料及烟草制品专门零售	652	78654	40831	14687	17521	5615
纺织、服装及日用品专门零售	653	93424	51648	15966	18432	7378
文化、体育用品及器材专门零售	654	56481	33842	8861	10036	3742
医药及医疗器材专门零售	655	84019	44092	12951	17205	9771
汽车、摩托车、燃料及零配件专门零售	656	134892	63418	28636	31105	11733
家用电器及电子产品专门零售	657	153649	81896	28990	32763	10000
五金、家具及室内装修材料专门零售	658	122377	65003	20492	26961	9921
无店铺及其他零售	659	126883	70543	22168	26204	7968
住宿和餐饮业	I	**181011**	**93863**	**35275**	**40521**	**11352**
住宿业	66	64861	31212	13128	16079	4442
旅游饭店	661	23278	10667	4903	6169	1539
一般旅馆	662	36538	18095	7210	8697	2536
其他住宿服务	669	5045	2450	1015	1213	367
餐饮业	67	116150	62651	22147	24442	6910
正餐服务	671	92977	48425	18719	20117	5716
快餐服务	672	8175	5225	1413	987	550
饮料及冷饮服务	673	4868	3116	646	923	183
其他餐饮服务	679	10130	5885	1369	2415	461
金融业	J	**63712**	**29805**	**13516**	**14543**	**5848**
银行业	68	13447	4953	3421	3795	1278
中央银行	681	199	44	77	52	26
商业银行	682	11012	4096	2795	3152	969
其他银行	689	2236	813	549	591	283
证券业	69	5052	2630	1045	1000	377
证券市场管理	691	580	154	260	112	54
证券经纪与交易	692	1386	774	291	221	100
证券投资	693	2174	1165	314	524	171
证券分析与咨询	694	912	537	180	143	52
保险业	70	14281	6695	3099	3165	1322
人寿保险	701	5527	2414	1374	1217	522
非人寿保险	702	5405	2181	1273	1449	502
保险辅助服务	703	3349	2100	452	499	298
其他金融活动	71	30932	15527	5951	6583	2871
金融信托与管理	711	3859	2017	853	691	298
金融租赁	712	1020	580	184	174	82
财务公司	713	1462	652	327	362	121
邮政储蓄	714	1200	484	315	286	115
典当	715	5616	2444	1013	1418	741
其他未列明的金融活动	719	17775	9350	3259	3652	1514

2-2 续表 9

单位：个

行业中类	代码	企业单位数	东部地区	中部地区	西部地区	东北地区
房地产业	K	**349865**	**182019**	**67188**	**72391**	**28267**
房地产业	72	349865	182019	67188	72391	28267
房地产开发经营	721	165020	75263	37421	38928	13408
物业管理	722	90909	48209	16748	17467	8485
房地产中介服务	723	56912	35021	7242	10180	4469
其他房地产活动	729	37024	23526	5777	5816	1905
租赁和商务服务业	L	**729986**	**468030**	**102308**	**111187**	**48461**
租赁业	73	41132	21649	7211	9422	2850
机械设备租赁	731	39798	20879	7020	9168	2731
文化及日用品出租	732	1334	770	191	254	119
商务服务业	74	688854	446381	95097	101765	45611
企业管理服务	741	144683	100812	18316	19682	5873
法律服务	742	10215	5648	1662	2000	905
咨询与调查	743	195124	139963	21410	21747	12004
广告业	744	142063	82230	24077	25677	10079
知识产权服务	745	5548	4097	549	561	341
职业中介服务	746	33449	18751	5105	6173	3420
市场管理	747	18734	10603	2432	3679	2020
旅行社	748	30338	15113	6291	6153	2781
其他商务服务	749	108700	69164	15255	16093	8188
科学研究、技术服务和地质勘查业	M	**242723**	**162122**	**31198**	**29237**	**20166**
研究与试验发展	75	34626	22959	5130	3002	3535
自然科学研究与试验发展	751	4009	2117	870	462	560
工程和技术研究与试验发展	752	20342	14542	2798	1131	1871
农业科学研究与试验发展	753	4445	1988	861	897	699
医学研究与试验发展	754	5369	4058	516	446	349
社会人文科学研究与试验发展	755	461	254	85	66	56
专业技术服务业	76	123192	79545	16883	17065	9699
气象服务	761	1227	408	535	213	71
地震服务	762	115	61	24	22	8
海洋服务	763	313	259	18	15	21
测绘服务	764	4341	1874	788	1105	574
技术检测	765	10767	5817	1834	1945	1171
环境监测	766	1964	1083	313	376	192
工程技术与规划管理	767	55310	34226	8053	8526	4505
其他专业技术服务	769	49155	35817	5318	4863	3157
科技交流和推广服务业	77	81135	58483	8525	7582	6545
技术推广服务	771	57845	43282	5680	4613	4270
科技中介服务	772	7379	4579	991	908	901
其他科技服务	779	15911	10622	1854	2061	1374
地质勘查业	78	3770	1135	660	1588	387
矿产地质勘查	781	1763	422	286	872	183
基础地质勘查	782	509	213	94	141	61
地质勘查技术服务	783	1498	500	280	575	143

2-2 续表 10 单位：个

行业中类	代码	企业单位数	东部地区	中部地区	西部地区	东北地区
水利、环境和公共设施管理业	N	**38723**	**21008**	**7552**	**7375**	**2788**
水利管理业	79	3244	1510	713	722	299
防洪管理	791	295	145	65	62	23
水资源管理	792	1350	624	270	347	109
其他水利管理	799	1599	741	378	313	167
环境管理业	80	8881	4755	1650	1908	568
自然保护	801	829	311	218	239	61
环境治理	802	8052	4444	1432	1669	507
公共设施管理业	81	26598	14743	5189	4745	1921
市政公共设施管理	811	3744	2153	730	589	272
城市绿化管理	812	14655	8494	2496	2497	1168
游览景区管理	813	8199	4096	1963	1659	481
居民服务和其他服务业	O	**177802**	**102392**	**30898**	**30818**	**13694**
居民服务业	82	72001	39824	13130	12688	6359
家庭服务	821	7950	4062	1323	1925	640
托儿所	822	460	241	87	76	56
洗染服务	823	2765	1635	385	558	187
理发及美容保健服务	824	17741	11541	2616	2431	1153
洗浴服务	825	9973	5309	1983	1223	1458
婚姻服务	826	4330	2259	740	885	446
殡葬服务	827	2188	932	417	503	336
摄影扩印服务	828	7978	4336	1598	1445	599
其他居民服务	829	18616	9509	3981	3642	1484
其他服务业	83	105801	62568	17768	18130	7335
修理与维护	831	45238	25298	7484	8875	3581
清洁服务	832	19379	12223	2855	3161	1140
其他未列明的服务	839	41184	25047	7429	6094	2614
教育	P	**33746**	**17128**	**7123**	**6607**	**2888**
教育	84	33746	17128	7123	6607	2888
学前教育	841	5710	2497	1690	1055	468
初等教育	842	748	334	277	105	32
中等教育	843	1433	510	493	257	173
高等教育	844	295	159	56	48	32
其他教育	849	25560	13628	4607	5142	2183
卫生、社会保障和社会福利业	Q	**19103**	**8842**	**4219**	**3919**	**2123**
卫生	85	17550	8101	3874	3666	1909
医院	851	6229	2330	1337	1897	665

2-2 续表 11

单位：个

行业中类	代码	企业单位数	东部地区	中部地区	西部地区	东北地区
卫生院及社区医疗活动	852	2047	763	588	434	262
门诊部医疗活动	853	7289	3954	1555	975	805
计划生育技术服务活动	854	217	145	49	17	6
妇幼保健活动	855	119	48	26	36	9
专科疾病防治活动	856	341	215	42	43	41
疾病预防控制及防疫活动	857	180	86	29	37	28
其他卫生活动	859	1128	560	248	227	93
社会保障业	86	426	213	91	60	62
社会保障业	860	426	213	91	60	62
社会福利业	87	1127	528	254	193	152
提供住宿的社会福利	871	812	356	193	138	125
不提供住宿的社会福利	872	315	172	61	55	27
文化、体育和娱乐业	**R**	**66949**	**40168**	**11224**	**11654**	**3903**
新闻出版业	88	3841	2296	664	569	312
新闻业	881	232	87	65	52	28
出版业	882	3609	2209	599	517	284
广播、电视、电影和音像业	89	10007	5990	1728	1717	572
广播	891	486	209	164	84	29
电视	892	2496	1802	289	262	143
电影	893	5096	2954	898	962	282
音像制作	894	1929	1025	377	409	118
文化艺术业	90	20521	13141	3218	3104	1058
文艺创作与表演	901	4595	2351	889	1081	274
艺术表演场馆	902	555	264	127	106	58
图书馆与档案馆	903	211	121	36	22	32
文物及文化保护	904	359	133	127	79	20
博物馆	905	213	116	28	46	23
烈士陵园、纪念馆	906	54	23	23	6	2
群众文化活动	907	2174	1467	323	292	92
文化艺术经纪代理	908	3631	2656	394	399	182
其他文化艺术	909	8729	6010	1271	1073	375
体育	91	2891	1965	363	367	196
体育组织	911	1011	695	126	133	57
体育场馆	912	827	559	90	104	74
其他体育	919	1053	711	147	130	65
娱乐业	92	29689	16776	5251	5897	1765
室内娱乐活动	921	18973	10085	3509	4313	1066
游乐园	922	956	521	206	145	84
休闲健身娱乐活动	923	6457	4435	905	735	382
其他娱乐活动	929	3303	1735	631	704	233

2-3 按行业(大类)、直辖市和省会城市

(2012年)

行业大类	代码	企业单位数	北京	天津	石家庄	太原	呼和浩特
总计		**8286654**	**374051**	**187579**	**38627**	**37576**	**16228**
农、林、牧、渔业	A	**331494**	**2650**	**2332**	**1515**	**2157**	**447**
农业	01	133787	1257	931	600	960	116
林业	02	33299	417	185	144	269	71
畜牧业	03	101230	692	604	591	742	177
渔业	04	28515	93	348	24	14	6
农、林、牧、渔服务业	05	34663	191	264	156	172	77
采矿业	B	**107596**	**189**	**100**	**558**	**724**	**291**
煤炭开采和洗选业	06	23241	26	6	116	467	64
石油和天然气开采业	07	2240	20	35	1	4	
黑色金属矿采选业	08	18543	21	18	199	172	80
有色金属矿采选业	09	11903	4	5	12	2	21
非金属矿采选业	10	49517	117	31	229	76	116
其他采矿业	11	2152	1	5	1	3	10
制造业	C	**2380700**	**35492**	**47162**	**13447**	**4556**	**1931**
农副食品加工业	13	115835	955	1025	931	137	149
食品制造业	14	51877	1081	1075	380	205	138
饮料制造业	15	40359	416	273	170	54	69
烟草制品业	16	349	1	1	2	1	1
纺织业	17	137522	703	1289	1538	48	157
纺织服装、鞋、帽制造业	18	113101	2453	1667	450	51	73
皮革、毛皮、羽毛(绒)及其制品业	19	43066	206	310	835	5	19
木材加工及木、竹、藤、棕、草制品业	20	71880	688	686	256	43	23
家具制造业	21	48067	1407	730	275	73	29
造纸及纸制品业	22	59381	971	1498	390	87	39
印刷业和记录媒介的复制	23	68038	1711	1096	371	313	118
文教体育用品制造业	24	25683	336	494	29	11	4
石油加工及炼焦	25	7659	212	175	79	44	5
化学原料及化学制品制造业	26	114678	2265	2831	1410	277	102
医药制造业	27	20606	628	467	242	60	59
化学纤维制造业	28	6175	42	57	66	7	2
橡胶制品业	29	26458	223	721	93	32	10
塑料制品业	30	124076	1518	2382	549	137	60
非金属矿物制品业	31	236335	2819	2128	1404	461	336
黑色金属冶炼及压延加工业	32	22481	157	1104	136	83	37
有色金属冶炼及压延加工业	33	28090	243	562	107	70	32

以及计划单列市分组的企业法人单位数

单位：个

沈阳	长春	哈尔滨	上海	南京	杭州	合肥	福州	南昌	济南	郑州	武汉	长沙	代码
105363	**38609**	**61158**	**427928**	**109136**	**166793**	**71370**	**60411**	**32224**	**86426**	**54708**	**133849**	**59205**	
2695	**1093**	**1840**	**1894**	**1507**	**3038**	**1740**	**2218**	**1241**	**1583**	**795**	**2050**	**1833**	A
1101	315	701	1086	636	1399	664	960	373	707	257	731	1085	01
137	127	127	299	249	370	399	201	86	121	91	253	132	02
1086	489	609	226	259	386	409	244	413	418	357	371	322	03
146	57	52	149	150	536	134	667	177	21	22	326	75	04
225	105	351	134	213	347	134	146	192	316	68	369	219	05
158	**226**	**315**	**4**	**205**	**341**	**214**	**300**	**119**	**246**	**616**	**129**	**365**	B
26	32	8		4				4	22	243	2	44	06
	10	7	1	5	1	3		3	7	1	6	6	07
12	1	8		17	4	34	6	1	30	11	3	21	08
4	3	8		8	20	22	5		6	40	3	14	09
111	173	274	2	170	314	152	286	106	177	317	104	264	10
5	7	10	1	1	2	3	3	5	4	4	11	16	11
22419	**8986**	**12831**	**92397**	**21356**	**45186**	**12452**	**13325**	**7815**	**15764**	**11914**	**19057**	**11858**	C
1000	925	1560	807	379	785	655	872	762	900	523	687	526	13
507	332	553	1281	324	569	352	426	273	360	445	517	420	14
252	306	428	266	108	492	133	311	101	192	163	155	189	15
2	9	2	2	2	4	1	2	1	2	1	4	6	16
298	66	228	4286	406	4760	353	1202	687	307	139	541	162	17
575	141	150	6791	1179	3072	565	612	640	316	276	1145	170	18
261	29	52	1070	167	740	139	178	64	53	26	79	84	19
481	292	809	1724	288	775	158	377	176	335	144	324	235	20
533	199	311	3305	368	788	402	320	111	331	153	472	205	21
449	120	194	2885	464	2053	254	438	142	314	280	372	348	22
694	452	594	2793	668	1301	469	503	357	542	528	726	589	23
100	19	101	1220	310	951	95	115	141	102	56	89	80	24
135	39	54	150	49	76	19	30	13	68	30	59	26	25
1104	400	569	3671	1119	2139	550	427	374	821	872	804	1870	26
237	172	235	606	297	271	163	113	261	231	195	321	263	27
18	6	12	144	23	211	48	41	7	23	21	24	6	28
375	85	75	1184	174	374	119	119	53	117	88	137	67	29
1058	366	415	5592	798	2732	637	1050	245	518	360	738	375	30
1553	994	1144	3215	1522	2097	1315	1469	718	1629	3364	1693	1217	31
179	43	73	359	126	189	56	73	53	108	96	139	58	32
291	34	88	745	236	278	41	51	163	84	265	171	176	33

2-3 续表 1

行业大类	代码	企业单位数	北京	天津	石家庄	太原	呼和浩特
金属制品业	34	188057	3691	6611	871	489	158
通用设备制造业	35	246517	3045	5953	1128	781	92
专用设备制造业	36	142507	2508	3618	485	396	60
交通运输设备制造业	37	104139	1462	3255	242	121	21
电气机械及器材制造业	39	141797	2151	2515	539	192	70
通信设备、计算机及其他电子设备制造业	40	75430	1464	1801	124	98	25
仪器仪表及文化、办公用机械制造业	41	33660	1262	1043	79	105	8
工艺品及其他制造业	42	75364	791	1464	218	150	25
废弃资源和废旧材料回收加工业	43	11513	83	331	48	25	10
电力、燃气及水的生产和供应业	**D**	**68607**	**460**	**460**	**145**	**80**	**143**
电力、热力的生产和供应业	44	45614	307	247	78	30	100
燃气生产和供应业	45	5391	43	78	24	24	16
水的生产和供应业	46	17602	110	135	43	26	27
建筑业	**E**	**391379**	**13096**	**10078**	**1489**	**2563**	**884**
房屋和土木工程建筑业	47	138448	2769	3343	585	639	357
建筑安装业	48	75762	2621	2698	393	594	157
建筑装饰业	49	122892	6743	2728	345	848	286
其他建筑业	50	54277	963	1309	166	482	84
交通运输、仓储和邮政业	**F**	**239225**	**8085**	**9468**	**1146**	**744**	**516**
铁路运输业	51	2122	36	94	11	20	10
道路运输业	52	115078	4023	2707	678	429	355
城市公共交通业	53	9248	308	92	63	25	25
水上运输业	54	10336	19	295	1	3	2
航空运输业	55	1457	57	43	12	23	4
管道运输业	56	232	7	7	1		
装卸搬运和其他运输服务业	57	66133	2233	4722	196	108	59
仓储业	58	23965	898	1372	139	107	45
邮政业	59	10654	504	136	45	29	16
信息传输、计算机服务和软件业	**G**	**234453**	**22048**	**3288**	**899**	**1256**	**384**
电信和其他信息传输服务业	60	38207	3233	428	159	268	75
计算机服务业	61	119861	6336	1531	509	645	190
软件业	62	76385	12479	1329	231	343	119
批发和零售业	**H**	**2629580**	**121942**	**64701**	**12503**	**15864**	**6445**
批发业	63	1661805	63482	48118	8648	8516	2810
零售业	65	967775	58460	16583	3855	7348	3635

单位：个

沈阳	长春	哈尔滨	上海	南京	杭州	合肥	福州	南昌	济南	郑州	武汉	长沙	代码
1680	607	960	11009	2209	3401	1007	573	435	1115	543	1866	554	34
4284	762	1470	11685	2859	5556	1213	689	410	3488	910	1887	1193	35
1825	495	794	7442	1931	2287	844	543	480	1262	1210	1473	981	36
1041	1225	499	3743	1301	2109	868	597	376	806	322	1073	524	37
2087	402	669	6138	1619	3335	1098	538	334	607	514	1220	609	39
450	124	209	2720	1175	1431	450	395	151	275	129	845	410	40
471	117	252	2014	730	900	243	187	80	350	118	592	237	41
436	179	290	5344	434	1366	150	1033	170	454	103	764	220	42
43	46	41	206	91	144	55	41	37	54	40	140	58	43
385	**246**	**281**	**294**	**194**	**484**	**199**	**584**	**113**	**174**	**124**	**197**	**224**	D
282	171	162	64	41	329	43	410	43	65	53	63	131	44
33	34	37	53	45	31	31	29	19	53	32	37	32	45
70	41	82	177	108	124	125	145	51	56	39	97	61	46
6423	**2453**	**4205**	**22208**	**7679**	**7604**	**5805**	**2664**	**1996**	**4619**	**3492**	**11624**	**2250**	E
1594	903	1232	5520	2494	2381	1283	967	693	1566	962	3168	795	47
2109	618	921	5593	2044	1178	1049	500	406	1007	694	2617	343	48
2061	599	1247	9238	2175	3208	2195	749	532	1311	1178	3320	656	49
659	333	805	1857	966	837	1278	448	365	735	658	2519	456	50
3070	**1133**	**1679**	**16173**	**2874**	**3236**	**1882**	**1928**	**641**	**1390**	**934**	**4417**	**862**	F
33	12	11	35	27	2	19	12	8	18	12	26	11	51
1925	585	958	3796	1376	2007	1233	616	323	736	363	2689	401	52
207	31	141	211	74	113	36	44	26	48	59	119	57	53
9	1	24	339	226	94	72	616	22	19	5	154	19	54
32	19	34	89	27	18	16	15	7	9	21	22	18	55
3	1	1	4	2		2		7	12	2	7	3	56
433	147	180	7949	794	639	268	429	141	355	263	986	255	57
309	307	258	2630	276	180	181	131	87	151	172	307	66	58
119	30	72	1120	72	183	55	65	20	42	37	107	32	59
3910	**1147**	**1752**	**13938**	**4954**	**8896**	**3117**	**2266**	**933**	**3616**	**1991**	**4439**	**2142**	G
905	221	313	1044	857	696	525	425	182	332	203	597	391	60
1375	560	630	7495	1658	3331	1423	1020	421	1625	1021	2151	850	61
1630	366	809	5399	2439	4869	1169	821	330	1659	767	1691	901	62
39397	**14088**	**21437**	**150676**	**39636**	**53066**	**24934**	**21721**	**10804**	**39285**	**19533**	**52377**	**23301**	H
28252	6177	12815	112675	25473	42845	15821	15590	8352	25480	12325	28593	16303	63
11145	7911	8622	38001	14163	10221	9113	6131	2452	13805	7208	23784	6998	65

2-3 续表 2

行业大类	代码	企业单位数	北京	天津	石家庄	太原	呼和浩特
住宿和餐饮业	I	**181011**	**13192**	**2797**	**517**	**949**	**518**
住宿业	66	64861	3968	703	259	345	180
餐饮业	67	116150	9224	2094	258	604	338
金融业	J	**63712**	**1758**	**1835**	**323**	**322**	**250**
银行业	68	13447	107	329	65	78	59
证券业	69	5052	283	134	21	17	17
保险业	70	14281	536	142	89	75	52
其他金融活动	71	30932	832	1230	148	152	122
房地产业	K	**349865**	**14529**	**5784**	**1871**	**1888**	**1066**
房地产业	72	349865	14529	5784	1871	1888	1066
租赁和商务服务业	L	**729986**	**72208**	**20324**	**2356**	**2936**	**1853**
租赁业	73	41132	2573	1410	102	189	120
商务服务业	74	688854	69635	18914	2254	2747	1733
科学研究、技术服务和地质勘查业	M	**242723**	**36714**	**9727**	**814**	**1271**	**571**
研究与试验发展	75	34626	2735	557	98	209	65
专业技术服务业	76	123192	12267	3835	533	741	298
科技交流和推广服务业	77	81135	21466	5264	168	285	136
地质勘查业	78	3770	246	71	15	36	72
水利、环境和公共设施管理业	N	**38723**	**1844**	**858**	**195**	**192**	**128**
水利管理业	79	3244	59	71	12	30	14
环境管理业	80	8881	336	153	14	61	34
公共设施管理业	81	26598	1449	634	169	101	80
居民服务和其他服务业	O	**177802**	**14356**	**6658**	**504**	**1291**	**521**
居民服务业	82	72001	6745	1869	190	444	213
其他服务业	83	105801	7611	4789	314	847	308
教育	P	**33746**	**2917**	**487**	**74**	**203**	**75**
教育	84	33746	2917	487	74	203	75
卫生、社会保障和社会福利业	Q	**19103**	**1229**	**320**	**89**	**220**	**43**
卫生	85	17550	1165	283	88	209	41
社会保障业	86	426	12	27		5	
社会福利业	87	1127	52	10	1	6	2
文化、体育和娱乐业	R	**66949**	**11342**	**1200**	**182**	**360**	**162**
新闻出版业	88	3841	1070	69	31	50	28
广播、电视、电影和音像业	89	10007	1773	155	45	57	43
文化艺术业	90	20521	6058	474	46	119	56
体育	91	2891	597	80	4	15	6
娱乐业	92	29689	1844	422	56	119	29

单位：个

沈阳	长春	哈尔滨	上海	南京	杭州	合肥	福州	南昌	济南	郑州	武汉	长沙	代码
1314	**685**	**1045**	**11517**	**2552**	**2846**	**1610**	**1450**	**568**	**1857**	**1086**	**2730**	**1047**	I
565	276	492	2831	689	1155	410	549	275	382	440	803	451	66
749	409	553	8686	1863	1691	1200	901	293	1475	646	1927	596	67
816	**327**	**557**	**1435**	**770**	**764**	**712**	**445**	**292**	**535**	**420**	**667**	**473**	J
134	61	175	159	55	65	97	48	60	122	52	67	61	68
109	20	35	281	114	59	60	31	39	33	17	95	49	69
181	74	105	329	170	147	118	93	65	223	107	160	114	70
392	172	242	666	431	493	437	273	128	157	244	345	249	71
4461	**1498**	**2883**	**14145**	**3585**	**5513**	**3358**	**2340**	**1613**	**2862**	**3368**	**7029**	**3105**	K
4461	1498	2883	14145	3585	5513	3358	2340	1613	2862	3368	7029	3105	72
11162	**3398**	**6361**	**62288**	**14063**	**21320**	**9495**	**6806**	**3650**	**9368**	**7053**	**16184**	**6175**	L
507	227	418	1687	659	702	687	391	226	385	313	778	242	73
10655	3171	5943	60601	13404	20618	8808	6415	3424	8983	6740	15406	5933	74
4164	**1489**	**2750**	**21804**	**4838**	**8499**	**2740**	**1708**	**712**	**2416**	**1679**	**5654**	**3356**	M
1202	205	478	2564	796	530	719	248	102	459	198	872	1730	75
1900	678	1133	12117	3049	4190	1474	1068	408	1280	1016	3313	959	76
1002	582	1080	7091	966	3753	492	376	182	650	420	1405	630	77
60	24	59	32	27	26	55	16	20	27	45	64	37	78
404	**202**	**330**	**1650**	**446**	**864**	**424**	**250**	**167**	**243**	**220**	**586**	**259**	N
54	13	28	90	26	46	31	23	12	28	17	44	27	79
100	38	62	389	124	201	94	97	37	46	44	157	67	80
250	151	240	1171	296	617	299	130	118	169	159	385	165	81
2558	**1012**	**1998**	**12520**	**2450**	**2836**	**1536**	**1223**	**1041**	**1502**	**805**	**4394**	**820**	O
831	386	974	6368	884	966	672	607	228	574	383	1185	391	82
1727	626	1024	6152	1566	1870	864	616	813	928	422	3209	429	83
665	**217**	**326**	**498**	**489**	**700**	**451**	**254**	**177**	**371**	**207**	**698**	**353**	P
665	217	326	498	489	700	451	254	177	371	207	698	353	84
553	**116**	**123**	**782**	**211**	**295**	**134**	**221**	**55**	**152**	**64**	**491**	**150**	Q
529	95	104	704	192	279	118	218	52	136	61	465	135	85
3	3	13	7	4	7	4	1		2		7	5	86
21	18	6	71	15	9	12	2	3	14	3	19	10	87
809	**293**	**445**	**3705**	**1327**	**1305**	**567**	**708**	**287**	**443**	**407**	**1126**	**632**	R
110	58	47	169	114	80	66	46	53	63	54	124	85	88
135	51	64	380	246	199	99	72	45	58	83	163	88	89
316	73	174	717	469	433	177	137	99	135	96	451	252	90
45	7	19	189	59	54	16	27	15	28	17	68	34	91
203	104	141	2250	439	539	209	426	75	159	157	320	173	92

2-3 续表 3

行业大类	代码	广州	南宁	海口	重庆	成都	贵阳
总计		**164701**	**36851**	**23849**	**224487**	**87571**	**24637**
农、林、牧、渔业	A	**850**	**846**	**660**	**31975**	**2928**	**1042**
农业	01	393	254	385	14144	1493	526
林业	02	68	99	41	2128	346	75
畜牧业	03	108	304	146	9004	668	393
渔业	04	63	112	52	5333	90	19
农、林、牧、渔服务业	05	218	77	36	1366	331	29
采矿业	B	**36**	**285**	**55**	**3085**	**145**	**446**
煤炭开采和洗选业	06		8		1137	16	98
石油和天然气开采业	07	1	2		26	17	1
黑色金属矿采选业	08		44	3	146	4	9
有色金属矿采选业	09	2	41	18	36	12	67
非金属矿采选业	10	31	167	23	1702	90	268
其他采矿业	11	2	23	11	38	6	3
制造业	C	**34348**	**4335**	**1454**	**42225**	**19291**	**3825**
农副食品加工业	13	454	421	100	2585	854	151
食品制造业	14	633	217	89	1196	899	164
饮料制造业	15	194	213	50	1047	771	114
烟草制品业	16	2	3	1	5	4	3
纺织业	17	1292	69	17	2138	293	23
纺织服装、鞋、帽制造业	18	4916	69	80	1217	459	27
皮革、毛皮、羽毛(绒)及其制品业	19	2755	67	2	786	592	5
木材加工及木、竹、藤、棕、草制品业	20	399	380	42	1250	373	64
家具制造业	21	863	99	61	1660	946	90
造纸及纸制品业	22	1255	247	46	816	470	95
印刷业和记录媒介的复制	23	1331	262	139	1208	819	190
文教体育用品制造业	24	584	33	4	154	85	9
石油加工及炼焦	25	69	13	3	87	41	8
化学原料及化学制品制造业	26	2222	307	88	1432	938	242
医药制造业	27	268	118	101	309	414	111
化学纤维制造业	28	29	3	8	24	25	2
橡胶制品业	29	415	20	9	383	186	76
塑料制品业	30	1904	191	54	1377	852	201
非金属矿物制品业	31	1044	528	141	5055	1785	768
黑色金属冶炼及压延加工业	32	98	32	7	422	176	52
有色金属冶炼及压延加工业	33	192	37	7	386	201	70

单位：个

昆明	拉萨	西安	兰州	西宁	银川	乌鲁木齐	大连	宁波	厦门	青岛	深圳	代码
68012	**1823**	**90728**	**21879**	**10034**	**14788**	**25663**	**100838**	**144537**	**67009**	**143928**	**246905**	
2328	**8**	**1672**	**356**	**590**	**607**	**143**	**2749**	**3463**	**850**	**2383**	**175**	A
1181	2	844	109	209	239	59	1054	1971	412	1111	87	01
366	3	219	31	94	47	20	247	166	28	192	10	02
665	2	371	183	238	221	37	544	426	222	416	19	03
32		25	3	1	30	5	704	572	127	423	27	04
84	1	213	30	48	70	22	200	328	61	241	32	05
846	**58**	**300**	**232**	**207**	**81**	**141**	**229**	**137**	**21**	**293**	**24**	B
59		17	28	15	14	65	1			2		06
8		97	4	1	7	10	2	2		4	12	07
106	11	13	11	8	1	4	14	1		105		08
164	35	34	7	17	1	18	10	1	1	6	2	09
465	12	75	173	153	53	36	200	129	20	164	9	10
44		64	9	13	5	8	2	4		12	1	11
6285	**198**	**13783**	**3350**	**1576**	**1982**	**2450**	**22923**	**68009**	**13802**	**40884**	**57445**	C
425	19	366	148	128	189	86	1531	723	257	2338	177	13
319	15	371	136	60	114	76	605	292	289	856	252	14
218	16	124	40	33	57	41	223	287	89	468	112	15
7		4	8		1			3	1	3	3	16
71	5	163	38	29	59	53	508	4439	445	1625	804	17
90	6	162	33	25	21	45	1731	2547	1169	3308	2569	18
21	4	32	9	20	25	10	125	347	244	1031	986	19
146	2	152	37	20	25	28	652	558	172	672	279	20
131	3	380	85	16	58	82	302	776	268	794	1249	21
181	2	312	56	6	38	67	428	1409	559	1332	2503	22
356	10	562	255	72	116	155	429	2111	689	1044	1839	23
23		55	12	2	4	7	91	1673	283	427	1036	24
25		60	43	9	18	32	97	66	25	34	25	25
469	12	693	245	73	108	215	1118	1181	544	1569	1070	26
127	16	376	49	47	28	44	135	170	79	196	163	27
3		22	5	2	1	3	31	176	28	64	37	28
71		99	30	5	12	25	186	779	340	958	737	29
314	2	307	216	44	100	273	1059	7031	1073	2213	5129	30
810	30	1104	538	334	257	304	1292	1463	654	2037	840	31
71		149	89	32	34	43	205	624	52	76	64	32
169	4	169	40	52	25	16	93	799	87	220	297	33

2-3 续表 4

行业大类	代码	广州	南宁	海口	重庆	成都	贵阳
金属制品业	34	2767	230	75	3118	1591	287
通用设备制造业	35	1660	123	20	3106	1797	313
专用设备制造业	36	1556	199	40	1726	1221	149
交通运输设备制造业	37	1660	56	151	7138	1147	314
电气机械及器材制造业	39	2053	163	40	1227	1095	146
通信设备、计算机及其他电子设备制造业	40	2084	80	18	608	648	47
仪器仪表及文化、办公用机械制造业	41	506	29	3	696	302	32
工艺品及其他制造业	42	1054	119	51	915	224	50
废弃资源和废旧材料回收加工业	43	89	7	7	154	83	22
电力、燃气及水的生产和供应业	D	**232**	**173**	**41**	**2035**	**624**	**75**
电力、热力的生产和供应业	44	81	79	14	1219	365	36
燃气生产和供应业	45	29	13	6	191	95	14
水的生产和供应业	46	122	81	21	625	164	25
建筑业	E	**5025**	**1660**	**2685**	**8958**	**4976**	**1236**
房屋和土木工程建筑业	47	1010	549	492	3212	1744	354
建筑安装业	48	1370	236	475	1062	935	181
建筑装饰业	49	2223	617	1436	2894	1717	496
其他建筑业	50	422	258	282	1790	580	205
交通运输、仓储和邮政业	F	**5581**	**964**	**474**	**5258**	**2680**	**460**
铁路运输业	51	22	14	4	17	22	11
道路运输业	52	1619	551	159	2926	1545	227
城市公共交通业	53	107	35	19	145	145	21
水上运输业	54	257	55	35	425	11	4
航空运输业	55	22	17	13	28	40	8
管道运输业	56			2	1	2	1
装卸搬运和其他运输服务业	57	3001	153	190	1157	638	108
仓储业	58	428	111	26	392	190	66
邮政业	59	125	28	26	167	87	14
信息传输、计算机服务和软件业	G	**6873**	**1523**	**785**	**6437**	**4181**	**850**
电信和其他信息传输服务业	60	934	222	123	1079	368	119
计算机服务业	61	2742	989	412	2925	2339	469
软件业	62	3197	312	250	2433	1474	262
批发和零售业	H	**56519**	**15461**	**8114**	**70121**	**26343**	**9115**
批发业	63	41467	9427	4707	30459	17341	5436
零售业	65	15052	6034	3407	39662	9002	3679

单位：个

昆明	拉萨	西安	兰州	西宁	银川	乌鲁木齐	大连	宁波	厦门	青岛	深圳	代码
503	8	935	282	200	222	290	1764	5417	1465	4387	4846	34
489	2	1800	289	95	165	174	5473	11989	794	4600	2444	35
290	1	1555	227	39	92	135	1342	4692	1037	3041	5153	36
273	12	483	201	76	42	55	1577	4387	289	1694	701	37
270	5	1434	120	53	94	142	876	8377	870	1671	7300	39
70		1049	31	6	5	12	302	2711	873	820	12418	40
115		539	32	8	34	12	445	1313	329	442	2305	41
183	22	268	41	78	28	20	251	1371	780	2875	2083	42
45	2	58	15	12	10	5	52	298	18	89	24	43
243	**10**	**264**	**79**	**83**	**89**	**86**	**303**	**379**	**59**	**286**	**105**	D
136	8	149	61	65	57	70	186	179	33	120	43	44
39		44	6	7	14	6	48	33	3	70	9	45
68	2	71	12	11	18	10	69	167	23	96	53	46
5047	**161**	**7427**	**1037**	**755**	**960**	**1025**	**6847**	**4658**	**3030**	**8470**	**4383**	E
1524	125	2080	356	325	409	363	1976	1359	736	2307	994	47
693	9	1441	267	150	180	291	1708	893	579	2144	814	48
1737	11	2764	325	192	310	237	2274	2009	1193	2373	2279	49
1093	16	1142	89	88	61	134	889	397	522	1646	296	50
1467	**83**	**1630**	**451**	**149**	**210**	**958**	**4423**	**3775**	**2488**	**5238**	**9297**	F
29	1	29	10	7	3	21	12	26	14	69	24	51
655	30	843	145	63	82	287	1190	1334	523	1439	2879	52
54	26	91	21	10	13	19	166	70	33	60	104	53
11			1		2		237	228	102	104	172	54
60	1	50	16	1	7	22	34	7	15	27	81	55
4		5			1	2	4	2	1	1		56
441	10	347	156	35	51	495	2353	1750	1603	2918	5219	57
102	3	205	86	24	25	88	341	257	139	511	357	58
111	12	60	16	9	26	24	86	101	58	109	461	59
2643	**67**	**3597**	**486**	**247**	**450**	**869**	**3922**	**3170**	**2548**	**3633**	**8739**	G
284	15	618	105	22	60	142	385	272	561	798	918	60
1393	49	1574	280	171	309	572	1197	1462	823	1935	1794	61
966	3	1405	101	54	81	155	2340	1436	1164	900	6027	62
30161	**658**	**33413**	**10117**	**3852**	**6901**	**12916**	**31931**	**38807**	**27116**	**54899**	**101609**	H
21825	168	18562	6392	2259	4239	9636	25616	32903	21761	43626	72234	63
8336	490	14851	3725	1593	2662	3280	6315	5904	5355	11273	29375	65

2-3 续表 5

行业大类	代码	广州	南宁	海口	重庆	成都	贵阳
住宿和餐饮业	I	**4499**	**620**	**589**	**9806**	**3524**	**625**
住宿业	66	1520	334	294	1661	1250	279
餐饮业	67	2979	286	295	8145	2274	346
金融业	J	**578**	**291**	**171**	**1409**	**818**	**287**
银行业	68	56	36	20	503	140	32
证券业	69	78	45	14	155	120	11
保险业	70	216	60	50	176	175	36
其他金融活动	71	228	150	87	575	383	208
房地产业	K	**11794**	**2565**	**3033**	**9189**	**5402**	**2003**
房地产业	72	11794	2565	3033	9189	5402	2003
租赁和商务服务业	L	**22849**	**5056**	**3729**	**19748**	**10057**	**2695**
租赁业	73	560	202	177	1775	745	195
商务服务业	74	22289	4854	3552	17973	9312	2500
科学研究、技术服务和地质勘查业	M	**6281**	**1267**	**850**	**3584**	**2519**	**705**
研究与试验发展	75	1500	138	113	371	396	98
专业技术服务业	76	3802	642	567	2299	1539	456
科技交流和推广服务业	77	947	441	131	843	520	100
地质勘查业	78	32	46	39	71	64	51
水利、环境和公共设施管理业	N	**649**	**139**	**95**	**1195**	**537**	**129**
水利管理业	79	28	16	8	96	29	19
环境管理业	80	238	46	34	382	150	34
公共设施管理业	81	383	77	53	717	358	76
居民服务和其他服务业	O	**4465**	**1078**	**549**	**6286**	**1637**	**722**
居民服务业	82	2088	324	242	3652	774	298
其他服务业	83	2377	754	307	2634	863	424
教育	P	**1609**	**189**	**148**	**1024**	**708**	**116**
教育	84	1609	189	148	1024	708	116
卫生、社会保障和社会福利业	Q	**731**	**68**	**41**	**339**	**390**	**92**
卫生	85	675	66	39	279	378	88
社会保障业	86	3			3	2	2
社会福利业	87	53	2	2	57	10	2
文化、体育和娱乐业	R	**1782**	**331**	**376**	**1813**	**811**	**214**
新闻出版业	88	200	36	41	96	81	12
广播、电视、电影和音像业	89	265	64	67	194	108	30
文化艺术业	90	297	97	110	687	199	44
体育	91	142	14	29	69	52	9
娱乐业	92	878	120	129	767	371	119

单位：个

昆明	拉萨	西安	兰州	西宁	银川	乌鲁木齐	大连	宁波	厦门	青岛	深圳	代码
1251	**159**	**2781**	**763**	**307**	**384**	**358**	**1733**	**1790**	**1396**	**2230**	**3622**	I
578	124	1040	289	178	167	228	738	747	562	634	1308	66
673	35	1741	474	129	217	130	995	1043	834	1596	2314	67
964	**24**	**651**	**168**	**78**	**176**	**245**	**641**	**443**	**355**	**470**	**1437**	J
176	13	70	47	15	26	29	109	57	37	90	78	68
101	1	124	13	4	6	10	46	61	31	72	398	69
137	4	140	44	18	32	44	93	67	48	136	203	70
550	6	317	64	41	112	162	393	258	239	172	758	71
3449	**67**	**6112**	**1362**	**670**	**734**	**1329**	**5681**	**2864**	**2569**	**4167**	**8621**	K
3449	67	6112	1362	670	734	1329	5681	2864	2569	4167	8621	72
8130	**174**	**9995**	**1845**	**867**	**1290**	**2967**	**11830**	**10626**	**8344**	**12940**	**29089**	L
399	35	780	145	71	147	227	563	504	588	847	895	73
7731	139	9215	1700	796	1143	2740	11267	10122	7756	12093	28194	74
2182	**48**	**3775**	**517**	**309**	**306**	**1080**	**3861**	**3156**	**1792**	**2517**	**14398**	M
505	6	266	72	12	20	81	827	629	270	557	4521	75
1081	28	1828	342	216	233	573	1849	1640	1107	1399	7173	76
520	7	1551	85	58	40	195	1163	880	406	539	2689	77
76	7	130	18	23	13	231	22	7	9	22	15	78
357	**3**	**600**	**65**	**39**	**76**	**117**	**459**	**547**	**275**	**681**	**539**	N
23		43	7	6	7	16	25	39	6	51	17	79
96	1	131	19	15	9	28	103	137	76	112	170	80
238	2	426	39	18	60	73	331	371	193	518	352	81
1394	**65**	**3228**	**638**	**173**	**355**	**646**	**1944**	**1503**	**1533**	**3387**	**4454**	O
445	29	900	330	81	108	224	974	696	726	872	2100	82
949	36	2328	308	92	247	422	970	807	807	2515	2354	83
275	**14**	**313**	**126**	**34**	**57**	**124**	**452**	**249**	**250**	**450**	**1024**	P
275	14	313	126	34	57	124	452	249	250	450	1024	84
167	**10**	**110**	**61**	**24**	**47**	**83**	**292**	**230**	**41**	**265**	**502**	Q
156	10	98	55	24	47	79	260	216	38	226	473	85
5		3	2			2	5	2	1	14	2	86
6		9	4			2	27	12	2	25	27	87
823	**16**	**1077**	**226**	**74**	**83**	**126**	**618**	**731**	**540**	**735**	**1442**	R
28	1	98	22	4	7	16	27	14	17	25	58	88
121	2	206	37	21	13	27	69	69	54	84	163	89
347	3	396	54	20	9	28	197	154	151	311	498	90
41		26	5	5	1	7	59	36	30	42	94	91
286	10	351	108	24	53	48	266	458	288	273	629	92

2-4 按行业(中类)、

(2012年)

行业中类	代码	企业单位数	内资企业	国有企业	集体企业	股份合作企业
总计		**8286654**	**8043201**	**159644**	**183870**	**74697**
农、林、牧、渔业	**A**	**331494**	**330196**	**4416**	**4197**	**1358**
农业	01	133787	133074	1248	1196	546
谷物及其他作物的种植	011	32540	32436	751	344	122
蔬菜、园艺作物的种植	012	54380	53982	207	413	235
水果、坚果、饮料和香料作物的种植	013	38116	37925	272	397	147
中药材的种植	014	8751	8731	18	42	42
林业	02	33299	33137	1717	1153	221
林木的培育和种植	021	31362	31206	1342	1074	208
木材和竹材的采运	022	1001	999	232	47	7
林产品的采集	023	936	932	143	32	6
畜牧业	03	101230	101005	510	533	371
牲畜的饲养	031	30833	30758	233	182	121
猪的饲养	032	35369	35309	126	169	106
家禽的饲养	033	25943	25885	77	125	105
狩猎和捕捉动物	034	148	148	1		
其他畜牧业	039	8937	8905	73	57	39
渔业	04	28515	28394	260	471	80
海洋渔业	041	7417	7353	57	175	16
内陆渔业	042	21098	21041	203	296	64
农、林、牧、渔服务业	05	34663	34586	681	844	140
农业服务业	051	27431	27377	386	668	102
林业服务业	052	2002	1996	141	43	13
畜牧服务业	053	3427	3420	112	87	17
渔业服务业	054	1803	1793	42	46	8
采矿业	**B**	**107596**	**106976**	**1859**	**4492**	**1124**
煤炭开采和洗选业	06	23241	23155	945	1558	425
烟煤和无烟煤的开采洗选	061	21592	21525	887	1477	398
褐煤的开采洗选	062	642	633	37	43	8
其他煤炭采选	069	1007	997	21	38	19
石油和天然气开采业	07	2240	2193	121	27	13
天然原油和天然气开采	071	519	498	60	5	3
与石油和天然气开采有关的服务活动	079	1721	1695	61	22	10
黑色金属矿采选业	08	18543	18456	136	497	127
铁矿采选	081	16483	16412	106	433	110
其他黑色金属矿采选	089	2060	2044	30	64	17
有色金属矿采选业	09	11903	11771	252	510	152
常用有色金属矿采选	091	8291	8196	107	216	99
贵金属矿采选	092	2272	2246	101	265	38
稀有稀土金属矿采选	093	1340	1329	44	29	15
非金属矿采选业	10	49517	49260	381	1880	390

登记注册类型分组的企业法人单位数

单位：个

国有联营企业	集体联营企业	国有与集体联营	其他联营	国有独资公司	其他有限责任公司	股份有限公司	私营独资	私营合伙	代码
2274	**5237**	**1881**	**4193**	**16572**	**1073803**	**138698**	**1691924**	**277085**	
33	**218**	**45**	**126**	**177**	**17901**	**2134**	**72676**	**8636**	A
10	76	17	43	63	7065	791	23482	2801	01
3	32	2	7	30	1758	218	2956	506	011
4	16	7	17	26	3328	333	9818	1150	012
3	26	7	17	5	1439	169	8856	905	013
	2	1	2	2	540	71	1852	240	014
8	59	13	23	30	2812	336	7448	1055	02
8	51	12	20	25	2687	307	7164	999	021
	5	1	3	4	55	15	132	35	022
	3			1	70	14	152	21	023
6	39	12	34	32	4543	568	28036	2974	03
2	12	5	10	12	1548	200	6649	911	031
1	11	3	13	13	1469	190	11443	1108	032
2	11	2	10	6	1059	128	7742	707	033
					14		35	4	034
1	5	2	1	1	453	50	2167	244	039
2	11	2	10	11	1296	179	9475	916	04
	3	1	1	6	499	59	1675	326	041
2	8	1	9	5	797	120	7800	590	042
7	33	1	16	41	2185	260	4235	890	05
5	27		12	34	1798	188	3165	612	051
1	2	1		5	174	33	287	68	052
1	4		3	2	125	22	452	95	053
			1		88	17	331	115	054
61	**122**	**23**	**117**	**238**	**11028**	**1896**	**42289**	**13158**	B
28	33	4	31	112	3566	554	6444	2786	06
27	32	2	28	102	3303	507	6001	2638	061
		1	1	9	128	18	155	32	062
1	1	1	2	1	135	29	288	116	069
2		2	3	13	469	92	395	68	07
		1		7	140	41	94	8	071
2		1	3	6	329	51	301	60	079
7	8	4	14	34	1831	301	6486	2315	08
4	7	4	11	33	1642	265	5833	2009	081
3	1		3	1	189	36	653	306	089
17	22	8	12	29	1733	342	3271	1226	09
8	19	4	8	11	1170	219	2408	925	091
7	1	3	2	8	318	78	596	172	092
2	2	1	2	10	245	45	267	129	093
7	57	4	55	48	3140	535	25130	6614	10

2-4 续表 1

行业中类	代码	企业单位数	内资企业	国有企业	集体企业	股份合作企业
土砂石开采	101	41566	41375	240	1372	326
化学矿采选	102	1720	1710	30	114	28
采盐	103	850	846	78	232	2
石棉及其他非金属矿采选	109	5381	5329	33	162	34
其他采矿业	11	2152	2141	24	20	17
其他采矿业	110	2152	2141	24	20	17
制造业	**C**	**2380700**	**2240944**	**17672**	**47921**	**22987**
农副食品加工业	13	115835	111777	1969	1976	823
谷物磨制	131	29285	29096	418	274	140
饲料加工	132	13841	13289	139	129	126
植物油加工	133	10660	10448	119	183	55
制糖	134	762	718	41	14	7
屠宰及肉类加工	135	18255	17844	1000	764	166
水产品加工	136	10352	9278	93	270	138
蔬菜、水果和坚果加工	137	15895	14860	51	129	66
其他农副食品加工	139	16785	16244	108	213	125
食品制造业	14	51877	48920	624	726	390
焙烤食品制造	141	13139	12494	132	152	88
糖果、巧克力及蜜饯制造	142	5407	5128	24	80	35
方便食品制造	143	8069	7665	105	108	49
液体乳及乳制品制造	144	2021	1863	56	30	20
罐头制造	145	3582	3298	42	47	27
调味品、发酵制品制造	146	7457	7124	111	154	72
其他食品制造	149	12202	11348	154	155	99
饮料制造业	15	40359	38890	568	1349	371
酒精制造	151	510	492	15	7	2
酒的制造	152	14734	14288	230	291	165
软饮料制造	153	14056	13214	171	330	123
精制茶加工	154	11059	10896	152	721	81
烟草制品业	16	349	345	104	25	4
烟叶复烤	161	135	134	34	3	2
卷烟制造	162	106	106	56	7	1
其他烟草制品加工	169	108	105	14	15	1
纺织业	17	137522	128007	640	1616	872
棉、化纤纺织及印染精加工	171	51350	48763	251	547	315
毛纺织和染整精加工	172	6023	5585	54	92	50
麻纺织	173	1147	1068	19	16	9
丝绢纺织及精加工	174	8251	7813	47	81	31
纺织制成品制造	175	33420	31082	133	479	242
针织品、编织品及其制品制造	176	37331	33696	136	401	225
纺织服装、鞋、帽制造业	18	113101	101584	310	1483	673

单位：个

国有联营企业	集体联营企业	国有与集体联营	其他联营	国有独资公司	其他有限责任公司	股份有限公司	私营独资	私营合伙	代码
4	44	3	48	31	2221	388	22219	5832	101
	5		2	5	254	35	523	146	102
1			2	8	111	20	121	139	103
2	8	1	3	4	554	92	2267	497	109
	2	1	2	2	289	72	563	149	11
	2	1	2	2	289	72	563	149	110
324	**1233**	**457**	**799**	**1638**	**234842**	**30082**	**711838**	**92792**	C
33	79	30	68	81	11529	1820	46734	5043	13
10	17	11	20	26	2155	307	16345	1370	131
4	5	3	6	8	1979	321	4282	505	132
1	4	1	4	8	1126	170	4830	436	133
2		1		7	171	29	157	24	134
12	31	8	18	18	1985	341	6093	849	135
	8	4	5	2	940	160	2808	477	136
	4	1	7	3	1406	239	5594	646	137
4	10	1	8	9	1767	253	6625	736	139
10	27	11	15	36	5628	881	18013	1847	14
2	6		1	7	1193	145	5120	446	141
	2	1	1	2	455	45	2145	164	142
3	6		3	7	795	136	3167	325	143
1		2	2	3	412	104	392	51	144
1	1		1	3	383	65	1114	209	145
	4	3	3	5	806	125	2951	254	146
3	8	5	4	9	1584	261	3124	398	149
19	32	6	24	42	4103	717	15382	1889	15
				1	93	14	122	15	151
4	11		11	19	1603	347	6135	576	152
12	10	4	7	17	1596	241	5017	707	153
3	11	2	6	5	811	115	4108	591	154
	1			15	70	9	33	2	16
				1	37	2	11	2	161
	1			13	15	3	3		162
				1	18	4	19		169
8	29	15	31	65	9905	1211	39293	4030	17
3	11	5	17	25	4045	529	14829	1589	171
1	2	1	3	10	500	65	1578	194	172
				5	130	20	366	45	173
2			2	5	473	85	2470	148	174
	8	5	4	11	2406	295	9462	1104	175
2	8	4	5	9	2351	217	10588	950	176
5	52	10	19	53	8703	1039	31580	3018	18

2-4 续表 2

行业中类	代码	企业单位数	内资企业	国有企业	集体企业	股份合作企业
纺织服装制造	181	104447	93644	295	1370	616
纺织面料鞋的制造	182	6220	5775	12	79	38
制帽	183	2434	2165	3	34	19
皮革、毛皮、羽毛(绒)及其制品业	19	43066	38433	108	471	367
皮革鞣制加工	191	3367	3028	15	52	47
皮革制品制造	192	33332	29358	70	354	289
毛皮鞣制及制品加工	193	4196	4024	9	39	11
羽毛(绒)加工及制品制造	194	2171	2023	14	26	20
木材加工及木、竹、藤、棕、草制品业	20	71880	70024	410	1012	353
锯材、木片加工	201	23588	23399	204	417	78
人造板制造	202	21204	20659	95	126	81
木制品制造	203	18976	18196	88	366	148
竹、藤、棕、草制品制造	204	8112	7770	23	103	46
家具制造业	21	48067	45306	102	516	246
木质家具制造	211	33822	32140	64	392	166
竹、藤家具制造	212	909	859	4	9	3
金属家具制造	213	5451	4965	23	72	39
塑料家具制造	214	818	763	3	8	3
其他家具制造	219	7067	6579	8	35	35
造纸及纸制品业	22	59381	56645	259	1424	644
纸浆制造	221	985	938	16	29	6
造纸	222	14312	13625	112	444	164
纸制品制造	223	44084	42082	131	951	474
印刷业和记录媒介的复制	23	68038	66434	1527	3405	1266
印刷	231	61718	60240	1417	3025	1129
装订及其他印刷服务活动	232	5945	5855	95	370	134
记录媒介的复制	233	375	339	15	10	3
文教体育用品制造业	24	25683	21882	83	372	180
文化用品制造	241	7285	6608	43	153	70
体育用品制造	242	6486	5364	14	61	43
乐器制造	243	1891	1662	9	34	20
玩具制造	244	8768	7102	14	115	38
游艺器材及娱乐用品制造	245	1253	1146	3	9	9
石油加工及炼焦	25	7659	7298	134	190	172
精炼石油产品的制造	251	5746	5450	99	163	85
炼焦	252	1913	1848	35	27	87
化学原料及化学制品制造业	26	114678	107226	1111	3017	1450
基础化学原料制造	261	19734	18633	286	679	285
肥料制造	262	12129	11742	210	219	123
农药制造	263	3016	2864	52	80	41
涂料、油墨、颜料及类似产品制造	264	21005	19390	94	512	293

单位：个

国有联营企业	集体联营企业	国有与集体联营	其他联营	国有独资公司	其他有限责任公司	股份有限公司	私营独资	私营合伙	代码
5	46	10	18	53	8058	991	28507	2707	181
	6		1		505	37	2260	238	182
					140	11	813	73	183
1	9	6	6	7	3193	344	12407	1289	19
	1		1		332	30	1060	180	191
1	8	5	3	7	2373	223	9137	911	192
					274	69	1524	113	193
		1	2		214	22	686	85	194
2	30	5	32	21	4669	645	33687	4182	20
2	10	2	10	9	1071	179	13843	1361	201
	3	3	6	6	1673	256	9260	1306	202
	12		7	4	1508	161	6780	791	203
	5		9	2	417	49	3804	724	204
3	18	5	9	7	4333	399	17870	1474	21
1	11	2	6	6	2874	272	13799	1061	211
					56	5	377	66	212
1	5	2	3	1	488	53	1442	144	213
	1	1			104	8	256	27	214
1	1				811	61	1996	176	219
7	26	12	13	20	5421	662	18648	2592	22
					130	24	302	60	221
4	11	1	3	12	1469	222	4311	667	222
3	15	11	10	8	3822	416	14035	1865	223
18	69	18	29	44	6649	883	21356	2651	23
17	63	16	26	39	6018	794	19321	2438	231
1	6	1	3	4	548	78	1977	209	232
		1		1	83	11	58	4	233
	9	7	6	9	1756	179	7341	685	24
	4	3	5	4	482	55	2093	215	241
		2		1	508	60	1456	155	242
				2	163	15	514	54	243
	5	2	1	1	491	42	3032	232	244
				1	112	7	246	29	245
5	7	3	6	19	1277	235	1539	200	25
3	6	3	4	12	811	165	1236	137	251
2	1		2	7	466	70	303	63	252
26	75	28	53	140	14562	2300	29683	4746	26
6	10	6	15	48	3158	509	4353	717	261
2	9	2	9	18	1860	360	3248	490	262
	3		2	5	496	108	648	70	263
3	12	2	8	10	2326	293	5637	680	264

2-4 续表 3

行业中类	代码	企业单位数	内资企业	国有企业	集体企业	股份合作企业
合成材料制造	265	8628	7680	53	166	84
专用化学产品制造	266	38577	36431	324	1106	474
日用化学产品制造	267	11589	10486	92	255	150
医药制造业	27	20606	18703	317	254	197
化学药品原药制造	271	2831	2535	42	51	30
化学药品制剂制造	272	2647	2278	69	32	18
中药饮片加工	273	2719	2591	25	35	31
中成药制造	274	3476	3187	81	46	30
兽用药品制造	275	1654	1573	38	19	26
生物、生化制品的制造	276	3907	3481	31	20	31
卫生材料及医药用品制造	277	3372	3058	31	51	31
化学纤维制造业	28	6175	5581	48	63	28
纤维素纤维原料及纤维制造	281	1253	1127	14	16	7
合成纤维制造	282	4922	4454	34	47	21
橡胶制品业	29	26458	24700	154	712	328
轮胎制造	291	2410	2236	24	53	22
橡胶板、管、带的制造	292	5066	4838	26	138	58
橡胶零件制造	293	6842	6443	29	252	104
再生橡胶制造	294	1197	1171	5	42	11
日用及医用橡胶制品制造	295	1165	1010	15	33	16
橡胶靴鞋制造	296	2351	2065	15	50	53
其他橡胶制品制造	299	7427	6937	40	144	64
塑料制品业	30	124076	115537	296	2085	1245
塑料薄膜制造	301	11132	10343	44	196	98
塑料板、管、型材的制造	302	17261	16397	70	267	139
塑料丝、绳及编织品的制造	303	11136	10822	41	317	146
泡沫塑料制造	304	5900	5547	10	118	77
塑料人造革、合成革制造	305	1419	1239	3	26	14
塑料包装箱及容器制造	306	13523	12644	27	235	139
塑料零件制造	307	15888	14626	18	201	145
日用塑料制造	308	15936	14636	34	343	258
其他塑料制品制造	309	31881	29283	49	382	229
非金属矿物制品业	31	236335	231093	1655	7392	2288
水泥、石灰和石膏的制造	311	16309	15987	416	705	202
水泥及石膏制品制造	312	53593	52862	394	1005	377
砖瓦、石材及其他建筑材料制造	313	103472	102085	426	4311	1154
玻璃及玻璃制品制造	314	20613	19439	117	351	188
陶瓷制品制造	315	12806	11991	107	193	114
耐火材料制品制造	316	12981	12687	67	502	109
石墨及其他非金属矿物制品制造	319	16561	16042	128	325	144
黑色金属冶炼及压延加工业	32	22481	21651	231	506	288

单位：个

国有联营企业	集体联营企业	国有与集体联营	其他联营	国有独资公司	其他有限责任公司	股份有限公司	私营独资	私营合伙	代码
	2	1	5	15	1115	181	1772	252	265
14	34	12	6	41	4394	661	11306	2142	266
1	5	5	8	3	1213	188	2719	395	267
8	6	10	18	32	4447	1007	2834	392	27
2	1	2	2	9	685	129	336	60	271
1		2	5	9	744	181	214	30	272
	1	2	2	3	527	104	525	84	273
	2	3	3	5	983	315	386	49	274
1			2		295	64	267	35	275
3		1	2	5	756	147	479	60	276
1	2		2	1	457	67	627	74	277
	2	1	1	8	496	101	1061	173	28
	1			3	131	35	256	32	281
	1	1	1	5	365	66	805	141	282
1	14	5	7	13	2351	313	7725	994	29
1	3	1	1	4	270	44	576	78	291
			3	3	436	85	1454	170	292
	8		2	2	486	59	2444	300	293
	1				88	15	439	83	294
				2	97	14	292	33	295
	1			2	217	25	609	96	296
	1	4	1		757	71	1911	234	299
5	42	17	28	29	11134	1063	38413	4983	30
1	2		4	5	1080	118	3411	419	301
	5	5	5	6	1852	211	4780	562	302
	7	1	2	4	1036	103	4371	517	303
	3	3	1	3	497	54	1992	273	304
			1		169	27	271	29	305
1	6	2			1216	113	4025	486	306
1	5	1	5	2	988	75	5494	843	307
	4			2	1451	115	5089	736	308
2	10	5	10	7	2845	247	8980	1118	309
45	235	39	139	158	22035	2869	101867	17468	31
13	25	12	19	46	2545	417	5051	1105	311
10	38	4	33	40	5092	637	26579	2846	312
15	138	12	70	25	7161	882	49138	11024	313
3	7	4	5	19	2297	290	5756	688	314
1	5	2	2	14	1260	185	4532	600	315
	9	2	1	3	1410	195	5234	568	316
3	13	3	9	11	2270	263	5577	637	319
4	15	4	11	38	2996	406	5587	1036	32

2-4 续表 4

行业中类	代码	企业单位数	内资企业	国有企业	集体企业	股份合作企业
炼铁	321	2660	2623	36	87	29
炼钢	322	1105	1073	17	28	10
钢压延加工	323	15149	14481	129	302	214
铁合金冶炼	324	3567	3474	49	89	35
有色金属冶炼及压延加工业	33	28090	26729	270	584	277
常用有色金属冶炼	331	7518	7279	96	129	63
贵金属冶炼	332	987	953	26	24	6
稀有稀土金属冶炼	333	1601	1528	26	34	12
有色金属合金制造	334	3310	3073	22	67	35
有色金属压延加工	335	14674	13896	100	330	161
金属制品业	34	188057	179647	684	3912	1801
结构性金属制品制造	341	63278	61490	272	1319	608
金属工具制造	342	24895	23789	95	497	208
集装箱及金属包装容器制造	343	6809	6291	59	222	81
金属丝绳及其制品的制造	344	9030	8672	52	252	80
建筑、安全用金属制品制造	345	22515	21333	61	376	203
金属表面处理及热处理加工	346	12249	11596	44	565	303
搪瓷制品制造	347	1559	1481	6	31	8
不锈钢及类似日用金属制品制造	348	18842	17529	23	242	130
其他金属制品制造	349	28880	27466	72	408	180
通用设备制造业	35	246517	237267	1503	5393	3036
锅炉及原动机制造	351	9848	9491	143	316	151
金属加工机械制造	352	36524	35250	248	631	349
起重运输设备制造	353	7824	7299	102	187	99
泵、阀门、压缩机及类似机械的制造	354	31428	29764	185	613	569
轴承、齿轮、传动和驱动部件的制造	355	15686	14864	98	216	145
烘炉、熔炉及电炉制造	356	2284	2187	10	40	27
风机、衡器、包装设备等通用设备制造	357	36319	34446	197	504	366
通用零部件制造及机械修理	358	74091	72226	372	1803	837
金属铸、锻加工	359	32513	31740	148	1083	493
专用设备制造业	36	142507	134025	1126	2181	1316
矿山、冶金、建筑专用设备制造	361	23724	22973	311	516	240
化工、木材、非金属加工专用设备制造	362	38885	35917	123	403	280
食品、饮料、烟草及饲料生产专用设备制造	363	4635	4389	56	103	96
印刷、制药、日化生产专用设备制造	364	8984	8394	48	115	102
纺织、服装和皮革工业专用设备制造	365	10567	9913	52	155	125
电子和电工机械专用设备制造	366	11655	10873	102	124	79
农、林、牧、渔专用机械制造	367	10266	9988	157	279	95
医疗仪器设备及器械制造	368	7889	6991	82	117	105
环保、社会公共安全及其他专用设备制造	369	25902	24587	195	369	194
交通运输设备制造业	37	104139	97924	1459	2516	1214

单位：个

国有联营企业	集体联营企业	国有与集体联营	其他联营	国有独资公司	其他有限责任公司	股份有限公司	私营独资	私营合伙	代码
1			2	4	335	51	947	180	321
	1		2	7	197	29	297	50	322
3	11	3	5	23	1792	235	3657	621	323
	3	1	2	4	672	91	686	185	324
9	19	12	15	52	3823	579	6625	990	33
4	4	2	6	19	1052	210	1923	357	331
2	1	1		5	158	40	192	33	332
2	4		2	4	325	53	309	70	333
1	3	5		3	425	71	700	100	334
	7	4	7	21	1863	205	3501	430	335
18	89	34	41	57	17371	1813	54438	6250	34
9	27	8	18	27	6525	734	18101	1831	341
2	11	4	3	7	1822	204	8286	809	342
	8	4	1	4	823	96	1629	164	343
2	5	3	1	3	665	66	2826	341	344
1	6	1	4	3	2057	208	6112	895	345
1	12	5	8		893	121	3890	629	346
		1			181	15	384	59	347
1	8	1	1	1	1591	138	5773	534	348
2	12	7	5	12	2814	231	7437	988	349
20	123	55	64	138	21803	2830	71948	8636	35
2	10	1	4	20	1290	187	2458	294	351
2	22	8	7	29	3504	473	9662	1151	352
2	4	2	4	15	1057	162	1502	196	353
4	11	4	6	11	2921	436	7065	1042	354
	6	5	4	6	1258	178	4662	676	355
		1			210	39	666	57	356
5	13	10	9	18	3599	405	7471	907	357
5	35	18	17	19	5637	649	24804	2853	358
	22	6	13	20	2327	301	13658	1460	359
12	58	41	28	132	16183	1987	31774	4157	36
3	14	4	8	46	3568	450	5386	595	361
3	8	9	3	19	3507	310	8868	1419	362
	2			4	511	80	1261	159	363
	1	2	5	8	1013	109	1952	272	364
	5	4	1	9	697	95	3144	432	365
	2		2	18	1608	234	1821	274	366
	11	1	3	5	1126	142	3983	342	367
3	2	2	3	2	1030	152	1156	181	368
3	13	19	3	21	3123	415	4203	483	369
25	55	26	35	181	11957	1546	26445	3825	37

2-4 续表 5

行业中类	代码	企业单位数	内资企业	国有企业	集体企业	股份合作企业
铁路运输设备制造	371	3620	3504	234	407	62
汽车制造	372	70155	65596	891	1616	839
摩托车制造	373	7916	7663	26	129	123
自行车制造	374	6358	5848	33	72	50
船舶及浮动装置制造	375	12905	12356	189	244	124
航空航天器制造	376	581	474	58	7	2
交通器材及其他交通运输设备制造	379	2604	2483	28	41	14
电气机械及器材制造业	39	141797	131527	781	2313	1510
电机制造	391	14852	13884	121	188	171
输配电及控制设备制造	392	46864	43911	295	995	665
电线、电缆、光缆及电工器材制造	393	21428	19754	127	508	251
电池制造	394	5483	4800	58	57	34
家用电力器具制造	395	17530	15986	52	169	102
非电力家用器具制造	396	5791	5517	16	47	32
照明器具制造	397	20599	18851	55	177	169
其他电气机械及器材制造	399	9250	8824	57	172	86
通信设备、计算机及其他电子设备制造业	40	75430	62817	466	560	453
通信设备制造	401	7855	6788	99	76	53
雷达及配套设备制造	402	184	177	18		4
广播电视设备制造	403	2142	1807	25	17	21
电子计算机制造	404	6416	4946	27	32	24
电子器件制造	405	11084	8870	90	69	66
电子元件制造	406	31279	25979	132	263	222
家用视听设备制造	407	4499	3510	23	34	15
其他电子设备制造	409	11971	10740	52	69	48
仪器仪表及文化、办公用机械制造业	41	33660	30288	378	651	512
通用仪器仪表制造	411	15556	14529	174	342	277
专用仪器仪表制造	412	5728	5263	107	128	80
钟表与计时仪器制造	413	2333	1740	26	57	24
光学仪器及眼镜制造	414	4827	4124	32	37	79
文化、办公用机械制造	415	2238	1789	22	32	18
其他仪器仪表的制造及修理	419	2978	2843	17	55	34
工艺品及其他制造业	42	75364	69481	279	1034	593
工艺美术品制造	421	41896	37945	140	666	390
日用杂品制造	422	10425	9444	19	132	116
煤制品制造	423	4129	4117	27	83	23
其他未列明的制造业	429	18914	17975	93	153	64
废弃资源和废旧材料回收加工业	43	11513	11203	76	183	90
金属废料和碎屑的加工处理	431	5836	5630	25	111	36
非金属废料和碎屑的加工处理	432	5677	5573	51	72	54

单位：个

国有联营企业	集体联营企业	国有与集体联营	其他联营	国有独资公司	其他有限责任公司	股份有限公司	私营独资	私营合伙	代码
2	6	1	2	16	588	82	623	81	371
15	38	14	24	90	8426	1084	18321	2718	372
	4	1	3	7	869	76	2622	330	373
		1		3	474	55	1512	208	374
6	6	8	5	22	1166	185	2800	421	375
	1			39	145	25	50	6	376
2		1	1	4	289	39	517	61	379
19	50	26	43	79	16543	1943	27271	4026	39
3	6	3	4	16	1594	214	2665	461	391
11	19	13	18	26	5799	760	7689	1312	392
2	9	3	5	12	2558	303	4726	650	393
	2	1	2	8	761	105	786	123	394
1	5	1	5	5	2049	160	3535	524	395
1	2	2	2	1	742	112	1217	135	396
	4	1	5	5	2019	179	5152	598	397
1	3	2	2	6	1021	110	1501	223	399
10	15	15	27	71	8945	1045	9776	1699	40
3	2	4	2	12	1154	165	883	153	401
				17	42	5	15	1	402
		1	1	3	238	46	335	56	403
1	2	2	2	5	748	119	478	122	404
1	1		5	11	1387	208	1005	208	405
4	6	7	9	16	3180	293	4995	779	406
1	1			4	446	46	675	111	407
	3	1	8	3	1750	163	1390	269	409
5	14	10	8	42	4055	524	5366	937	41
3	1	4	4	21	2001	283	2385	418	411
1	4	3	1	7	776	120	816	137	412
	3		1	2	156	24	394	57	413
		1	1	10	468	41	843	190	414
1	2	2		1	250	33	321	56	415
	4		1	1	404	23	607	79	419
4	24	3	20	40	7431	597	23108	3096	42
1	14	2	14	13	3473	316	13423	1342	421
	2		1	4	634	56	3107	917	422
2	2		1	1	201	31	2783	201	423
1	6	1	4	22	3123	194	3795	636	429
2	9	3	3	9	1474	135	4034	482	43
2	7	2	2	5	832	82	1687	223	431
	2	1	1	4	642	53	2347	259	432

2-4 续表 6

行业中类	代码	企业单位数	内资企业	国有企业	集体企业	股份合作企业
电力、燃气及水的生产和供应业	**D**	**68607**	**66905**	**8547**	**7171**	**1316**
电力、热力的生产和供应业	44	45614	44740	5052	3801	1047
电力生产	441	36928	36161	2524	3435	966
电力供应	442	4176	4156	2057	232	42
热力生产和供应	443	4510	4423	471	134	39
燃气生产和供应业	45	5391	4927	287	87	77
燃气生产和供应业	450	5391	4927	287	87	77
水的生产和供应业	46	17602	17238	3208	3283	192
自来水的生产和供应	461	13810	13633	2761	3123	123
污水处理及其再生利用	462	2944	2772	426	141	17
其他水的处理、利用与分配	469	848	833	21	19	52
建筑业	**E**	**391379**	**389421**	**8540**	**9803**	**2499**
房屋和土木工程建筑业	47	138448	137963	5934	6390	936
房屋工程建筑	471	81175	80943	2088	4549	582
土木工程建筑	472	57273	57020	3846	1841	354
建筑安装业	48	75762	75223	1298	1765	522
建筑安装业	480	75762	75223	1298	1765	522
建筑装饰业	49	122892	122140	465	925	733
建筑装饰业	490	122892	122140	465	925	733
其他建筑业	50	54277	54095	843	723	308
工程准备	501	14951	14909	306	247	92
提供施工设备服务	502	6239	6211	56	71	36
其他未列明的建筑活动	509	33087	32975	481	405	180
交通运输、仓储和邮政业	**F**	**239225**	**234074**	**11915**	**7200**	**2324**
铁路运输业	51	2122	2106	270	91	13
铁路旅客运输	511	179	178	47		
铁路货物运输	512	851	845	96	28	8
铁路运输辅助活动	513	1092	1083	127	63	5
道路运输业	52	115078	114045	3350	3060	1215
公路旅客运输	521	10015	9910	935	476	252
道路货物运输	522	95016	94341	1094	1761	783
道路运输辅助活动	523	10047	9794	1321	823	180
城市公共交通业	53	9248	9147	811	431	194
公共电汽车客运	531	2560	2534	443	93	50
轨道交通	532	165	149	28	4	1
出租车客运	533	5866	5814	271	288	128
城市轮渡	534	95	93	20	11	
其他城市公共交通	539	562	557	49	35	15
水上运输业	54	10336	9995	483	699	102
水上旅客运输	541	1147	1115	58	130	19
水上货物运输	542	6443	6339	218	456	59
水上运输辅助活动	543	2746	2541	207	113	24

单位：个

国有联营企业	集体联营企业	国有与集体联营	其他联营	国有独资公司	其他有限责任公司	股份有限公司	私营独资	私营合伙	代码
94	**249**	**63**	**97**	**849**	**8763**	**1973**	**13750**	**9461**	D
57	178	36	78	480	5741	1403	9258	8409	44
38	170	31	71	259	4063	1080	8402	8255	441
14	5	4	2	161	542	168	234	70	442
5	3	1	5	60	1136	155	622	84	443
8	7	1	3	51	1105	230	994	193	45
8	7	1	3	51	1105	230	994	193	450
29	64	26	16	318	1917	340	3498	859	46
27	61	22	13	223	1188	244	3026	744	461
2	2	3	1	88	602	78	284	52	462
	1	1	2	7	127	18	188	63	469
82	**248**	**73**	**247**	**1075**	**73912**	**8837**	**44447**	**9265**	E
50	138	46	110	780	30916	4354	17161	3411	47
22	86	23	73	277	19120	2879	11373	2286	471
28	52	23	37	503	11796	1475	5788	1125	472
13	46	9	55	129	13444	1474	7155	1466	48
13	46	9	55	129	13444	1474	7155	1466	480
8	29	11	52	53	19497	1996	13150	3060	49
8	29	11	52	53	19497	1996	13150	3060	490
11	35	7	30	113	10055	1013	6981	1328	50
4	12	1	9	39	2650	263	1901	363	501
1	2	1	5	9	1133	131	916	185	502
6	21	5	16	65	6272	619	4164	780	509
174	**298**	**88**	**196**	**957**	**35637**	**5426**	**33209**	**9132**	F
3	3	2	2	23	363	55	275	39	51
	1	1		3	31	3	20	2	511
2	2			14	154	33	103	16	512
1		1	2	6	178	19	152	21	513
45	160	31	113	278	18047	2839	18496	4645	52
13	35	8	31	80	2244	676	1098	701	521
16	76	13	64	97	14193	1815	15990	3489	522
16	49	10	18	101	1610	348	1408	455	523
15	17	8	14	109	2127	539	1021	310	53
7	6	6	9	60	592	156	281	93	531
				8	40	6	10	2	532
7	11	1	5	32	1358	352	656	195	533
					18	1	10	5	534
1		1		9	119	24	64	15	539
16	24	3	9	69	1663	346	1001	803	54
1	2		2	12	223	48	139	74	541
8	18	1	5	33	959	215	541	625	542
7	4	2	2	24	481	83	321	104	543

2-4 续表 7

行业中类	代码	企业单位数	内资企业	国有企业	集体企业	股份合作企业
航空运输业	55	1457	1370	177	18	19
航空客货运输	551	549	504	70	4	6
通用航空服务	552	363	356	20	7	6
航空运输辅助活动	553	545	510	87	7	7
管道运输业	56	232	214	24	2	2
管道运输业	560	232	214	24	2	2
装卸搬运和其他运输服务业	57	66133	64121	1305	1861	511
装卸搬运	571	10837	10729	268	1312	118
运输代理服务	572	55296	53392	1037	549	393
仓储业	58	23965	22497	4043	922	197
谷物、棉花等农产品仓储	581	6457	6433	3092	184	34
其他仓储	589	17508	16064	951	738	163
邮政业	59	10654	10579	1452	116	71
国家邮政	591	2254	2252	1218	52	13
其他寄递服务	599	8400	8327	234	64	58
信息传输、计算机服务和软件业	**G**	**234453**	**225635**	**3334**	**667**	**1107**
电信和其他信息传输服务业	60	38207	37276	2731	318	244
电信	601	11568	10933	1786	128	96
互联网信息服务	602	23675	23396	169	35	105
广播电视传输服务	603	2677	2666	746	151	36
卫星传输服务	604	287	281	30	4	7
计算机服务业	61	119861	118330	341	249	519
计算机系统服务	611	27966	27183	155	87	116
数据处理	612	1606	1490	24	11	5
计算机维修	613	3918	3874	17	8	39
其他计算机服务	619	86371	85783	145	143	359
软件业	62	76385	70029	262	100	344
公共软件服务	621	59946	55055	210	78	244
其他软件服务	629	16439	14974	52	22	100
批发和零售业	**H**	**2629580**	**2592732**	**38315**	**48129**	**19637**
批发业	63	1661805	1630795	23884	23374	9350
农畜产品批发	631	66117	65818	5458	2263	420
食品、饮料及烟草制品批发	632	126729	124508	5589	2025	789
纺织、服装及日用品批发	633	182605	176384	873	1312	706
文化、体育用品及器材批发	634	50279	48862	756	503	376
医药及医疗器材批发	635	43655	43061	752	287	312
矿产品、建材及化工产品批发	636	520970	516996	5845	10950	2814
机械设备、五金交电及电子产品批发	637	449715	440651	2764	3378	2857
贸易经纪与代理	638	62412	59635	609	307	286
其他批发	639	159323	154880	1238	2349	790
零售业	65	967775	961937	14431	24755	10287

单位：个

国有联营企业	集体联营企业	国有与集体联营	其他联营	国有独资公司	其他有限责任公司	股份有限公司	私营独资	私营合伙	代码
4			1	33	300	63	92	20	55
				11	95	25	22	7	551
2				5	83	14	38	5	552
2			1	17	122	24	32	8	553
1		1		1	57	13	28	4	56
1		1		1	57	13	28	4	560
44	45	15	31	141	8596	978	7366	2133	57
7	29	2	11	15	1308	181	2194	583	571
37	16	13	20	126	7288	797	5172	1550	572
28	35	22	17	273	3151	418	3564	927	58
9	7	2	4	194	522	102	962	136	581
19	28	20	13	79	2629	316	2602	791	589
18	14	6	9	30	1333	175	1366	251	59
15	6	2	2	20	141	21	110	24	591
3	8	4	7	10	1192	154	1256	227	599
64	**43**	**33**	**113**	**310**	**26151**	**3645**	**65867**	**8253**	**G**
40	16	13	63	205	4861	1389	8895	1165	60
24	9	10	18	117	1648	763	1203	203	601
3	3	3	42	19	2582	366	7462	926	602
11	4		3	64	562	251	194	32	603
2				5	69	9	36	4	604
6	18	16	33	51	9521	1053	53182	5826	61
2	9	8	10	26	4467	411	2147	521	611
				2	308	25	142	30	612
				3	437	53	666	116	613
4	9	8	23	20	4309	564	50227	5159	619
18	9	4	17	54	11769	1203	3790	1262	62
17	6	4	13	43	9251	941	2793	952	621
1	3		4	11	2518	262	997	310	629
666	**1462**	**519**	**1403**	**2537**	**351703**	**36644**	**453213**	**64809**	**H**
336	698	284	679	1789	220566	20915	216812	36326	63
46	71	22	42	293	8172	1207	14825	1752	631
38	59	28	74	409	16517	1889	18377	3293	632
19	31	16	48	96	20314	1702	18786	3292	633
11	19	11	21	71	6323	653	5070	1127	634
12	13	6	40	37	7642	958	4919	938	635
112	281	79	224	513	73502	7030	77729	11715	636
64	127	66	139	200	59622	5155	43642	9579	637
8	10	11	26	86	7420	778	6794	1194	638
26	87	45	65	84	21054	1543	26670	3436	639
330	764	235	724	748	131137	15729	236401	28483	65

2-4 续表 8

行业中类	代码	企业单位数	内资企业	国有企业	集体企业	股份合作企业
综合零售	651	117396	116264	2263	10908	1262
食品、饮料及烟草制品专门零售	652	78654	78104	3229	2298	1015
纺织、服装及日用品专门零售	653	93424	92147	733	1995	999
文化、体育用品及器材专门零售	654	56481	56091	2320	1218	1108
医药及医疗器材专门零售	655	84019	83840	1166	1069	971
汽车、摩托车、燃料及零配件专门零售	656	134892	134127	2329	2474	1222
家用电器及电子产品专门零售	657	153649	153110	470	752	1351
五金、家具及室内装修材料专门零售	658	122377	121950	691	1988	1373
无店铺及其他零售	659	126883	126304	1230	2053	986
住宿和餐饮业	**I**	**181011**	**175806**	**8662**	**6130**	**2440**
住宿业	66	64861	63257	6724	3967	993
旅游饭店	661	23278	22045	3175	867	274
一般旅馆	662	36538	36231	3138	2762	645
其他住宿服务	669	5045	4981	411	338	74
餐饮业	67	116150	112549	1938	2163	1447
正餐服务	671	92977	90561	1635	1733	1091
快餐服务	672	8175	7561	95	116	138
饮料及冷饮服务	673	4868	4623	26	49	86
其他餐饮服务	679	10130	9804	182	265	132
金融业	**J**	**63712**	**61968**	**5911**	**2125**	**2229**
银行业	68	13447	13031	3312	1860	1461
中央银行	681	199	198	108	1	8
商业银行	682	11012	10628	2508	1694	1313
其他银行	689	2236	2205	696	165	140
证券业	69	5052	4953	196	9	39
证券市场管理	691	580	579	17		6
证券经纪与交易	692	1386	1322	127	5	15
证券投资	693	2174	2152	45	4	14
证券分析与咨询	694	912	900	7		4
保险业	70	14281	13479	1022	73	412
人寿保险	701	5527	5057	484	34	198
非人寿保险	702	5405	5148	477	33	175
保险辅助服务	703	3349	3274	61	6	39
其他金融活动	71	30932	30505	1381	183	317
金融信托与管理	711	3859	3828	154	31	63
金融租赁	712	1020	819	23	5	2
财务公司	713	1462	1449	44	7	6
邮政储蓄	714	1200	1200	638	10	14
典当	715	5616	5613	50	28	70
其他未列明的金融活动	719	17775	17596	472	102	162

单位：个

国有联营企业	集体联营企业	国有与集体联营	其他联营	国有独资公司	其他有限责任公司	股份有限公司	私营独资	私营合伙	代码
33	215	32	118	76	15913	2121	29900	3313	651
32	66	15	45	147	9574	1139	18767	2161	652
17	60	9	43	32	10812	1219	24626	2504	653
21	37	7	25	166	7303	888	10767	1550	654
56	91	29	189	59	9372	1511	33949	2893	655
124	125	103	106	123	21955	3116	35966	4402	656
7	29	12	60	44	22513	2367	26818	4433	657
10	71	3	47	28	16438	1511	28836	3462	658
30	70	25	91	73	17257	1857	26772	3765	659
92	**184**	**67**	**133**	**329**	**22012**	**3042**	**55784**	**7961**	**I**
77	112	42	52	236	9400	1485	16236	3044	66
39	25	18	15	143	4978	733	3430	675	661
33	72	23	31	81	3760	652	11503	2148	662
5	15	1	6	12	662	100	1303	221	669
15	72	25	81	93	12612	1557	39548	4917	67
14	53	24	70	81	10359	1297	32792	3874	671
1	8		2	3	752	93	2582	323	672
	3		2		421	47	1545	301	673
	8	1	7	9	1080	120	2629	419	679
86	**58**	**48**	**50**	**525**	**10362**	**11974**	**4256**	**1764**	**J**
36	32	28	16	68	555	3904	260	35	68
1				3	5	47	6		681
21	26	23	11	54	366	3483	171	22	682
14	6	5	5	11	184	374	83	13	689
4	4	2	3	60	1147	426	631	317	69
1				4	46	35	334	41	691
3	2	2		16	431	300	57	44	692
	1		2	33	434	74	177	188	693
	1		1	7	236	17	63	44	694
16	11	6	7	63	1701	6100	593	137	70
7	4	3	5	30	421	2710	195	33	701
6	6	2		25	393	3129	171	14	702
3	1	1	2	8	887	261	227	90	703
30	11	12	24	334	6959	1544	2772	1275	71
4	2	1	1	60	735	191	390	255	711
1			2	9	166	44	118	42	712
2		1		24	347	59	134	41	713
8			1	44	155	107	31	7	714
5	2	5	9	5	1726	206	577	130	715
10	7	5	11	192	3830	937	1522	800	719

2-4 续表 9

行业中类	代码	企业单位数	内资企业	国有企业	集体企业	股份合作企业
房地产业	**K**	**349865**	**339210**	**12335**	**11254**	**3031**
房地产业	72	349865	339210	12335	11254	3031
房地产开发经营	721	165020	157590	4869	1761	962
物业管理	722	90909	89258	3002	2815	888
房地产中介服务	723	56912	56298	728	556	380
其他房地产活动	729	37024	36064	3736	6122	801
租赁和商务服务业	**L**	**729986**	**711427**	**16052**	**20668**	**6742**
租赁业	73	41132	40827	464	505	385
机械设备租赁	731	39798	39515	415	458	363
文化及日用品出租	732	1334	1312	49	47	22
商务服务业	74	688854	670600	15588	20163	6357
企业管理服务	741	144683	141001	6523	11168	1299
法律服务	742	10215	10186	206	192	113
咨询与调查	743	195124	183611	1743	1472	1743
广告业	744	142063	141487	1160	539	866
知识产权服务	745	5548	5468	103	37	48
职业中介服务	746	33449	33328	899	1078	282
市场管理	747	18734	18601	893	3194	303
旅行社	748	30338	30183	1678	529	479
其他商务服务	749	108700	106735	2383	1954	1224
科学研究、技术服务和地质勘查业	**M**	**242723**	**235558**	**9780**	**4249**	**2699**
研究与试验发展	75	34626	32515	847	333	417
自然科学研究与试验发展	751	4009	3859	103	26	35
工程和技术研究与试验发展	752	20342	19137	480	166	165
农业科学研究与试验发展	753	4445	4356	168	80	43
医学研究与试验发展	754	5369	4716	78	56	155
社会人文科学研究与试验发展	755	461	447	18	5	19
专业技术服务业	76	123192	120302	6565	2354	1348
气象服务	761	1227	1218	284	102	10
地震服务	762	115	112	18	8	3
海洋服务	763	313	299	20	6	
测绘服务	764	4341	4333	406	194	59
技术检测	765	10767	10494	1164	492	181
环境监测	766	1964	1943	108	43	36
工程技术与规划管理	767	55310	54426	3814	1008	585
其他专业技术服务	769	49155	47477	751	501	474
科技交流和推广服务业	77	81135	79032	1827	1487	894
技术推广服务	771	57845	56192	1246	1110	675
科技中介服务	772	7379	7215	308	191	114
其他科技服务	779	15911	15625	273	186	105
地质勘查业	78	3770	3709	541	75	40
矿产地质勘查	781	1763	1720	228	34	19
基础地质勘查	782	509	507	124	16	5
地质勘查技术服务	783	1498	1482	189	25	16

单位：个

国有联营企业	集体联营企业	国有与集体联营	其他联营	国有独资公司	其他有限责任公司	股份有限公司	私营独资	私营合伙	代码
164	**200**	**117**	**179**	**1917**	**92745**	**10770**	**26686**	**6326**	K
164	200	117	179	1917	92745	10770	26686	6326	72
64	57	50	67	1230	55940	6207	7977	1718	721
47	77	30	68	391	21866	2648	8256	1657	722
11	16	5	30	52	8855	1119	7888	2264	723
42	50	32	14	244	6084	796	2565	687	729
188	**372**	**160**	**341**	**3881**	**110598**	**12063**	**71304**	**26630**	L
10	17	7	9	58	6178	751	6950	1498	73
10	16	7	8	54	6006	734	6747	1458	731
	1		1	4	172	17	203	40	732
178	355	153	332	3823	104420	11312	64354	25132	74
59	125	56	75	2782	24783	2673	8451	5001	741
	2	1	12	10	530	73	1351	4238	742
20	36	23	57	194	27191	2377	15558	6534	743
14	20	13	39	161	20972	2211	16760	3844	744
		3	2	14	754	66	460	457	745
18	15	2	22	84	4983	594	4958	1005	746
10	75	16	33	94	3002	493	2312	661	747
24	23	11	33	153	5804	1213	3454	859	748
33	59	28	59	331	16401	1612	11050	2533	749
104	**150**	**63**	**114**	**807**	**38177**	**4633**	**17765**	**4579**	M
12	15	12	17	66	5125	597	2691	656	75
3		2	1	6	670	83	342	74	751
2	7	5	10	46	2713	316	1184	323	752
3	5	3	3	7	785	101	678	104	753
4	2	1	2	6	885	86	423	141	754
	1	1	1	1	72	11	64	14	755
54	78	33	64	564	21894	2915	9366	2629	76
		1		15	183	25	60	12	761
	1			1	8	5	13	4	762
1				2	45	6	21	2	763
	3	3	3	29	725	143	405	142	764
21	19	7	8	74	2101	402	1008	231	765
3	1		3	9	324	58	164	46	766
24	35	16	29	362	10625	1598	3890	1209	767
5	19	6	21	72	7883	678	3805	983	769
32	54	15	32	138	10332	995	5421	1218	77
27	43	12	23	99	7189	672	3520	794	771
4	7	1	2	24	1023	102	760	176	772
1	4	2	7	15	2120	221	1141	248	779
6	3	3	1	39	826	126	287	76	78
4		1		22	395	67	143	30	781
	1	2		5	91	17	37	13	782
2	2		1	12	340	42	107	33	783

2-4 续表 10

行业中类	代码	企业单位数	内资企业	国有企业	集体企业	股份合作企业
水利、环境和公共设施管理业	N	**38723**	**38185**	**2946**	**1620**	**386**
水利管理业	79	3244	3229	661	289	23
防洪管理	791	295	295	63	21	3
水资源管理	792	1350	1342	348	153	9
其他水利管理	799	1599	1592	250	115	11
环境管理业	80	8881	8682	665	318	99
自然保护	801	829	812	63	18	17
环境治理	802	8052	7870	602	300	82
公共设施管理业	81	26598	26274	1620	1013	264
市政公共设施管理	811	3744	3691	515	212	24
城市绿化管理	812	14655	14596	435	290	147
游览景区管理	813	8199	7987	670	511	93
居民服务和其他服务业	O	**177802**	**176014**	**2591**	**4636**	**2749**
居民服务业	82	72001	71191	1085	2026	1323
家庭服务	821	7950	7929	37	119	90
托儿所	822	460	458	7	8	3
洗染服务	823	2765	2716	32	62	74
理发及美容保健服务	824	17741	17432	51	172	471
洗浴服务	825	9973	9859	112	236	183
婚姻服务	826	4330	4297	44	81	50
殡葬服务	827	2188	2152	242	357	42
摄影扩印服务	828	7978	7834	123	199	216
其他居民服务	829	18616	18514	437	792	194
其他服务业	83	105801	104823	1506	2610	1426
修理与维护	831	45238	44922	614	1309	870
清洁服务	832	19379	19255	132	315	185
其他未列明的服务	839	41184	40646	760	986	371
教育	P	**33746**	**33422**	**1295**	**1003**	**616**
教育	84	33746	33422	1295	1003	616
学前教育	841	5710	5673	132	204	29
初等教育	842	748	743	54	25	12
中等教育	843	1433	1420	102	36	28
高等教育	844	295	289	34	6	6
其他教育	849	25560	25297	973	732	541
卫生、社会保障和社会福利业	Q	**19103**	**18950**	**1298**	**1236**	**453**
卫生	85	17550	17415	1063	1048	436
医院	851	6229	6154	468	185	218

单位：个

国有联营企业	集体联营企业	国有与集体联营	其他联营	国有独资公司	其他有限责任公司	股份有限公司	私营独资	私营合伙	代码
37	**61**	**23**	**31**	**627**	**6958**	**1079**	**4534**	**905**	N
12	9	2	3	92	536	78	339	65	79
				12	50	4	33	2	791
7	5	2	1	47	206	40	116	34	792
5	4		2	33	280	34	190	29	799
8	9	9	6	146	1555	227	955	225	80
2	3	3		8	118	20	128	24	801
6	6	6	6	138	1437	207	827	201	802
17	43	12	22	389	4867	774	3240	615	81
3	4	3	2	170	740	86	307	50	811
5	16	3	7	59	2652	318	1733	318	812
9	23	6	13	160	1475	370	1200	247	813
41	**201**	**52**	**92**	**205**	**20207**	**2561**	**44745**	**6923**	O
17	84	29	41	72	6699	1007	22056	3245	82
	4	1	3	7	963	121	1573	309	821
1					14	2	199	28	822
1	1		1	1	257	43	776	94	823
1	8		3	3	1032	141	7261	956	824
1	9	3	7	6	680	124	4277	653	825
	3		2	1	420	63	983	183	826
5	17	20	12	14	267	56	329	80	827
1	10		7	4	693	122	2637	284	828
7	32	5	6	36	2373	335	4021	658	829
24	117	23	51	133	13508	1554	22689	3678	83
8	45	10	21	27	4950	686	13537	1919	831
3	10	2	13	26	2550	296	3055	675	832
13	62	11	17	80	6008	572	6097	1084	839
20	**52**	**19**	**68**	**39**	**3251**	**529**	**8527**	**1923**	P
20	52	19	68	39	3251	529	8527	1923	84
3	7	1	16		191	30	2457	330	841
	3			1	30	4	289	58	842
1	3	1	9	2	95	33	387	86	843
			3		31		44	12	844
16	39	17	40	36	2904	462	5350	1437	849
9	**33**	**8**	**29**	**25**	**1137**	**237**	**6892**	**1543**	Q
9	26	5	25	18	1016	216	6586	1496	85
1	13		6	8	471	117	1981	631	851

2-4 续表 11

行业中类	代码	企业单位数	内资企业	国有企业	集体企业	股份合作企业
卫生院及社区医疗活动	852	2047	2043	271	253	15
门诊部医疗活动	853	7289	7259	170	484	168
计划生育技术服务活动	854	217	216	38	30	
妇幼保健活动	855	119	117	12	5	3
专科疾病防治活动	856	341	338	8	16	7
疾病预防控制及防疫活动	857	180	180	32	29	3
其他卫生活动	859	1128	1108	64	46	22
社会保障业	86	426	426	100	80	5
社会保障业	860	426	426	100	80	5
社会福利业	87	1127	1109	135	108	12
提供住宿的社会福利	871	812	799	67	55	11
不提供住宿的社会福利	872	315	310	68	53	1
文化、体育和娱乐业	**R**	**66949**	**65778**	**4176**	**1369**	**1000**
新闻出版业	88	3841	3819	1491	156	43
新闻业	881	232	232	43	4	4
出版业	882	3609	3587	1448	152	39
广播、电视、电影和音像业	89	10007	9867	1548	336	114
广播	891	486	482	53	21	6
电视	892	2496	2474	294	66	33
电影	893	5096	4997	1142	231	55
音像制作	894	1929	1914	59	18	20
文化艺术业	90	20521	20377	679	334	408
文艺创作与表演	901	4595	4567	220	77	60
艺术表演场馆	902	555	545	115	24	5
图书馆与档案馆	903	211	210	39	37	2
文物及文化保护	904	359	358	42	16	5
博物馆	905	213	208	27	9	4
烈士陵园、纪念馆	906	54	54	4	10	1
群众文化活动	907	2174	2160	109	74	50
文化艺术经纪代理	908	3631	3597	40	22	99
其他文化艺术	909	8729	8678	83	65	182
体育	91	2891	2787	138	64	59
体育组织	911	1011	982	44	18	27
体育场馆	912	827	790	66	31	13
其他体育	919	1053	1015	28	15	19
娱乐业	92	29689	28928	320	479	376
室内娱乐活动	921	18973	18725	127	278	199
游乐园	922	956	906	44	35	15
休闲健身娱乐活动	923	6457	6076	91	98	129
其他娱乐活动	929	3303	3221	58	68	33

单位：个

国有联营企业	集体联营企业	国有与集体联营	其他联营	国有独资公司	其他有限责任公司	股份有限公司	私营独资	私营合伙	代码
2	4	1	5	4	65	21	685	117	852
3	5	2	11	2	302	44	3442	658	853
1	2				4		60	11	854
		1			13	1	29	5	855
			1	1	18	4	144	16	856
					13	1	28	4	857
2	2	1	2	3	130	28	217	54	859
	2		1	2	40	14	60	3	86
	2		1	2	40	14	60	3	860
	5	3	3	5	81	7	246	44	87
	3	2	1	3	62	6	217	38	871
	2	1	2	2	19	1	29	6	872
35	**53**	**23**	**58**	**436**	**8419**	**1173**	**14142**	**3025**	**R**
13	3	2	6	140	652	83	210	48	88
1	1			6	37	7	28	8	881
12	2	2	6	134	615	76	182	40	882
9	6	7	10	118	1736	295	829	192	89
			2	8	65	16	100	24	891
1	1	3	1	28	447	102	117	26	892
6	4	3	7	73	904	138	376	89	893
2	1	1		9	320	39	236	53	894
6	14	5	19	130	2909	335	2510	500	90
2	4	2	2	71	624	74	879	175	901
	1	1	3	16	92	9	77	9	902
					21	2	17	4	903
	1	1		10	62	16	46	4	904
1	1			4	42	5	35	5	905
	1			1	5		10	2	906
2	2		6	5	234	35	267	49	907
	1		3	7	578	72	298	77	908
1	3	1	5	16	1251	122	881	175	909
1	3		3	18	453	51	400	106	91
1	2		1	5	177	20	113	29	911
	1		2	8	114	11	169	47	912
				5	162	20	118	30	919
6	27	9	20	30	2669	409	10193	2179	92
3	15	1	9	9	1386	232	7535	1629	921
	3	3	4	7	134	36	179	42	922
	6	3	5	8	786	92	1495	334	923
3	3	2	2	6	363	49	984	174	929

2-4 续表 12

行业中类	代码	私营有限责任公司	私营股份有限公司	其他	港、澳、台商投资企业	与港、澳、台商合资经营
总计		**3748157**	**200552**	**464614**	**112602**	**26550**
农、林、牧、渔业	A	**53919**	**5119**	**159241**	**732**	**148**
农业	01	21386	1855	72495	433	84
谷物及其他作物的种植	011	4493	448	20766	61	12
蔬菜、园艺作物的种植	012	10569	844	27015	231	46
水果、坚果、饮料和香料作物的种植	013	4802	395	20485	131	21
中药材的种植	014	1522	168	4229	10	5
林业	02	7976	783	9503	90	15
林木的培育和种植	021	7620	745	8944	86	15
木材和竹材的采运	022	204	18	241	2	
林产品的采集	023	152	20	318	2	
畜牧业	03	13649	1488	48210	95	22
牲畜的饲养	031	4207	544	16122	27	5
猪的饲养	032	4714	462	15481	32	8
家禽的饲养	033	3358	338	12215	24	5
狩猎和捕捉动物	034	24	4	66		
其他畜牧业	039	1346	140	4326	12	4
渔业	04	5437	422	9822	73	16
海洋渔业	041	1904	134	2497	38	8
内陆渔业	042	3533	288	7325	35	8
农、林、牧、渔服务业	05	5471	571	19211	41	11
农业服务业	051	4374	448	15558	29	9
林业服务业	052	457	63	708	2	
畜牧服务业	053	342	42	2116	2	2
渔业服务业	054	298	18	829	8	
采矿业	B	**24185**	**2952**	**3432**	**296**	**126**
煤炭开采和洗选业	06	5516	588	565	40	19
烟煤和无烟煤的开采洗选	061	5106	522	495	28	15
褐煤的开采洗选	062	157	24	20	7	2
其他煤炭采选	069	253	42	50	5	2
石油和天然气开采业	07	804	89	95	18	3
天然原油和天然气开采	071	103	10	26	12	1
与石油和天然气开采有关的服务活动	079	701	79	69	6	2
黑色金属矿采选业	08	5519	681	496	46	20
铁矿采选	081	4940	597	418	42	18
其他黑色金属矿采选	089	579	84	78	4	2
有色金属矿采选业	09	3416	428	353	55	30
常用有色金属矿采选	091	2429	313	260	45	26
贵金属矿采选	092	541	67	49	7	2
稀有稀土金属矿采选	093	446	48	44	3	2
非金属矿采选业	10	8202	1060	1757	134	53

单位：个

与港、澳、台商合作经营	港、澳、台商独资	港、澳、台商投资股份有限公司	其他港、澳、台商投资	外商投资企业	中外合资经营	中外合作经营	外资企业	外商投资股份有限公司	其他外商投资	代码
4341	**78063**	**3225**	**423**	**130851**	**37404**	**4220**	**84994**	**3444**	**789**	
31	**477**	**46**	**30**	**566**	**167**	**39**	**313**	**41**	**6**	A
16	281	32	20	280	75	24	152	24	5	01
2	38	2	7	43	13	4	21	5		011
9	152	19	5	167	43	16	92	11	5	012
5	87	10	8	60	13	3	37	7		013
	4	1		10	6	1	2	1		014
2	66	3	4	72	19	3	44	6		02
1	63	3	4	70	18	3	43	6		021
	2									022
1	1			2	1		1			023
8	55	9	1	130	40	6	77	7		03
2	16	4		48	8	1	35	4		031
2	20	2		28	7	1	19	1		032
4	13	1	1	34	17	3	13	1		033
										034
	6	2		20	8	1	10	1		039
3	49		5	48	19	5	19	4	1	04
1	24		5	26	12	3	10	1		041
2	25			22	7	2	9	3	1	042
2	26	2		36	14	1	21			05
2	16	2		25	8	1	16			051
	2			4	3		1			052
				5	2		3			053
	8			2	1		1			054
21	**134**	**14**	**1**	**324**	**150**	**40**	**105**	**27**	**2**	B
3	17		1	46	27	4	10	5		06
3	10			39	24	4	6	5		061
	5			2	2					062
	2		1	5	1		4			069
4	9	2		29	12	5	10		2	07
3	6	2		9		3	5		1	071
1	3			20	12	2	5		1	079
3	19	4		41	18	5	15	3		08
2	18	4		29	10	3	13	3		081
1	1			12	8	2	2			089
2	20	3		77	41	18	13	5		09
2	15	2		50	31	7	10	2		091
	4	1		19	4	11	2	2		092
	1			8	6		1	1		093
9	68	4		123	48	8	54	13		10

2-4 续表 13

行业中类	代码	私营有限责任公司	私营股份有限公司	其他	港、澳、台商投资企业	与港、澳、台商合资经营
土砂石开采	101	6294	846	1507	104	32
化学矿采选	102	461	57	50	2	2
采盐	103	107	5	20	1	1
石棉及其他非金属矿采选	109	1340	152	180	27	18
其他采矿业	11	728	106	166	3	1
其他采矿业	110	728	106	166	3	1
制造业	**C**	**964182**	**49064**	**65113**	**68076**	**17147**
农副食品加工业	13	33188	2415	5989	1390	564
谷物磨制	131	6135	451	1417	70	20
饲料加工	132	4875	389	518	207	101
植物油加工	133	2773	244	494	71	30
制糖	134	211	23	31	16	12
屠宰及肉类加工	135	5420	401	738	190	69
水产品加工	136	3742	203	428	333	145
蔬菜、水果和坚果加工	137	5124	311	1279	315	122
其他农副食品加工	139	4908	393	1084	188	65
食品制造业	14	17258	1225	2229	1201	367
焙烤食品制造	141	4381	277	544	310	74
糖果、巧克力及蜜饯制造	142	1810	113	251	143	29
方便食品制造	143	2373	181	407	166	56
液体乳及乳制品制造	144	658	56	76	35	10
罐头制造	145	1175	63	167	103	46
调味品、发酵制品制造	146	2176	172	288	122	32
其他食品制造	149	4685	363	496	322	120
饮料制造业	15	11116	910	2362	559	196
酒精制造	151	183	17	23	7	3
酒的制造	152	4125	358	413	141	53
软饮料制造	153	4167	359	453	307	122
精制茶加工	154	2641	176	1473	104	18
烟草制品业	16	44		38	3	2
烟叶复烤	161	16		26	1	1
卷烟制造	162	4		3		
其他烟草制品加工	169	24		9	2	1
纺织业	17	65102	2347	2843	5545	1723
棉、化纤纺织及印染精加工	171	24653	874	1070	1645	594
毛纺织和染整精加工	172	2813	111	111	276	96
麻纺织	173	374	43	41	48	19
丝绢纺织及精加工	174	4179	167	123	274	126
纺织制成品制造	175	15436	646	851	1143	351
针织品、编织品及其制品制造	176	17647	506	647	2159	537
纺织服装、鞋、帽制造业	18	49332	2075	3232	6199	1321

单位：个

与港、澳、台商合作经营	港、澳、台商独资	港、澳、台商投资股份有限公司	其他港、澳、台商投资	外商投资企业	中外合资经营	中外合作经营	外资企业	外商投资股份有限公司	其他外商投资	代码
6	62	4		87	28	7	43	9		101
				8	4		3	1		102
				3			3			103
3	6			25	16	1	5	3		109
	1	1		8	4		3	1		11
	1	1		8	4		3	1		110
2325	**46849**	**1603**	**152**	**71680**	**24613**	**2019**	**43537**	**1285**	**226**	**C**
63	723	37	3	2668	1275	110	1232	47	4	13
5	41	3	1	119	66	3	44	5	1	131
7	89	9	1	345	154	19	165	7		132
1	38	2		141	68	2	69	2		133
	4			28	13		12	3		134
14	101	6		221	119	8	89	4	1	135
20	159	8	1	741	389	51	293	7	1	136
11	175	7		720	319	19	371	11		137
5	116	2		353	147	8	189	8	1	139
45	753	35	1	1756	622	72	1012	43	7	14
11	223	2		335	80	17	226	11	1	141
7	102	5		136	27	9	95	3	2	142
5	101	4		238	85	13	136	4		143
1	22	2		123	58	1	50	12	2	144
5	48	4		181	95	9	72	5		145
5	79	6		211	79	6	126			146
11	178	12	1	532	198	17	307	8	2	149
24	317	21	1	910	445	33	394	37	1	15
	4			11	5	1	5			151
11	71	6		305	131	9	148	17		152
9	166	9	1	535	286	22	209	17	1	153
4	76	6		59	23	1	32	3		154
	1			1	1					16
										161
										162
	1			1	1					169
204	3516	93	9	3970	1674	114	2120	48	14	17
56	960	33	2	942	399	31	488	18	6	171
9	166	5		162	90	5	66	1		172
2	27			31	15	2	14			173
5	138	4	1	164	88	1	72	2	1	174
33	729	28	2	1195	422	26	732	12	3	175
99	1496	23	4	1476	660	49	748	15	4	176
179	4557	137	5	5318	1936	161	3111	81	29	18

2-4 续表 14

行业中类	代码	私营有限责任公司	私营股份有限公司	其他	港、澳、台商投资企业	与港、澳、台商合资经营
纺织服装制造	181	46139	1936	2893	5812	1253
纺织面料鞋的制造	182	2231	109	259	255	37
制帽	183	962	30	80	132	31
皮革、毛皮、羽毛(绒)及其制品业	19	18438	829	958	2705	499
皮革鞣制加工	191	1124	85	101	205	61
皮革制品制造	192	14713	589	675	2343	376
毛皮鞣制及制品加工	193	1742	113	130	82	27
羽毛(绒)加工及制品制造	194	859	42	52	75	35
木材加工及木、竹、藤、棕、草制品业	20	20554	1314	3108	916	294
锯材、木片加工	201	4314	380	1519	82	22
人造板制造	202	6815	400	629	301	122
木制品制造	203	7387	401	543	356	97
竹、藤、棕、草制品制造	204	2038	133	417	177	53
家具制造业	21	18028	805	1491	1410	250
木质家具制造	211	11936	568	982	843	140
竹、藤家具制造	212	254	21	64	31	7
金属家具制造	213	2415	87	190	261	55
塑料家具制造	214	313	20	19	34	1
其他家具制造	219	3110	109	236	241	47
造纸及纸制品业	22	24479	1103	1335	1675	399
纸浆制造	221	304	21	46	23	5
造纸	222	5509	316	380	421	155
纸制品制造	223	18666	766	909	1231	239
印刷业和记录媒介的复制	23	25489	1221	1809	1041	287
印刷	231	23288	1084	1565	963	257
装订及其他印刷服务活动	232	2082	123	224	57	22
记录媒介的复制	233	119	14	20	21	8
文教体育用品制造业	24	10375	394	486	2246	326
文化用品制造	241	3245	121	115	359	77
体育用品制造	242	2838	100	126	570	92
乐器制造	243	762	43	46	83	25
玩具制造	244	2835	113	181	1174	122
游艺器材及娱乐用品制造	245	695	17	18	60	10
石油加工及炼焦	25	3097	240	174	131	56
精炼石油产品的制造	251	2420	172	134	106	44
炼焦	252	677	68	40	25	12
化学原料及化学制品制造业	26	44243	2927	2865	3259	1026
基础化学原料制造	261	7529	563	469	427	211
肥料制造	262	4337	417	438	154	60
农药制造	263	1160	96	103	66	29
涂料、油墨、颜料及类似产品制造	264	8656	443	421	812	191

单位：个

与港、澳、台商合作经营	港、澳、台商独资	港、澳、台商投资股份有限公司	其他港、澳、台商投资	外商投资企业	中外合资经营	中外合作经营	外资企业	外商投资股份有限公司	其他外商投资	代码
166	4264	125	4	4991	1846	151	2896	72	26	181
5	204	8	1	190	53	4	124	8	1	182
8	89	4		137	37	6	91	1	2	183
89	2021	90	6	1928	584	66	1224	49	5	19
13	126	5		134	52	8	69	5		191
73	1809	81	4	1631	442	54	1087	43	5	192
1	51	2	1	90	48	1	40	1		193
2	35	2	1	73	42	3	28			194
44	551	25	2	940	357	41	519	18	5	20
3	54	3		107	34	2	70		1	201
7	163	9		244	101	14	122	7		202
15	233	9	2	424	144	15	254	8	3	203
19	101	4		165	78	10	73	3	1	204
54	1071	32	3	1351	410	27	891	19	4	21
37	652	14		839	257	20	551	10	1	211
	22	2		19	4	1	13	1		212
5	193	7	1	225	77	3	141	4		213
1	28	2	2	21	6		15			214
11	176	7		247	66	3	171	4	3	219
68	1178	27	3	1061	382	49	610	15	5	22
1	16	1		24	11		12	1		221
16	241	8	1	266	129	14	115	4	4	222
51	921	18	2	771	242	35	483	10	1	223
65	652	34	3	563	222	34	293	13	1	23
58	613	32	3	515	202	31	268	13	1	231
3	31	1		33	13	2	18			232
4	8	1		15	7	1	7			233
92	1765	56	7	1555	415	50	1054	32	4	24
10	261	9	2	318	101	10	199	7	1	241
16	446	15	1	552	110	16	417	8	1	242
6	50	2		146	50	3	90	3		243
57	963	28	4	492	135	20	321	14	2	244
3	45	2		47	19	1	27			245
7	61	6	1	230	122	10	93	3	2	25
5	52	4	1	190	93	9	86	1	1	251
2	9	2		40	29	1	7	2	1	252
106	2034	86	7	4193	1671	139	2284	81	18	26
18	183	13	2	674	337	23	294	19	1	261
5	81	7	1	233	113	12	95	11	2	262
3	27	6	1	86	48	2	32	3	1	263
21	582	17	1	803	303	27	454	16	3	264

2-4 续表 15

行业中类	代码	私营有限责任公司	私营股份有限公司	其他	港、澳、台商投资企业	与港、澳、台商合资经营
合成材料制造	265	3622	197	215	409	121
专用化学产品制造	266	14045	898	974	873	294
日用化学产品制造	267	4894	313	245	518	120
医药制造业	27	7965	652	564	753	396
化学药品原药制造	271	1035	83	68	113	76
化学药品制剂制造	272	845	74	54	146	66
中药饮片加工	273	1066	92	94	47	20
中成药制造	274	1083	123	78	160	98
兽用药品制造	275	722	64	40	20	15
生物、生化制品的制造	276	1710	120	116	143	62
卫生材料及医药用品制造	277	1504	96	114	124	59
化学纤维制造业	28	3364	114	121	331	139
纤维素纤维原料及纤维制造	281	571	25	36	60	19
合成纤维制造	282	2793	89	85	271	120
橡胶制品业	29	10936	571	576	889	147
轮胎制造	291	1023	61	75	63	20
橡胶板、管、带的制造	292	2230	122	113	107	24
橡胶零件制造	293	2530	117	110	175	23
再生橡胶制造	294	421	30	36	13	2
日用及医用橡胶制品制造	295	465	26	17	72	16
橡胶靴鞋制造	296	917	43	37	187	30
其他橡胶制品制造	299	3350	172	188	272	32
塑料制品业	30	51546	2215	2436	5080	910
塑料薄膜制造	301	4502	212	251	459	127
塑料板、管、型材的制造	302	7718	402	375	417	132
塑料丝、绳及编织品的制造	303	3841	202	234	148	43
泡沫塑料制造	304	2252	121	143	220	51
塑料人造革、合成革制造	305	638	38	23	119	39
塑料包装箱及容器制造	306	5893	226	275	484	132
塑料零件制造	307	6473	203	172	696	83
日用塑料制造	308	6132	237	235	853	136
其他塑料制品制造	309	14097	574	728	1684	167
非金属矿物制品业	31	62749	4687	7467	2535	929
水泥、石灰和石膏的制造	311	4559	422	450	165	83
水泥及石膏制品制造	312	13047	1016	1744	419	190
砖瓦、石材及其他建筑材料制造	313	22352	1805	3572	690	238
玻璃及玻璃制品制造	314	8798	448	468	538	195
陶瓷制品制造	315	4308	253	415	426	114
耐火材料制品制造	316	3993	322	272	108	47
石墨及其他非金属矿物制品制造	319	5692	421	546	189	62
黑色金属冶炼及压延加工业	32	9438	562	529	392	206

单位：个

与港、澳、台商合作经营	港、澳、台商独资	港、澳、台商投资股份有限公司	其他港、澳、台商投资	外商投资企业	中外合资经营	中外合作经营	外资企业	外商投资股份有限公司	其他外商投资	代码
14	258	15	1	539	175	13	339	9	3	265
26	531	21	1	1273	516	41	690	20	6	266
19	372	7		585	179	21	380	3	2	267
18	300	35	4	1150	606	37	479	24	4	27
4	30	3		183	105	7	64	6	1	271
5	60	12	3	223	116	9	91	6	1	272
	26	1		81	50	1	28	2		273
3	57	2		129	76	7	45	1		274
	5			61	43	2	15	1		275
3	62	15	1	283	140	8	128	6	1	276
3	60	2		190	76	3	108	2	1	277
1	178	12	1	263	122	5	134	2		28
	39	2		66	26	2	37	1		281
1	139	10	1	197	96	3	97	1		282
32	695	14	1	869	267	22	568	11	1	29
1	40	2		111	46	4	59	2		291
5	76	2		121	35	1	84	1		292
6	142	3	1	224	67	5	150	2		293
	11			13	4		9			294
1	55			83	41	4	38			295
11	143	3		99	27	4	66	2		296
8	228	4		218	47	4	162	4	1	299
184	3890	85	11	3459	947	115	2322	64	11	30
19	304	8	1	330	104	14	205	7		301
9	262	12	2	447	182	14	244	7		302
3	98	4		166	67	5	91	2	1	303
9	157	3		133	39	7	81	6		304
4	75	1		61	26	2	33			305
14	326	10	2	395	121	8	257	7	2	306
26	579	8		566	112	13	428	11	2	307
35	671	8	3	447	122	22	290	9	4	308
65	1418	31	3	914	174	30	693	15	2	309
182	1351	66	7	2707	1176	153	1312	63	3	31
11	69	2		157	80	6	67	3	1	311
25	194	10		312	156	18	129	9		312
26	400	22	4	697	289	38	352	18		313
18	309	15	1	636	277	22	325	12		314
92	212	7	1	389	141	57	182	8	1	315
	55	5	1	186	106	4	73	3		316
10	112	5		330	127	8	184	10	1	319
11	161	12	2	438	218	13	195	11	1	32

2-4 续表 16

行业中类	代码	私营有限责任公司	私营股份有限公司	其他	港、澳、台商投资企业	与港、澳、台商合资经营
炼铁	321	767	88	96	20	6
炼钢	322	355	37	43	18	14
钢压延加工	323	6891	319	276	315	168
铁合金冶炼	324	1425	118	114	39	18
有色金属冶炼及压延加工业	33	11786	998	690	676	255
常用有色金属冶炼	331	2913	270	231	118	48
贵金属冶炼	332	392	28	45	16	5
稀有稀土金属冶炼	333	589	61	37	22	9
有色金属合金制造	334	1476	102	63	97	39
有色金属压延加工	335	6416	537	314	423	154
金属制品业	34	84583	3831	4725	4425	956
结构性金属制品制造	341	28958	1437	1616	889	222
金属工具制造	342	10641	501	699	514	114
集装箱及金属包装容器制造	343	2890	135	175	248	88
金属丝绳及其制品的制造	344	4068	170	138	160	60
建筑、安全用金属制品制造	345	10390	491	525	554	146
金属表面处理及热处理加工	346	4718	200	207	369	86
搪瓷制品制造	347	693	22	81	39	8
不锈钢及类似日用金属制品制造	348	8457	267	362	837	144
其他金属制品制造	349	13768	608	922	815	88
通用设备制造业	35	110590	5283	5845	3372	1059
锅炉及原动机制造	351	4035	255	325	100	40
金属加工机械制造	352	16788	1010	1366	526	131
起重运输设备制造	353	3600	207	160	178	68
泵、阀门、压缩机及类似机械的制造	354	15780	615	502	496	174
轴承、齿轮、传动和驱动部件的制造	355	6987	289	334	307	126
烘炉、熔炉及电炉制造	356	1038	62	37	32	8
风机、衡器、包装设备等通用设备制造	357	19051	868	1023	678	211
通用零部件制造及机械修理	358	32402	1370	1405	769	188
金属铸、锻加工	359	10909	607	693	286	113
专用设备制造业	36	68160	3354	3516	3470	805
矿山、冶金、建筑专用设备制造	361	10466	720	646	228	91
化工、木材、非金属加工专用设备制造	362	19635	688	642	1427	235
食品、饮料、烟草及饲料生产专用设备制造	363	1882	100	135	86	22
印刷、制药、日化生产专用设备制造	364	4308	229	230	275	81
纺织、服装和皮革工业专用设备制造	365	4898	171	125	338	83
电子和电工机械专用设备制造	366	5942	293	374	325	53
农、林、牧、渔专用机械制造	367	3218	206	420	83	25
医疗仪器设备及器械制造	368	3799	200	157	279	96
环保、社会公共安全及其他专用设备制造	369	14012	747	787	429	119
交通运输设备制造业	37	44332	2172	2136	1955	729

单位：个

与港、澳、台商合作经营	港、澳、台商独资	港、澳、台商投资股份有限公司	其他港、澳、台商投资	外商投资企业	中外合资经营	中外合作经营	外资企业	外商投资股份有限公司	其他外商投资	代码
1	10	3		17	5	1	11			321
1	3			14	9	1	3	1		322
8	129	9	1	353	169	9	164	10	1	323
1	19		1	54	35	2	17			324
27	369	24	1	685	313	24	329	16	3	33
8	52	10		121	69	3	45	4		331
2	9			18	7	5	5		1	332
2	9	2		51	29	4	16	2		333
3	50	4	1	140	52	5	82	1		334
12	249	8		355	156	7	181	9	2	335
189	3168	102	10	3985	1328	103	2456	86	12	34
34	614	18	1	899	333	25	522	19		341
27	356	17		592	185	19	365	20	3	342
14	141	5		270	124	6	130	10		343
6	89	4	1	198	83	5	105	5		344
17	375	12	4	628	202	9	403	9	5	345
17	255	11		284	79	9	189	6	1	346
1	30			39	16		22	1		347
53	622	15	3	476	151	20	300	4	1	348
20	686	20	1	599	155	10	420	12	2	349
94	2140	69	10	5878	2021	136	3615	92	14	35
6	50	4		257	121	5	122	9		351
26	355	11	3	748	212	18	505	11	2	352
3	101	5	1	347	141	7	191	6	2	353
11	306	5		1168	397	17	732	18	4	354
6	170	5		515	193	15	300	6	1	355
2	21	1		65	23		42			356
15	437	13	2	1195	394	22	762	16	1	357
17	547	14	3	1096	322	23	731	17	3	358
8	153	11	1	487	218	29	230	9	1	359
83	2500	72	10	5012	1437	97	3393	73	12	36
2	128	4	3	523	202	14	301	6		361
29	1136	26	1	1541	346	25	1144	24	2	362
8	54	2		160	48	5	103	3	1	363
11	178	5		315	88	11	209	7		364
13	230	10	2	316	96	8	208	4		365
7	253	10	2	457	113	6	328	8	2	366
4	52	2		195	58		135	2		367
4	176	2	1	619	212	14	379	13	1	368
5	293	11	1	886	274	14	586	6	6	369
52	1128	42	4	4260	1643	80	2449	70	18	37

2-4 续表 17

行业中类	代码	私营有限责任公司	私营股份有限公司	其他	港、澳、台商投资企业	与港、澳、台商合资经营
铁路运输设备制造	371	1219	102	79	28	17
汽车制造	372	28604	1399	1517	1324	509
摩托车制造	373	3233	154	86	113	44
自行车制造	374	3261	86	93	276	65
船舶及浮动装置制造	375	6560	350	270	148	66
航空航天器制造	376	125	11	5	24	16
交通器材及其他交通运输设备制造	379	1330	70	86	42	12
电气机械及器材制造业	39	71380	2958	2585	5149	1348
电机制造	391	7794	391	253	414	133
输配电及控制设备制造	392	24570	948	791	1381	362
电线、电缆、光缆及电工器材制造	393	9700	525	375	901	204
电池制造	394	2666	120	77	350	108
家用电力器具制造	395	8893	278	207	811	209
非电力家用器具制造	396	2907	129	172	120	41
照明器具制造	397	9815	336	336	1005	237
其他电气机械及器材制造	399	5035	231	374	167	54
通信设备、计算机及其他电子设备制造业	40	36890	1493	1352	5979	1100
通信设备制造	401	3783	190	209	475	104
雷达及配套设备制造	402	68	1	6	4	1
广播电视设备制造	403	1011	26	27	168	46
电子计算机制造	404	3098	133	153	724	84
电子器件制造	405	5415	234	170	907	214
电子元件制造	406	15176	508	389	2541	464
家用视听设备制造	407	2015	85	54	581	100
其他电子设备制造	409	6324	316	344	579	87
仪器仪表及文化、办公用机械制造业	41	16373	807	606	1582	323
通用仪器仪表制造	411	7944	443	229	336	119
专用仪器仪表制造	412	2832	146	105	160	42
钟表与计时仪器制造	413	933	27	36	470	47
光学仪器及眼镜制造	414	2310	63	49	337	63
文化、办公用机械制造	415	978	38	35	232	44
其他仪器仪表的制造及修理	419	1376	90	152	47	8
工艺品及其他制造业	42	29365	1291	2596	3092	496
工艺美术品制造	421	16105	644	1402	2044	347
日用杂品制造	422	4042	176	238	607	75
煤制品制造	423	562	57	143	4	2
其他未列明的制造业	429	8656	414	813	437	72
废弃资源和废旧材料回收加工业	43	3982	271	450	116	39
金属废料和碎屑的加工处理	431	2275	121	220	63	23
非金属废料和碎屑的加工处理	432	1707	150	230	53	16

单位：个

与港、澳、台商合作经营	港、澳、台商独资	港、澳、台商投资股份有限公司	其他港、澳、台商投资	外商投资企业	中外合资经营	中外合作经营	外资企业	外商投资股份有限公司	其他外商投资	代码
1	10			88	58	3	26	1		371
36	743	32	4	3235	1209	54	1910	47	15	372
5	62	2		140	65	6	67	2		373
5	202	4		234	69	3	156	5	1	374
3	77	2		401	165	8	217	11		375
1	6	1		83	49	4	27	3		376
1	28	1		79	28	2	46	1	2	379
124	3531	134	12	5121	1783	107	3111	102	18	39
8	260	10	3	554	203	20	320	10	1	391
30	954	33	2	1572	542	24	967	32	7	392
30	642	23	2	773	238	13	504	18		393
5	227	10		333	136	9	182	3	3	394
27	547	23	5	733	269	18	426	19	1	395
3	69	7		154	63	3	84	2	2	396
18	723	27		743	249	16	466	10	2	397
3	109	1		259	83	4	162	8	2	399
142	4566	152	19	6634	1299	100	5100	117	18	40
15	343	10	3	592	164	5	408	14	1	401
	2	1		3	2		1			402
1	117	4		167	49	1	111	5	1	403
9	607	23	1	746	111	6	610	15	4	404
16	646	29	2	1307	291	24	971	17	4	405
70	1933	65	9	2759	460	45	2200	50	4	406
18	455	7	1	408	100	11	294	2	1	407
13	463	13	3	652	122	8	505	14	3	409
45	1164	46	4	1790	559	46	1150	31	4	41
7	192	18		691	251	9	420	10	1	411
3	109	6		305	94	7	198	5	1	412
17	397	6	3	123	31	12	76	4		413
5	258	11		366	114	13	231	8		414
9	175	4		217	44	4	167	2		415
4	33	1	1	88	25	1	58	2	2	419
98	2439	55	4	2791	704	72	1974	34	7	42
77	1586	33	1	1907	465	50	1368	22	2	421
11	505	16		374	115	11	241	5	2	422
	2			8	4	1	3			423
10	346	6	3	502	120	10	362	7	3	429
3	69	4	1	194	74	3	113	3	1	43
1	37	2		143	58	2	82		1	431
2	32	2	1	51	16	1	31	3		432

2-4 续表 18

行业中类	代码	私营有限责任公司	私营股份有限公司	其他	港、澳、台商投资企业	与港、澳、台商合资经营
电力、燃气及水的生产和供应业	D	**10697**	**1697**	**2178**	**842**	**439**
电力、热力的生产和供应业	44	6656	1279	1265	454	244
电力生产	441	4809	1104	954	402	216
电力供应	442	415	53	157	11	5
热力生产和供应	443	1432	122	154	41	23
燃气生产和供应业	45	1480	169	235	244	133
燃气生产和供应业	450	1480	169	235	244	133
水的生产和供应业	46	2561	249	678	144	62
自来水的生产和供应	461	1388	166	524	85	40
污水处理及其再生利用	462	911	61	104	57	21
其他水的处理、利用与分配	469	262	22	50	2	1
建筑业	E	**205764**	**12176**	**12453**	**990**	**516**
房屋和土木工程建筑业	47	59244	4136	4357	228	129
房屋工程建筑	471	32451	2608	2526	112	67
土木工程建筑	472	26793	1528	1831	116	62
建筑安装业	48	43286	2258	2303	238	110
建筑安装业	480	43286	2258	2303	238	110
建筑装饰业	49	74927	4010	3224	443	249
建筑装饰业	490	74927	4010	3224	443	249
其他建筑业	50	28307	1772	2569	81	28
工程准备	501	8156	428	438	20	10
提供施工设备服务	502	3149	233	283	15	5
其他未列明的建筑活动	509	17002	1111	1848	46	13
交通运输、仓储和邮政业	F	**111721**	**6631**	**9166**	**2625**	**742**
铁路运输业	51	634	52	281	4	2
铁路旅客运输	511	36	5	29		
铁路货物运输	512	289	19	81	2	1
铁路运输辅助活动	513	309	28	171	2	1
道路运输业	52	53351	3501	4914	576	138
公路旅客运输	521	2585	368	408	82	26
道路货物运输	522	48056	2906	3988	379	83
道路运输辅助活动	523	2710	227	518	115	29
城市公共交通业	53	2867	366	318	63	32
公共电汽车客运	531	570	85	83	18	11
轨道交通	532	32	4	14	8	4
出租车客运	533	2068	254	188	31	15
城市轮渡	534	21	5	2	2	1
其他城市公共交通	539	176	18	31	4	1
水上运输业	54	4104	272	401	175	106
水上旅客运输	541	307	42	58	19	16
水上货物运输	542	2798	169	234	51	18
水上运输辅助活动	543	999	61	109	105	72

单位：个

与港、澳、台商合作经营	港、澳、台商独资	港、澳、台商投资股份有限公司	其他港、澳、台商投资	外商投资企业	中外合资经营	中外合作经营	外资企业	外商投资股份有限公司	其他外商投资	代码
78	**289**	**35**	**1**	**860**	**445**	**98**	**266**	**46**	**5**	D
48	144	18		420	233	61	91	34	1	44
43	128	15		365	197	59	75	34		441
2	4			9	8		1			442
3	12	3		46	28	2	15		1	443
15	81	14	1	220	126	9	73	8	4	45
15	81	14	1	220	126	9	73	8	4	450
15	64	3		220	86	28	102	4		46
14	28	3		92	39	19	33	1		461
1	35			115	40	7	65	3		462
	1			13	7	2	4			469
48	**384**	**38**	**4**	**968**	**422**	**59**	**445**	**32**	**10**	E
8	79	10	2	257	116	16	112	9	4	47
3	34	7	1	120	49	7	59	5		471
5	45	3	1	137	67	9	53	4	4	472
11	109	7	1	301	128	17	145	8	3	48
11	109	7	1	301	128	17	145	8	3	480
24	150	19	1	309	133	19	145	11	1	49
24	150	19	1	309	133	19	145	11	1	490
5	46	2		101	45	7	43	4	2	50
1	8	1		22	14	4	3	1		501
2	8			13	6	1	5	1		502
2	30	1		66	25	2	35	2	2	509
328	**1418**	**135**	**2**	**2526**	**910**	**236**	**1275**	**87**	**18**	F
1	1			12	4	1	5	1	1	51
				1	1					511
1				4	2		1	1		512
	1			7	1	1	4		1	513
268	128	41	1	457	150	177	108	16	6	52
48	5	3		23	10	5	4	2	2	521
164	100	31	1	296	111	77	93	11	4	522
56	23	7		138	29	95	11	3		523
9	16	6		38	22	7	6	3		53
4	3			8	5	3				531
1	2	1		8	3	2	2	1		532
2	10	4		21	14	1	4	2		533
		1								534
2	1			1		1				539
6	50	13		166	114	5	42	5		54
2	1			13	8		5			541
1	27	5		53	33	1	17	2		542
3	22	8		100	73	4	20	3		543

2-4 续表 19

行业中类	代码	私营有限责任公司	私营股份有限公司	其他	港、澳、台商投资企业	与港、澳、台商合资经营
航空运输业	55	560	40	43	36	16
航空客货运输	551	235	15	14	16	5
通用航空服务	552	152	12	12	3	2
航空运输辅助活动	553	173	13	17	17	9
管道运输业	56	57	11	13	5	2
管道运输业	560	57	11	13	5	2
装卸搬运和其他运输服务业	57	37720	1608	1767	1146	269
装卸搬运	571	3988	243	470	44	27
运输代理服务	572	33732	1365	1297	1102	242
仓储业	58	7448	468	984	590	166
谷物、棉花等农产品仓储	581	820	87	278	9	3
其他仓储	589	6628	381	706	581	163
邮政业	59	4980	313	445	30	11
国家邮政	591	470	50	108	1	
其他寄递服务	599	4510	263	337	29	11
信息传输、计算机服务和软件业	**G**	**103662**	**4357**	**8029**	**3080**	**388**
电信和其他信息传输服务业	60	14367	826	2143	424	57
电信	601	4080	217	631	310	40
互联网信息服务	602	9709	559	1413	106	14
广播电视传输服务	603	477	43	92	5	2
卫星传输服务	604	101	7	7	3	1
计算机服务业	61	40901	1857	4757	538	84
计算机系统服务	611	17748	730	746	290	47
数据处理	612	842	49	52	35	5
计算机维修	613	2326	111	98	22	2
其他计算机服务	619	19985	967	3861	191	30
软件业	62	48394	1674	1129	2118	247
公共软件服务	621	38462	1279	762	1630	199
其他软件服务	629	9932	395	367	488	48
批发和零售业	**H**	**1392641**	**68036**	**113018**	**14331**	**1938**
批发业	63	967468	42129	66185	11574	1354
农畜产品批发	631	21881	1349	8017	108	21
食品、饮料及烟草制品批发	632	60554	3279	11588	932	129
纺织、服装及日用品批发	633	121336	3927	3926	2554	250
文化、体育用品及器材批发	634	31497	1199	1225	670	63
医药及医疗器材批发	635	24129	1399	1617	229	49
矿产品、建材及化工产品批发	636	295841	13621	16740	1498	236
机械设备、五金交电及电子产品批发	637	290933	11539	10586	3410	407
贸易经纪与代理	638	35811	1677	4618	744	59
其他批发	639	85486	4139	7868	1429	140
零售业	65	425173	25907	46833	2757	584

单位：个

与港、澳、台商合作经营	港、澳、台商独资	港、澳、台商投资股份有限公司	其他港、澳、台商投资	外商投资企业	中外合资经营	中外合作经营	外资企业	外商投资股份有限公司	其他外商投资	代码
	17	3		51	21	1	21	8		55
	9	2		29	12		11	6		551
	1			4			4			552
	7	1		18	9	1	6	2		553
	1	2		13	8		5			56
	1	2		13	8		5			560
30	799	47	1	866	304	25	506	22	9	57
3	13	1		64	40	5	17	1	1	571
27	786	46	1	802	264	20	489	21	8	572
12	391	21		878	260	19	568	29	2	58
	6			15	8	1	6			581
12	385	21		863	252	18	562	29	2	589
2	15	2		45	27	1	14	3		59
	1			1			1			591
2	14	2		44	27	1	13	3		599
47	**2423**	**200**	**22**	**5738**	**1003**	**62**	**4358**	**290**	**25**	**G**
8	248	101	10	507	76	10	308	101	12	60
2	170	92	6	325	35	5	187	88	10	601
5	75	8	4	173	38	5	117	11	2	602
	2	1		6	2		3	1		603
1	1			3	1		1	1		604
13	408	30	3	993	173	17	761	41	1	61
6	221	15	1	493	102	7	373	10	1	611
	29	1		81	17		61	3		612
1	16	3		22	1	1	16	4		613
6	142	11	2	397	53	9	311	24		619
26	1767	69	9	4238	754	35	3289	148	12	62
24	1345	56	6	3261	586	27	2509	127	12	621
2	422	13	3	977	168	8	780	21		629
261	**11531**	**495**	**106**	**22517**	**3598**	**604**	**17449**	**591**	**275**	**H**
176	9649	328	67	19436	2721	483	15586	423	223	63
4	79	4		191	53	5	126	6	1	631
19	751	30	3	1289	255	28	956	36	14	632
51	2175	52	26	3667	516	100	2881	102	68	633
5	584	17	1	747	103	26	594	14	10	634
3	169	8		365	71	5	274	12	3	635
21	1182	53	6	2476	439	41	1915	68	13	636
32	2835	118	18	5654	664	60	4793	109	28	637
21	632	28	4	2033	374	184	1362	44	69	638
20	1242	18	9	3014	246	34	2685	32	17	639
85	1882	167	39	3081	877	121	1863	168	52	65

2-4 续表 20

行业中类	代码	私营有限责任公司	私营股份有限公司	其他	港、澳、台商投资企业	与港、澳、台商合资经营
综合零售	651	39623	2699	7788	526	120
食品、饮料及烟草制品专门零售	652	31598	2001	6017	246	35
纺织、服装及日用品专门零售	653	43197	2273	3628	713	128
文化、体育用品及器材专门零售	654	27367	1494	1820	184	31
医药及医疗器材专门零售	655	25751	2055	4679	93	21
汽车、摩托车、燃料及零配件专门零售	656	52603	3734	5745	308	102
家用电器及电子产品专门零售	657	84853	4453	4948	232	50
五金、家具及室内装修材料专门零售	658	59490	3504	4498	182	20
无店铺及其他零售	659	60691	3694	7710	273	77
住宿和餐饮业	**I**	**56170**	**4116**	**8684**	**2353**	**673**
住宿业	66	16856	1510	2523	864	374
旅游饭店	661	6166	580	927	698	321
一般旅馆	662	9280	795	1308	141	41
其他住宿服务	669	1410	135	288	25	12
餐饮业	67	39314	2606	6161	1489	299
正餐服务	671	30472	2052	5014	1066	239
快餐服务	672	2894	169	385	195	27
饮料及冷饮服务	673	1873	128	142	93	8
其他餐饮服务	679	4075	257	620	135	25
金融业	**J**	**17658**	**1844**	**3078**	**478**	**179**
银行业	68	669	140	655	114	7
中央银行	681	10	1	8		
商业银行	682	394	87	455	106	7
其他银行	689	265	52	192	8	
证券业	69	1776	127	212	35	15
证券市场管理	691	62	6	27	1	
证券经纪与交易	692	229	29	62	15	10
证券投资	693	1036	60	84	10	4
证券分析与咨询	694	449	32	39	9	1
保险业	70	2314	350	674	102	36
人寿保险	701	460	136	337	21	16
非人寿保险	702	411	113	193	56	6
保险辅助服务	703	1443	101	144	25	14
其他金融活动	71	12899	1227	1537	227	121
金融信托与管理	711	1617	127	197	12	5
金融租赁	712	340	27	40	123	79
财务公司	713	633	57	94	3	3
邮政储蓄	714	62	14	109		
典当	715	2377	211	212	1	
其他未列明的金融活动	719	7870	791	885	88	34

单位：个

与港、澳、台商合作经营	港、澳、台商独资	港、澳、台商投资股份有限公司	其他港、澳、台商投资	外商投资企业	中外合资经营	中外合作经营	外资企业	外商投资股份有限公司	其他外商投资	代码
19	357	22	8	606	165	27	378	25	11	651
5	182	19	5	304	84	17	183	14	6	652
13	530	33	9	564	98	13	413	33	7	653
4	138	8	3	206	30	7	154	9	6	654
4	38	27	3	86	39	1	38	5	3	655
18	165	20	3	457	226	29	169	29	4	656
3	165	13	1	307	77	7	195	25	3	657
5	144	11	2	245	61	9	157	12	6	658
14	163	14	5	306	97	11	176	16	6	659
163	**1406**	**98**	**13**	**2852**	**744**	**159**	**1769**	**140**	**40**	**I**
92	351	45	2	740	284	90	325	31	10	66
72	268	35	2	535	223	76	215	14	7	661
19	71	10		166	47	11	93	14	1	662
1	12			39	14	3	17	3	2	669
71	1055	53	11	2112	460	69	1444	109	30	67
54	728	38	7	1350	334	51	880	69	16	671
9	150	6	3	419	67	13	310	23	6	672
3	77	5		152	20	1	119	9	3	673
5	100	4	1	191	39	4	135	8	5	679
9	**258**	**29**	**3**	**1266**	**569**	**10**	**494**	**184**	**9**	**J**
	95	12		302	24	2	242	31	3	68
				1				1		681
	90	9		278	21	1	228	25	3	682
	5	3		23	3	1	14	5		689
	15	4	1	64	49		12	1	2	69
	1									691
	2	3		49	44		3	1	1	692
	5	1		12	5		6		1	693
	7		1	3			3			694
3	55	7	1	700	417	5	132	143	3	70
	3	1	1	449	332	4	35	77	1	701
1	46	3		201	53	1	83	62	2	702
2	6	3		50	32		14	4		703
6	93	6	1	200	79	3	108	9	1	71
2	5			19	6		12	1		711
3	39	2		78	33	1	41	3		712
				10	6		4			713
										714
		1		2	1		1			715
1	49	3	1	91	33	2	50	5	1	719

2-4 续表 21

行业中类	代码	私营有限责任公司	私营股份有限公司	其他	港、澳、台商投资企业	与港、澳、台商合资经营
房地产业	K	**152208**	**11176**	**10102**	**6825**	**2280**
房地产业	72	152208	11176	10102	6825	2280
房地产开发经营	721	66968	5705	4015	4886	1780
物业管理	722	41253	2842	3418	1006	269
房地产中介服务	723	30976	1808	1610	347	61
其他房地产活动	729	13011	821	1059	586	170
租赁和商务服务业	L	**392277**	**18810**	**31341**	**7612**	**975**
租赁业	73	20628	1417	1950	142	49
机械设备租赁	731	19970	1387	1882	130	42
文化及日用品出租	732	658	30	68	12	7
商务服务业	74	371649	17393	29391	7470	926
企业管理服务	741	65871	3016	9119	1527	252
法律服务	742	1885	118	1455	15	2
咨询与调查	743	116774	4404	5485	4609	402
广告业	744	86245	4288	4355	270	69
知识产权服务	745	3276	123	125	34	5
职业中介服务	746	16842	951	1595	63	19
市场管理	747	6007	435	1073	76	22
旅行社	748	13580	1160	1183	65	19
其他商务服务	749	61169	2898	5001	811	136
科学研究、技术服务和地质勘查业	M	**130139**	**5731**	**16568**	**2635**	**498**
研究与试验发展	75	19453	909	1365	727	138
自然科学研究与试验发展	751	2134	126	254	51	11
工程和技术研究与试验发展	752	12757	429	534	437	69
农业科学研究与试验发展	753	1882	136	358	45	10
医学研究与试验发展	754	2506	203	168	188	46
社会人文科学研究与试验发展	755	174	15	51	6	2
专业技术服务业	76	64568	3125	4745	1116	209
气象服务	761	377	20	129	7	1
地震服务	762	40	2	9		
海洋服务	763	173	11	12	3	
测绘服务	764	1876	161	184	2	
技术检测	765	4083	284	419	91	26
环境监测	766	1002	61	85	5	1
工程技术与规划管理	767	27735	1527	1969	297	79
其他专业技术服务	769	29282	1059	1938	711	102
科技交流和推广服务业	77	44712	1572	10303	777	149
技术推广服务	771	31537	951	8294	617	105
科技中介服务	772	3406	190	907	58	10
其他科技服务	779	9769	431	1102	102	34
地质勘查业	78	1406	125	155	15	2
矿产地质勘查	781	649	65	63	10	2
基础地质勘查	782	161	10	25	1	
地质勘查技术服务	783	596	50	67	4	

单位：个

与港、澳、台商合作经营	港、澳、台商独资	港、澳、台商投资股份有限公司	其他港、澳、台商投资	外商投资企业	中外合资经营	中外合作经营	外资企业	外商投资股份有限公司	其他外商投资	代码
634	**3728**	**165**	**18**	**3830**	**1437**	**317**	**1955**	**101**	**20**	K
634	3728	165	18	3830	1437	317	1955	101	20	72
492	2489	109	16	2544	1068	217	1185	64	10	721
61	649	26	1	645	196	45	382	17	5	722
12	261	13		267	52	6	193	12	4	723
69	329	17	1	374	121	49	195	8	1	729
162	**6249**	**185**	**41**	**10947**	**1455**	**236**	**8803**	**348**	**105**	L
8	77	8		163	45	9	99	10		73
7	74	7		153	44	6	93	10		731
1	3	1		10	1	3	6			732
154	6172	177	41	10784	1410	227	8704	338	105	74
44	1170	51	10	2155	312	49	1668	95	31	741
1	12			14	2	1	7	3	1	742
60	4039	85	23	6904	709	105	5858	179	53	743
16	177	8		306	88	18	192	5	3	744
1	27	1		46	9	3	33	1		745
2	39	3		58	27	3	25	3		746
3	48	3		57	22	5	29	1		747
3	38	5		90	21	4	59	4	2	748
24	622	21	8	1154	220	39	833	47	15	749
54	**1971**	**98**	**14**	**4530**	**1223**	**120**	**3014**	**144**	**29**	M
12	559	14	4	1384	372	22	945	36	9	75
1	36	2	1	99	29	1	64	3	2	751
5	353	7	3	768	194	10	539	21	4	752
2	31	2		44	15	3	24	1	1	753
4	135	3		465	134	8	312	9	2	754
	4			8			6	2		755
19	832	50	6	1774	471	44	1172	73	14	76
1	5			2			2			761
				3	1		2			762
	3			11	3	1	7			763
1	1			6	3		3			764
	62	3		182	79	6	85	12		765
1	3			16	5	2	8	1		766
10	185	22	1	587	144	15	394	29	5	767
6	573	25	5	967	236	20	671	31	9	769
21	569	34	4	1326	376	27	882	35	6	77
19	461	28	4	1036	310	20	676	27	3	771
1	44	3		106	15	2	86	3		772
1	64	3		184	51	5	120	5	3	779
2	11			46	4	27	15			78
1	7			33	3	21	9			781
	1			1		1				782
1	3			12	1	5	6			783

2-4　续表 22

行业中类	代码	私营有限责任公司	私营股份有限公司	其他	港、澳、台商投资企业	与港、澳、台商合资经营
水利、环境和公共设施管理业	**N**	**15879**	**1191**	**1908**	**259**	**83**
水利管理业	79	804	79	237	7	1
防洪管理	791	76	9	22		
水资源管理	792	253	22	99	4	1
其他水利管理	799	475	48	116	3	
环境管理业	80	3724	242	494	72	24
自然保护	801	285	22	101	7	1
环境治理	802	3439	220	393	65	23
公共设施管理业	81	11351	870	1177	180	58
市政公共设施管理	811	1301	79	195	26	10
城市绿化管理	812	7540	479	594	31	9
游览景区管理	813	2510	312	388	123	39
居民服务和其他服务业	**O**	**75744**	**4840**	**10427**	**697**	**154**
居民服务业	82	27162	2013	4332	352	78
家庭服务	821	4041	242	419	14	3
托儿所	822	106	7	83	1	
洗染服务	823	1194	76	104	23	5
理发及美容保健服务	824	6134	401	798	112	10
洗浴服务	825	2807	269	492	53	17
婚姻服务	826	2084	157	226	12	3
殡葬服务	827	530	56	125	21	7
摄影扩印服务	828	3007	219	312	85	27
其他居民服务	829	7259	586	1773	31	6
其他服务业	83	48582	2827	6095	345	76
修理与维护	831	18040	1177	1709	125	36
清洁服务	832	10680	546	767	55	15
其他未列明的服务	839	19862	1104	3619	165	25
教育	**P**	**10713**	**802**	**4565**	**122**	**27**
教育	84	10713	802	4565	122	27
学前教育	841	981	61	1231	22	5
初等教育	842	103	7	157	2	
中等教育	843	286	43	308	6	3
高等教育	844	83	6	64	3	
其他教育	849	9260	685	2805	89	19
卫生、社会保障和社会福利业	**Q**	**3517**	**371**	**2162**	**59**	**27**
卫生	85	3240	353	1878	48	21
医院	851	1262	185	608	29	12

单位：个

与港、澳、台商合作经营	港、澳、台商独资	港、澳、台商投资股份有限公司	其他港、澳、台商投资	外商投资企业	中外合资经营	中外合作经营	外资企业	外商投资股份有限公司	其他外商投资	代码
21	**145**	**10**		**279**	**110**	**30**	**114**	**22**	**3**	N
1	5			8	2		5	1		79
										791
	3			4	2		2			792
1	2			4			3	1		799
5	42	1		127	48	15	58	5	1	80
2	4			10	4	4	2			801
3	38	1		117	44	11	56	5	1	802
15	98	9		144	60	15	51	16	2	81
5	11			27	11	8	5	3		811
	17	5		28	15	2	7	2	2	812
10	70	4		89	34	5	39	11		813
48	**451**	**37**	**7**	**1091**	**264**	**53**	**701**	**63**	**10**	O
30	230	10	4	458	103	18	306	30	1	82
1	10			7	1		4	2		821
			1	1			1			822
3	13	2		26	10	2	13	1		823
4	93	3	2	197	30	5	152	10		824
6	29	1		61	24	3	30	4		825
	9			21	2		17	2		826
7	6	1		15	2	6	4	2	1	827
8	47	2	1	59	14	2	39	4		828
1	23	1		71	20		46	5		829
18	221	27	3	633	161	35	395	33	9	83
10	65	14		191	67	15	97	12		831
	37	3		69	21	5	41	2		832
8	119	10	3	373	73	15	257	19	9	839
17	**73**	**5**		**202**	**52**	**21**	**116**	**11**	**2**	P
17	73	5		202	52	21	116	11	2	84
5	12			15	4	1	8	1	1	841
	2			3	1		1	1		842
	3			7	2	1	4			843
1	2			3		1	1		1	844
11	54	5		174	45	18	102	9		849
12	**15**	**4**	**1**	**94**	**46**	**31**	**14**	**3**		Q
10	13	3	1	87	45	30	9	3		85
9	6	2		46	26	16	3	1		851

2-4 续表 23

行业中类	代码					
		私营有限责任公司	私营股份有限公司	其他	港、澳、台商投资企业	与港、澳、台商合资经营
卫生院及社区医疗活动	852	207	28	365	3	2
门诊部医疗活动	853	1201	84	683	8	5
计划生育技术服务活动	854	24	3	43		
妇幼保健活动	855	35	2	11	2	
专科疾病防治活动	856	87	10	26	1	1
疾病预防控制及防疫活动	857	37	4	29		
其他卫生活动	859	387	37	113	5	1
社会保障业	86	69	3	47		
社会保障业	860	69	3	47		
社会福利业	87	208	15	237	11	6
提供住宿的社会福利	871	159	10	165	9	6
不提供住宿的社会福利	872	49	5	72	2	
文化、体育和娱乐业	**R**	**27081**	**1639**	**3149**	**590**	**210**
新闻出版业	88	741	55	176	12	4
新闻业	881	59	8	26		
出版业	882	682	47	150	12	4
广播、电视、电影和音像业	89	4150	221	296	90	41
广播	891	151	14	22		
电视	892	1242	52	61	14	5
电影	893	1720	94	155	68	33
音像制作	894	1037	61	58	8	3
文化艺术业	90	10925	548	1055	72	26
文艺创作与表演	901	1963	135	279	18	4
艺术表演场馆	902	149	14	30	6	3
图书馆与档案馆	903	61	2	25		
文物及文化保护	904	105	9	41		
博物馆	905	57	3	15	1	1
烈士陵园、纪念馆	906	7	2	11		
群众文化活动	907	1067	80	180	6	2
文化艺术经纪代理	908	2206	94	100	16	8
其他文化艺术	909	5310	209	374	25	8
体育	91	1253	90	148	51	9
体育组织	911	448	29	68	19	4
体育场馆	912	289	18	21	21	4
其他体育	919	516	43	59	11	1
娱乐业	92	10012	725	1474	365	130
室内娱乐活动	921	5915	423	964	123	67
游乐园	922	322	26	56	25	2
休闲健身娱乐活动	923	2629	166	234	176	47
其他娱乐活动	929	1146	110	220	41	14

单位：个

与港、澳、台商合作经营	港、澳、台商独资	港、澳、台商投资股份有限公司	其他港、澳、台商投资	外商投资企业	中外合资经营	中外合作经营	外资企业	外商投资股份有限公司	其他外商投资	代码
	1			1	1					852
1	2			22	10	10	1	1		853
				1		1				854
	1		1							855
				2	1		1			856
										857
	3	1		15	7	3	4	1		859
										86
										860
2	2	1		7	1	1	5			87
1	2			4	1		3			871
1		1		3		1	2			872
82	**262**	**28**	**8**	**581**	**196**	**86**	**266**	**29**	**4**	**R**
1	6		1	10	4		5	1		88
										881
1	6		1	10	4		5	1		882
8	36	5		50	24	3	19	2	2	89
				4	1		3			891
2	7			8			8			892
5	25	5		31	20	2	6	1	2	893
1	4			7	3	1	2	1		894
5	38	2	1	72	17	4	49	2		90
2	9	2	1	10	4		6			901
1	2			4	2		2			902
				1			1			903
				1	1					904
				4		2	2			905
										906
	4			8	3		4	1		907
1	7			18	5	1	12			908
1	16			26	2	1	22	1		909
6	33	3		53	16	5	29	2	1	91
3	12			10	3	2	4	1		911
3	13	1		16	4	3	7	1	1	912
	8	2		27	9		18			919
62	149	18	6	396	135	74	164	22	1	92
20	32	3	1	125	57	24	36	8		921
3	17	3		25	9	4	10	2		922
34	81	10	4	205	56	41	99	9		923
5	19	2	1	41	13	5	19	3	1	929

2-5 按地区、登记注册类型

（2012年）

地 区	企 业 单位数	内资 企业				
			国有 企业	集体 企业	股份合作 企 业	国有联营 企 业
全 国	**8286654**	**8043201**	**159644**	**183870**	**74697**	**2274**
北 京	374051	358611	7211	11718	15286	69
天 津	187579	179987	4336	5399	1055	59
河 北	278564	276110	5795	7418	2369	67
山 西	159461	158984	6005	5813	1178	51
内蒙古	105156	104608	2590	1482	1177	20
辽 宁	370163	359978	10093	16006	3934	87
吉 林	90302	89393	3057	2141	532	28
黑龙江	134426	133460	5880	4382	1989	36
上 海	427928	385872	5371	8747	2443	155
江 苏	977842	946809	7389	11850	4101	109
浙 江	739030	714953	5438	10253	6529	80
安 徽	254386	252032	5791	5032	2324	81
福 建	319214	304682	6768	7551	2583	166
江 西	176556	174324	6277	2948	2204	75
山 东	722344	708791	9421	10648	2652	138
河 南	283009	281524	6450	7717	1761	69
湖 北	322331	319584	8266	7025	2657	117
湖 南	221798	219881	5857	5487	1816	82
广 东	884679	825438	11903	22205	6657	303
广 西	180309	178658	5362	5062	1470	51
海 南	37505	36664	1563	835	385	31
重 庆	224487	222968	3126	2779	1538	67
四 川	230936	228721	5505	5535	2682	72
贵 州	76025	75609	3729	2250	909	58
云 南	150093	149102	3748	3719	1273	39
西 藏	3434	3396	595	245	55	10
陕 西	176977	175877	5303	5172	1722	72
甘 肃	66817	66535	2575	2640	891	35
青 海	17567	17432	968	499	201	10
宁 夏	28802	28668	729	363	148	10
新 疆	64883	64550	2543	949	176	27

分组的企业法人单位数

单位：个

集体联营企业	国有与集体联营	其他联营	国有独资公司	其他有限责任公司	股份有限公司	私营独资	私营合伙	私营有限责任公司
5237	**1881**	**4193**	**16572**	**1073803**	**138698**	**1691924**	**277085**	**3748157**
176	118	63	1291	64530	5096	15256	4522	224325
114	52	88	386	24147	2136	18571	5298	106057
148	43	124	449	43617	7491	75258	13728	88678
101	24	129	318	21522	4301	27710	4413	56627
35	10	42	244	25357	2936	16544	2439	42495
228	64	124	657	50621	5814	88780	5998	148947
62	17	92	247	16534	2407	22709	1415	31111
102	27	179	245	24745	5073	26725	2826	46543
254	300	158	805	25702	1942	44165	11155	273757
298	195	252	693	53353	11355	195976	18151	581223
247	75	100	1731	52233	4959	122244	28628	454573
146	49	123	769	37751	5361	44085	10365	115693
261	71	228	678	44313	5155	43822	17986	147844
381	68	113	256	30779	4662	35797	14327	52696
392	87	233	630	70098	11288	205002	15536	293806
160	38	195	421	46412	6986	123286	11062	57655
361	82	263	382	68226	6784	67396	14380	107616
222	141	162	618	18162	4531	66548	19904	66780
475	139	568	1307	135572	11373	144660	26999	419496
173	21	167	501	20978	4183	57101	7591	62848
26	14	30	111	15256	1122	2331	1090	11149
121	36	102	703	22364	4068	83859	9569	66172
223	61	210	760	45066	7368	56906	10333	72762
79	28	90	490	19161	1924	21660	4974	14254
145	42	81	478	18049	3373	23115	4394	70306
20	5	10	25	514	182	539	130	849
145	34	149	475	51650	3287	32350	5051	50627
88	20	68	163	11048	1990	15262	2283	22028
14	5	18	96	2504	429	3059	759	6329
8	4	7	129	3424	421	4502	745	15907
32	11	25	514	10115	701	6706	1034	39004

2-5 续表

地 区	私营股份有限公司	其他	港、澳、台商投资企业	与港、澳、台商合资经营	与港、澳、台商合作经营	港、澳、台商独资
全 国	**200552**	**464614**	**112602**	**26550**	**4341**	**78063**
北 京	8425	525	5578	1355	237	3911
天 津	3356	8933	1997	721	41	1157
河 北	10445	20480	782	401	36	292
山 西	5234	25558	191	98	12	60
内蒙古	2702	6535	186	90	6	74
辽 宁	8983	19642	2380	1117	99	1042
吉 林	2775	6266	202	101	13	76
黑龙江	4540	10168	326	150	18	125
上 海	8260	2658	15114	2242	552	12167
江 苏	21796	40068	11984	3714	211	7600
浙 江	6632	21231	10662	5007	264	4972
安 徽	8341	16121	942	369	19	503
福 建	8218	19038	9083	1734	139	6952
江 西	7574	16167	1387	309	24	988
山 东	16434	72426	2954	1337	116	1389
河 南	5683	13629	675	291	32	312
湖 北	7464	28565	1302	497	39	669
湖 南	7224	22347	1133	521	53	483
广 东	15200	28581	41500	4989	2253	33050
广 西	5437	7713	903	307	57	505
海 南	1112	1609	475	122	22	303
重 庆	7014	21450	679	230	14	388
四 川	7136	14102	829	287	21	449
贵 州	2278	3725	193	79	5	94
云 南	5836	14504	403	176	23	177
西 藏	99	118	5		1	3
陕 西	7969	11871	384	149	18	184
甘 肃	1903	5541	116	56	3	49
青 海	879	1662	57	24	5	22
宁 夏	774	1497	46	14	4	16
新 疆	829	1884	134	63	4	51

单位：个

港、澳、台商投资股份有限公司	其他港、澳、台商投资	外商投资企业	中外合资经营	中外合作经营	外资企业	外商投资股份有限公司	其他外商投资
3225	**423**	**130851**	**37404**	**4220**	**84994**	**3444**	**789**
74	1	9862	2448	297	6961	149	7
73	5	5595	1632	125	3705	103	30
48	5	1672	828	76	687	71	10
20	1	286	176	19	74	15	2
16		362	182	20	139	19	2
111	11	7805	3195	349	3984	225	52
12		707	267	42	369	27	2
26	7	640	291	37	267	43	2
133	20	26942	4104	653	21931	169	85
424	35	19049	5672	328	12368	624	57
376	43	13415	6013	516	6417	297	172
41	10	1412	595	31	698	72	16
233	25	5449	1405	115	3657	223	49
62	4	845	312	24	424	79	6
107	5	10599	3148	216	6990	224	21
37	3	810	437	43	279	49	2
86	11	1445	660	31	658	76	20
67	9	784	393	43	302	29	17
1008	200	17741	3445	997	12566	554	179
30	4	748	300	55	323	59	11
26	2	366	127	19	204	15	1
45	2	840	323	27	428	50	12
61	11	1386	568	57	638	106	17
13	2	223	92	11	101	19	
25	2	588	210	28	291	52	7
1		33	18	2	10	3	
31	2	716	301	26	330	54	5
8		166	84	5	62	14	1
5	1	78	35	11	28	4	
11	1	88	48	3	33	4	
15	1	199	95	14	70	16	4

2-6 按行业(中类)、开业(成立)时间

行业中类	代码	企业单位数	1949年及以前	1950-1977年
总计		**8286654**	**3346**	**65092**
农、林、牧、渔业	A	**331494**	**61**	**1791**
农业	01	133787	37	609
谷物及其他作物的种植	011	32540	30	406
蔬菜、园艺作物的种植	012	54380	2	38
水果、坚果、饮料和香料作物的种植	013	38116	5	159
中药材的种植	014	8751		6
林业	02	33299	11	793
林木的培育和种植	021	31362	5	536
木材和竹材的采运	022	1001	6	134
林产品的采集	023	936		123
畜牧业	03	101230	10	161
牲畜的饲养	031	30833	6	97
猪的饲养	032	35369	2	18
家禽的饲养	033	25943	1	19
狩猎和捕捉动物	034	148		1
其他畜牧业	039	8937	1	26
渔业	04	28515	1	86
海洋渔业	041	7417		35
内陆渔业	042	21098	1	51
农、林、牧、渔服务业	05	34663	2	142
农业服务业	051	27431	1	69
林业服务业	052	2002		24
畜牧服务业	053	3427		33
渔业服务业	054	1803	1	16
采矿业	B	**107596**	**54**	**1237**
煤炭开采和洗选业	06	23241	27	658
烟煤和无烟煤的开采洗选	061	21592	27	622
褐煤的开采洗选	062	642		28
其他煤炭采选	069	1007		8
石油和天然气开采业	07	2240	1	9
天然原油和天然气开采	071	519	1	2
与石油和天然气开采有关的服务活动	079	1721		7
黑色金属矿采选业	08	18543	4	63
铁矿采选	081	16483	4	45
其他黑色金属矿采选	089	2060		18
有色金属矿采选业	09	11903	4	100
常用有色金属矿采选	091	8291	1	64
贵金属矿采选	092	2272	2	22
稀有稀土金属矿采选	093	1340	1	14
非金属矿采选业	10	49517	17	403
土砂石开采	101	41566	8	266
化学矿采选	102	1720	2	29
采盐	103	850	5	65
石棉及其他非金属矿采选	109	5381	2	43
其他采矿业	11	2152	1	4
其他采矿业	110	2152	1	4

分组的企业法人单位数

单位：个

1978-1991年	1992-1995年	1996年	1997年	1998年	1999年	2000年	代码
176137	**231257**	**77880**	**86128**	**150497**	**143840**	**224100**	
2192	**1380**	**582**	**600**	**4259**	**1659**	**3707**	A
535	444	179	186	1421	422	977	01
184	128	34	26	225	78	161	011
124	158	77	78	828	187	462	012
206	144	65	72	345	131	284	013
21	14	3	10	23	26	70	014
699	236	99	106	531	243	510	02
602	207	89	101	512	229	487	021
69	16	6	2	10	8	12	022
28	13	4	3	9	6	11	023
367	315	164	158	1141	616	1479	03
114	75	28	40	213	155	339	031
110	102	79	69	410	252	553	032
104	101	37	38	390	159	479	033
1	2		1			2	034
38	35	20	10	128	50	106	039
251	199	65	68	537	181	337	04
114	80	19	29	139	68	112	041
137	119	46	39	398	113	225	042
340	186	75	82	629	197	404	05
215	130	61	57	470	136	256	051
46	21	1	5	24	12	26	052
47	22	9	15	63	25	61	053
32	13	4	5	72	24	61	054
4318	**3630**	**1478**	**1333**	**2516**	**2067**	**3394**	B
1748	1307	535	487	730	560	816	06
1697	1269	518	465	698	535	769	061
29	18	10	14	19	15	24	062
22	20	7	8	13	10	23	069
21	53	15	18	89	39	58	07
8	19	7	12	52	17	15	071
13	34	8	6	37	22	43	079
365	346	161	109	253	245	473	08
312	305	144	95	234	222	424	081
53	41	17	14	19	23	49	089
440	397	177	152	232	237	365	09
204	234	101	76	156	152	246	091
198	133	47	52	51	64	85	092
38	30	29	24	25	21	34	093
1721	1511	586	561	1195	969	1651	10
1224	1235	478	451	975	808	1374	101
88	64	27	26	49	32	75	102
220	53	14	16	28	21	26	103
189	159	67	68	143	108	176	109
23	16	4	6	17	17	31	11
23	16	4	6	17	17	31	110

2-6 续表 1

行业中类	代码	企业单位数		
			1949年及以前	1950-1977年
制造业	C	**2380700**	**847**	**17815**
农副食品加工业	13	115835	36	1248
谷物磨制	131	29285	18	254
饲料加工	132	13841		21
植物油加工	133	10660	7	138
制糖	134	762	1	46
屠宰及肉类加工	135	18255	4	608
水产品加工	136	10352	2	53
蔬菜、水果和坚果加工	137	15895	1	34
其他农副食品加工	139	16785	3	94
食品制造业	14	51877	30	454
焙烤食品制造	141	13139	7	112
糖果、巧克力及蜜饯制造	142	5407	2	30
方便食品制造	143	8069	4	60
液体乳及乳制品制造	144	2021	2	30
罐头制造	145	3582	2	23
调味品、发酵制品制造	146	7457	7	151
其他食品制造	149	12202	6	48
饮料制造业	15	40359	54	580
酒精制造	151	510	2	4
酒的制造	152	14734	44	291
软饮料制造	153	14056	5	43
精制茶加工	154	11059	3	242
烟草制品业	16	349	16	23
烟叶复烤	161	135		1
卷烟制造	162	106	16	18
其他烟草制品加工	169	108		4
纺织业	17	137522	50	713
棉、化纤纺织及印染精加工	171	51350	24	303
毛纺织和染整精加工	172	6023	4	31
麻纺织	173	1147		13
丝绢纺织及精加工	174	8251	5	47
纺织制成品制造	175	33420	6	173
针织品、编织品及其制品制造	176	37331	11	146
纺织服装、鞋、帽制造业	18	113101	15	445
纺织服装制造	181	104447	12	388
纺织面料鞋的制造	182	6220	2	34
制帽	183	2434	1	23
皮革、毛皮、羽毛(绒)及其制品业	19	43066	11	175
皮革鞣制加工	191	3367	1	23
皮革制品制造	192	33332	8	119
毛皮鞣制及制品加工	193	4196	2	22
羽毛(绒)加工及制品制造	194	2171		11
木材加工及木、竹、藤、棕、草制品业	20	71880	8	279
锯材、木片加工	201	23588	2	132
人造板制造	202	21204	5	39
木制品制造	203	18976	1	74
竹、藤、棕、草制品制造	204	8112		34
家具制造业	21	48067	3	189
木质家具制造	211	33822	3	142
竹、藤家具制造	212	909		2

单位：个

1978-1991年	1992-1995年	1996年	1997年	1998年	1999年	2000年	代码
75011	**99780**	**33334**	**35760**	**60696**	**56639**	**87712**	C
3629	4723	1893	2070	3887	3525	5581	13
983	1385	566	592	1275	1046	1775	131
317	494	238	292	486	491	625	132
407	400	167	161	318	312	530	133
60	43	6	9	17	14	22	134
770	728	296	351	632	534	795	135
437	646	206	226	345	333	477	136
286	546	231	241	423	437	690	137
369	481	183	198	391	358	667	139
1797	2427	858	1005	1755	1469	2282	14
411	523	201	223	397	308	531	141
218	382	114	153	249	174	243	142
224	330	116	123	250	209	370	143
73	78	36	41	72	84	115	144
141	200	53	85	127	111	178	145
413	397	157	178	334	258	360	146
317	517	181	202	326	325	485	149
1872	1908	754	809	1528	1350	1952	15
14	21	7	12	14	10	15	151
1006	885	361	413	741	637	856	152
253	527	221	242	461	471	703	153
599	475	165	142	312	232	378	154
41	22	5	6	10	10	10	16
7	8	1	2	5	6	6	161
18	5	1	1	2	1	2	162
16	9	3	3	3	3	2	169
3258	4812	1599	1892	3250	3234	5835	17
1267	1551	580	744	1203	1202	2330	171
232	336	121	116	208	195	317	172
51	43	15	19	34	25	67	173
189	256	84	102	226	214	441	174
758	1140	364	435	780	747	1194	175
761	1486	435	476	799	851	1486	176
2041	3665	1171	1300	1944	1987	3607	18
1873	3357	1086	1189	1789	1829	3370	181
114	214	63	67	102	110	136	182
54	94	22	44	53	48	101	183
982	2025	664	597	919	948	1372	19
110	218	62	60	90	86	128	191
759	1646	530	455	711	718	1033	192
49	68	26	32	56	69	119	193
64	93	46	50	62	75	92	194
1396	1820	748	757	1516	1390	2473	20
524	491	220	240	523	459	845	201
204	411	181	207	392	379	698	202
480	622	218	212	399	372	618	203
188	296	129	98	202	180	312	204
898	1577	656	723	1200	1075	1693	21
703	1154	496	535	896	813	1296	211
18	33	7	12	15	18	30	212

2-6 续表 2

行业中类	代码	企业单位数	1949年及以前	1950-1977年
金属家具制造	213	5451		31
塑料家具制造	214	818		2
其他家具制造	219	7067		12
造纸及纸制品业	22	59381	30	338
纸浆制造	221	985	1	11
造纸	222	14312	21	143
纸制品制造	223	44084	8	184
印刷业和记录媒介的复制	23	68038	101	975
印刷	231	61718	97	889
装订及其他印刷服务活动	232	5945	4	82
记录媒介的复制	233	375		4
文教体育用品制造业	24	25683	9	121
文化用品制造	241	7285	5	68
体育用品制造	242	6486		19
乐器制造	243	1891	2	19
玩具制造	244	8768	2	13
游艺器材及娱乐用品制造	245	1253		2
石油加工及炼焦	25	7659	9	65
精炼石油产品的制造	251	5746	8	47
炼焦	252	1913	1	18
化学原料及化学制品制造业	26	114678	52	1057
基础化学原料制造	261	19734	14	219
肥料制造	262	12129	5	231
农药制造	263	3016	1	44
涂料、油墨、颜料及类似产品制造	264	21005	11	103
合成材料制造	265	8628	4	55
专用化学产品制造	266	38577	8	341
日用化学产品制造	267	11589	9	64
医药制造业	27	20606	31	326
化学药品原药制造	271	2831	7	48
化学药品制剂制造	272	2647	10	90
中药饮片加工	273	2719	1	19
中成药制造	274	3476	10	123
兽用药品制造	275	1654		20
生物、生化制品的制造	276	3907	3	6
卫生材料及医药用品制造	277	3372		20
化学纤维制造业	28	6175	2	21
纤维素纤维原料及纤维制造	281	1253	2	7
合成纤维制造	282	4922		14
橡胶制品业	29	26458	10	212
轮胎制造	291	2410	1	21
橡胶板、管、带的制造	292	5066	4	44
橡胶零件制造	293	6842		78
再生橡胶制造	294	1197		6
日用及医用橡胶制品制造	295	1165		10
橡胶靴鞋制造	296	2351	3	20
其他橡胶制品制造	299	7427	2	33
塑料制品业	30	124076	7	407
塑料薄膜制造	301	11132	1	58

单位：个

1978-1991年	1992-1995年	1996年	1997年	1998年	1999年	2000年	代码
106	217	84	93	153	118	175	213
4	24	10	8	15	18	22	214
67	149	59	75	121	108	170	219
2162	2758	1033	1009	1656	1578	2317	22
29	52	19	12	17	21	31	221
698	794	328	276	422	459	629	222
1435	1912	686	721	1217	1098	1657	223
4864	4983	1513	1637	2475	1948	3044	23
4397	4514	1389	1492	2250	1756	2777	231
451	449	117	134	209	176	255	232
16	20	7	11	16	16	12	233
785	1268	396	375	608	638	943	24
246	342	128	131	207	225	308	241
136	264	107	73	145	147	220	242
58	87	30	29	43	49	87	243
324	531	119	126	185	195	299	244
21	44	12	16	28	22	29	245
265	361	108	129	208	202	287	25
215	294	91	108	170	175	239	251
50	67	17	21	38	27	48	252
4552	6118	1983	2199	3700	3482	5169	26
951	1021	357	363	620	582	905	261
273	368	173	162	343	271	415	262
183	200	65	70	120	111	148	263
795	1305	402	477	743	757	1060	264
267	379	142	147	238	224	348	265
1669	2044	605	698	1223	1149	1773	266
414	801	239	282	413	388	520	267
772	1195	362	387	663	576	836	27
136	175	52	67	106	83	112	271
156	252	65	63	115	84	124	272
77	100	35	34	69	55	72	273
169	272	89	83	146	104	171	274
66	82	24	37	59	81	76	275
57	167	53	53	78	84	140	276
111	147	44	50	90	85	141	277
139	233	72	86	141	151	279	28
31	59	10	19	24	28	56	281
108	174	62	67	117	123	223	282
1070	1307	491	466	767	749	1052	29
68	102	40	35	63	47	89	291
214	233	81	88	146	137	181	292
348	428	167	146	240	252	332	293
47	65	25	23	29	30	47	294
45	74	27	32	45	33	61	295
124	169	58	47	69	90	95	296
224	236	93	95	175	160	247	299
3384	5223	1729	1915	3118	3167	4913	30
309	533	191	184	307	297	482	301

2-6 续表 3

行业中类	代码	企业单位数	1949年及以前	1950-1977年
塑料板、管、型材的制造	302	17261	2	79
塑料丝、绳及编织品的制造	303	11136		54
泡沫塑料制造	304	5900		12
塑料人造革、合成革制造	305	1419		2
塑料包装箱及容器制造	306	13523	1	49
塑料零件制造	307	15888		39
日用塑料制造	308	15936	1	53
其他塑料制品制造	309	31881	2	61
非金属矿物制品业	31	236335	60	2508
水泥、石灰和石膏的制造	311	16309	14	597
水泥及石膏制品制造	312	53593	6	260
砖瓦、石材及其他建筑材料制造	313	103472	18	1120
玻璃及玻璃制品制造	314	20613	10	124
陶瓷制品制造	315	12806	3	172
耐火材料制品制造	316	12981	8	139
石墨及其他非金属矿物制品制造	319	16561	1	96
黑色金属冶炼及压延加工业	32	22481	8	181
炼铁	321	2660		19
炼钢	322	1105	1	18
钢压延加工	323	15149	7	122
铁合金冶炼	324	3567		22
有色金属冶炼及压延加工业	33	28090	13	166
常用有色金属冶炼	331	7518	6	49
贵金属冶炼	332	987		19
稀有稀土金属冶炼	333	1601		12
有色金属合金制造	334	3310	1	19
有色金属压延加工	335	14674	6	67
金属制品业	34	188057	25	1123
结构性金属制品制造	341	63278	4	248
金属工具制造	342	24895	5	288
集装箱及金属包装容器制造	343	6809	1	69
金属丝绳及其制品的制造	344	9030	5	75
建筑、安全用金属制品制造	345	22515	3	112
金属表面处理及热处理加工	346	12249		136
搪瓷制品制造	347	1559	1	20
不锈钢及类似日用金属制品制造	348	18842	2	77
其他金属制品制造	349	28880	4	98
通用设备制造业	35	246517	84	2027
锅炉及原动机制造	351	9848	10	189
金属加工机械制造	352	36524	23	304
起重运输设备制造	353	7824	6	135
泵、阀门、压缩机及类似机械的制造	354	31428	14	315
轴承、齿轮、传动和驱动部件的制造	355	15686	3	146
烘炉、熔炉及电炉制造	356	2284		16
风机、衡器、包装设备等通用设备制造	357	36319	14	229
通用零部件制造及机械修理	358	74091	11	383
金属铸、锻加工	359	32513	3	310
专用设备制造业	36	142507	50	1239
矿山、冶金、建筑专用设备制造	361	23724	12	266

单位：个

1978-1991年	1992-1995年	1996年	1997年	1998年	1999年	2000年	代码
386	626	184	198	449	437	750	302
442	511	203	219	375	316	530	303
203	278	117	127	161	177	265	304
41	97	22	26	49	58	58	305
350	533	200	220	349	312	503	306
457	696	233	245	375	429	667	307
558	836	249	277	450	467	643	308
638	1113	330	419	603	674	1015	309
12055	12072	4102	3763	7167	5814	9121	31
1078	1008	323	258	534	435	643	311
2134	2395	942	860	1796	1316	2255	312
6684	5891	1875	1613	3078	2446	3914	313
620	854	310	330	507	505	739	314
386	579	188	207	356	348	446	315
678	783	237	268	460	406	526	316
475	562	227	227	436	358	598	319
704	975	314	318	535	532	771	32
86	107	35	25	44	50	91	321
31	57	12	12	15	20	28	322
461	697	218	225	400	388	542	323
126	114	49	56	76	74	110	324
775	1145	370	419	637	652	990	33
180	258	83	97	142	179	261	331
26	43	12	14	14	13	41	332
30	56	26	33	43	36	48	333
90	138	37	43	79	68	111	334
449	650	212	232	359	356	529	335
4986	6871	2172	2502	4121	4117	6267	34
1347	2013	688	761	1400	1318	1957	341
650	968	292	390	591	574	1033	342
301	440	113	141	203	207	266	343
310	366	112	146	257	252	343	344
538	790	271	310	465	517	755	345
900	783	187	234	406	377	540	346
40	48	24	20	35	25	45	347
364	714	233	249	337	423	652	348
536	749	252	251	427	424	676	349
8115	10074	3315	3611	6260	5548	8587	35
452	510	162	193	329	275	390	351
834	1026	324	402	725	606	1051	352
271	350	127	138	196	184	267	353
1103	1562	508	526	877	786	1253	354
482	630	274	234	388	396	631	355
59	107	27	39	57	53	76	356
781	1221	400	450	802	731	1074	357
2274	2631	875	945	1643	1521	2327	358
1859	2037	618	684	1243	996	1518	359
3384	4600	1564	1757	3083	2895	4325	36
614	737	245	290	560	505	697	361

2-6 续表 4

行业中类	代码	企业单位数		
			1949年及以前	1950-1977年
化工、木材、非金属加工专用设备制造	362	38885	4	131
食品、饮料、烟草及饲料生产专用设备制造	363	4635		89
印刷、制药、日化生产专用设备制造	364	8984	4	77
纺织、服装和皮革工业专用设备制造	365	10567	8	119
电子和电工机械专用设备制造	366	11655	2	61
农、林、牧、渔专用机械制造	367	10266	11	284
医疗仪器设备及器械制造	368	7889	5	84
环保、社会公共安全及其他专用设备制造	369	25902	4	128
交通运输设备制造业	37	104139	68	1042
铁路运输设备制造	371	3620	17	83
汽车制造	372	70155	27	603
摩托车制造	373	7916		40
自行车制造	374	6358	3	47
船舶及浮动装置制造	375	12905	18	190
航空航天器制造	376	581	2	66
交通器材及其他交通运输设备制造	379	2604	1	13
电气机械及器材制造业	39	141797	34	865
电机制造	391	14852	6	152
输配电及控制设备制造	392	46864	8	356
电线、电缆、光缆及电工器材制造	393	21428	6	139
电池制造	394	5483	8	39
家用电力器具制造	395	17530	3	62
非电力家用器具制造	396	5791		15
照明器具制造	397	20599	3	71
其他电气机械及器材制造	399	9250		31
通信设备、计算机及其他电子设备制造业	40	75430	9	295
通信设备制造	401	7855	6	40
雷达及配套设备制造	402	184		18
广播电视设备制造	403	2142		3
电子计算机制造	404	6416		10
电子器件制造	405	11084	1	56
电子元件制造	406	31279	2	133
家用视听设备制造	407	4499		18
其他电子设备制造	409	11971		17
仪器仪表及文化、办公用机械制造业	41	33660	15	355
通用仪器仪表制造	411	15556	7	166
专用仪器仪表制造	412	5728	2	97
钟表与计时仪器制造	413	2333	5	29
光学仪器及眼镜制造	414	4827		34
文化、办公用机械制造	415	2238	1	17
其他仪器仪表的制造及修理	419	2978		12
工艺品及其他制造业	42	75364	7	374
工艺美术品制造	421	41896	2	231
日用杂品制造	422	10425	3	63
煤制品制造	423	4129	1	16
其他未列明的制造业	429	18914	1	64
废弃资源和废旧材料回收加工业	43	11513		12
金属废料和碎屑的加工处理	431	5836		8
非金属废料和碎屑的加工处理	432	5677		4

单位：个

1978-1991年	1992-1995年	1996年	1997年	1998年	1999年	2000年	代码
656	1026	369	398	686	651	1087	362
209	252	94	79	154	137	195	363
232	335	115	158	227	227	317	364
416	453	153	184	283	284	542	365
136	263	72	108	191	181	229	366
410	348	138	151	279	259	356	367
213	409	124	129	196	221	294	368
498	777	254	260	507	430	608	369
3539	4687	1464	1527	2572	2467	3457	37
351	206	64	37	111	98	151	371
2366	3155	1003	1061	1765	1690	2383	372
257	550	193	198	288	285	347	373
134	239	63	84	131	125	228	374
359	439	116	112	215	218	261	375
20	24	8	9	11	10	13	376
52	74	17	26	51	41	74	379
3547	5567	1768	1980	3040	3237	4548	39
337	548	179	202	329	344	482	391
1431	1961	595	735	1010	1223	1543	392
764	1137	340	418	678	602	855	393
123	176	46	57	117	95	168	394
313	671	243	218	311	364	568	395
77	133	58	65	92	85	140	396
342	714	233	214	376	392	597	397
160	227	74	71	127	132	195	399
1136	2584	734	877	1329	1277	2069	40
141	369	104	108	158	172	254	401
4	13		4	2	2	5	402
62	126	41	50	65	54	102	403
62	187	56	64	111	110	158	404
152	322	76	118	169	148	300	405
539	1129	319	370	591	580	921	406
88	183	58	78	84	87	125	407
88	255	80	85	149	124	204	409
1078	1894	575	641	905	913	1282	41
560	891	292	331	493	494	650	411
182	299	87	90	150	138	208	412
111	210	48	53	46	61	78	413
103	262	75	82	111	110	187	414
65	134	41	44	54	46	81	415
57	98	32	41	51	64	78	419
1614	2681	870	924	1551	1545	2376	42
1074	1739	536	574	969	980	1428	421
242	477	150	163	237	241	407	422
132	182	76	75	175	143	277	423
166	283	108	112	170	181	264	429
171	205	51	79	151	163	274	43
107	112	30	44	82	89	116	431
64	93	21	35	69	74	158	432

2-6 续表 5

行业中类	代码	企业单位数	1949年及以前	1950-1977年
电力、燃气及水的生产和供应业	D	**68607**	**134**	**3236**
电力、热力的生产和供应业	44	45614	79	2305
电力生产	441	36928	33	1583
电力供应	442	4176	46	710
热力生产和供应	443	4510		12
燃气生产和供应业	45	5391	6	19
燃气生产和供应业	450	5391	6	19
水的生产和供应业	46	17602	49	912
自来水的生产和供应	461	13810	49	908
污水处理及其再生利用	462	2944		4
其他水的处理、利用与分配	469	848		
建筑业	E	**391379**	**100**	**5013**
房屋和土木工程建筑业	47	138448	79	4546
房屋工程建筑	471	81175	56	3560
土木工程建筑	472	57273	23	986
建筑安装业	48	75762	15	317
建筑安装业	480	75762	15	317
建筑装饰业	49	122892	4	57
建筑装饰业	490	122892	4	57
其他建筑业	50	54277	2	93
工程准备	501	14951		32
提供施工设备服务	502	6239	1	11
其他未列明的建筑活动	509	33087	1	50
交通运输、仓储和邮政业	F	**239225**	**213**	**3326**
铁路运输业	51	2122	2	24
铁路旅客运输	511	179	1	8
铁路货物运输	512	851	1	6
铁路运输辅助活动	513	1092		10
道路运输业	52	115078	63	1191
公路旅客运输	521	10015	32	453
道路货物运输	522	95016	26	517
道路运输辅助活动	523	10047	5	221
城市公共交通业	53	9248	9	211
公共电汽车客运	531	2560	6	172
轨道交通	532	165		2
出租车客运	533	5866		26
城市轮渡	534	95	3	3
其他城市公共交通	539	562		8
水上运输业	54	10336	10	371
水上旅客运输	541	1147	1	64
水上货物运输	542	6443	3	252
水上运输辅助活动	543	2746	6	55
航空运输业	55	1457		7
航空客货运输	551	549		1
通用航空服务	552	363		
航空运输辅助活动	553	545		6
管道运输业	56	232		
管道运输业	560	232		
装卸搬运和其他运输服务业	57	66133	29	440

单位：个

1978-1991年	1992-1995年	1996年	1997年	1998年	1999年	2000年	代码
7314	**3540**	**1131**	**1219**	**1841**	**1667**	**2213**	D
4602	2197	737	829	1249	1176	1419	44
3853	1784	650	730	1053	934	1129	441
570	228	47	55	116	163	143	442
179	185	40	44	80	79	147	443
141	190	59	58	96	119	159	45
141	190	59	58	96	119	159	450
2571	1153	335	332	496	372	635	46
2518	1074	305	305	441	325	548	461
19	32	15	11	38	35	63	462
34	47	15	16	17	12	24	469
12436	**15461**	**4486**	**4743**	**7808**	**7059**	**9414**	E
9038	7879	1969	2037	3547	2944	3803	47
6643	5155	1319	1336	2335	1830	2336	471
2395	2724	650	701	1212	1114	1467	472
1842	3039	949	1146	1680	1610	2043	48
1842	3039	949	1146	1680	1610	2043	480
985	3561	1295	1257	1963	1906	2703	49
985	3561	1295	1257	1963	1906	2703	490
571	982	273	303	618	599	865	50
191	421	95	101	230	218	300	501
54	81	27	19	65	64	96	502
326	480	151	183	323	317	469	509
6232	**6629**	**2164**	**2408**	**4154**	**3641**	**5410**	F
80	48	15	15	29	17	34	51
7	5	3	4	1	2	2	511
22	22	8	9	9	6	16	512
51	21	4	2	19	9	16	513
2345	2360	813	963	1616	1602	2416	52
545	431	167	178	340	275	402	521
1344	1510	463	595	993	1046	1676	522
456	419	183	190	283	281	338	523
415	930	265	313	382	348	392	53
138	119	39	70	88	90	106	531
5	12	8	3	4	8	10	532
227	772	208	229	277	231	257	533
26	3	1	1		3	2	534
19	24	9	10	13	16	17	539
650	472	120	149	242	190	266	54
113	56	25	16	30	25	44	541
406	270	66	85	140	121	154	542
131	146	29	48	72	44	68	543
38	64	15	19	33	29	38	55
22	26	9	6	11	11	15	551
2	11		6	7	4	11	552
14	27	6	7	15	14	12	553
8	8		2	5	1	12	56
8	8		2	5	1	12	560
1261	1473	587	568	879	830	1327	57

2-6 续表 6

行业中类	代码	企业单位数	1949年及以前	1950-1977年
装卸搬运	571	10837	22	381
运输代理服务	572	55296	7	59
仓储业	58	23965	73	1030
谷物、棉花等农产品仓储	581	6457	66	811
其他仓储	589	17508	7	219
邮政业	59	10654	27	52
国家邮政	591	2254	26	47
其他寄递服务	599	8400	1	5
信息传输、计算机服务和软件业	**G**	**234453**	**25**	**65**
电信和其他信息传输服务业	60	38207	22	44
电信	601	11568	19	24
互联网信息服务	602	23675		4
广播电视传输服务	603	2677	3	15
卫星传输服务	604	287		1
计算机服务业	61	119861	1	15
计算机系统服务	611	27966		11
数据处理	612	1606		
计算机维修	613	3918		1
其他计算机服务	619	86371	1	3
软件业	62	76385	2	6
公共软件服务	621	59946	2	4
其他软件服务	629	16439		2
批发和零售业	**H**	**2629580**	**1388**	**22475**
批发业	63	1661805	466	10642
农畜产品批发	631	66117	95	2481
食品、饮料及烟草制品批发	632	126729	67	1786
纺织、服装及日用品批发	633	182605	19	429
文化、体育用品及器材批发	634	50279	25	162
医药及医疗器材批发	635	43655	2	383
矿产品、建材及化工产品批发	636	520970	213	4244
机械设备、五金交电及电子产品批发	637	449715	19	571
贸易经纪与代理	638	62412	7	140
其他批发	639	159323	19	446
零售业	65	967775	922	11833
综合零售	651	117396	428	6953
食品、饮料及烟草制品专门零售	652	78654	45	1611
纺织、服装及日用品专门零售	653	93424	37	728
文化、体育用品及器材专门零售	654	56481	357	922
医药及医疗器材专门零售	655	84019	15	584
汽车、摩托车、燃料及零配件专门零售	656	134892	14	241
家用电器及电子产品专门零售	657	153649	4	110
五金、家具及室内装修材料专门零售	658	122377	8	310
无店铺及其他零售	659	126883	14	374
住宿和餐饮业	**I**	**181011**	**68**	**1472**
住宿业	66	64861	37	924
旅游饭店	661	23278	23	400
一般旅馆	662	36538	14	475
其他住宿服务	669	5045		49
餐饮业	67	116150	31	548

单位：个

1978-1991年	1992-1995年	1996年	1997年	1998年	1999年	2000年	代码
746	363	129	115	194	150	265	571
515	1110	458	453	685	680	1062	572
1361	1219	320	320	595	474	724	58
683	368	86	96	268	168	207	581
678	851	234	224	327	306	517	589
74	55	29	59	373	150	201	59
51	27	10	36	318	84	60	591
23	28	19	23	55	66	141	599
454	**1591**	**702**	**959**	**1849**	**2641**	**5913**	**G**
175	360	131	177	366	626	1081	60
76	137	59	86	169	392	463	601
29	67	47	52	117	171	460	602
64	135	21	38	75	58	148	603
6	21	4	1	5	5	10	604
158	587	288	400	814	1122	3041	61
44	240	118	127	257	334	665	611
7	14	6	6	27	19	42	612
11	45	27	28	45	58	119	613
96	288	137	239	485	711	2215	619
121	644	283	382	669	893	1791	62
95	515	239	303	541	724	1476	621
26	129	44	79	128	169	315	629
33739	**46822**	**18360**	**21364**	**39458**	**39704**	**60779**	**H**
18536	27518	10744	12714	24225	24425	36426	63
2547	1403	457	479	1067	1076	1642	631
2893	2385	885	1009	1965	2069	2773	632
1196	2249	906	1200	2093	2250	3608	633
442	904	374	465	796	835	1269	634
562	938	335	408	785	812	1077	635
5997	9793	3768	4284	8410	8423	12350	636
2875	7263	3053	3789	6933	7082	10490	637
363	668	240	247	462	405	706	638
1661	1915	726	833	1714	1473	2511	639
15203	19304	7616	8650	15233	15279	24353	65
4453	2597	889	900	1670	1577	2831	651
2030	1589	565	635	1202	1311	2022	652
1432	1558	744	821	1407	1390	2289	653
1059	1448	513	627	947	1101	1617	654
1024	1112	472	453	1027	948	1653	655
1799	4527	1644	1929	3282	3023	4726	656
707	1856	905	1167	2114	2390	3855	657
1382	2527	1027	1207	2009	1982	2895	658
1317	2090	857	911	1575	1557	2465	659
6156	**6058**	**2304**	**2487**	**3924**	**3715**	**5893**	**I**
4293	3402	1188	1220	1824	1575	2294	66
1462	1404	492	547	731	659	861	661
2536	1789	636	613	993	811	1284	662
295	209	60	60	100	105	149	669
1863	2656	1116	1267	2100	2140	3599	67

2-6 续表 7

行业中类	代码	企业单位数	1949年及以前	1950-1977年
正餐服务	671	92977	23	435
快餐服务	672	8175		28
饮料及冷饮服务	673	4868	1	2
其他餐饮服务	679	10130	7	83
金融业	**J**	**63712**	**70**	**654**
银行业	68	13447	26	639
中央银行	681	199	10	9
商业银行	682	11012	16	594
其他银行	689	2236		36
证券业	69	5052		1
证券市场管理	691	580		
证券经纪与交易	692	1386		1
证券投资	693	2174		
证券分析与咨询	694	912		
保险业	70	14281	44	5
人寿保险	701	5527	17	2
非人寿保险	702	5405	27	3
保险辅助服务	703	3349		
其他金融活动	71	30932		9
金融信托与管理	711	3859		2
金融租赁	712	1020		
财务公司	713	1462		
邮政储蓄	714	1200		
典当	715	5616		2
其他未列明的金融活动	719	17775		5
房地产业	**K**	**349865**	**72**	**2993**
房地产业	72	349865	72	2993
房地产开发经营	721	165020	2	85
物业管理	722	90909	17	233
房地产中介服务	723	56912	3	104
其他房地产活动	729	37024	50	2571
租赁和商务服务业	**L**	**729986**	**150**	**1727**
租赁业	73	41132	2	114
机械设备租赁	731	39798	2	99
文化及日用品出租	732	1334		15
商务服务业	74	688854	148	1613
企业管理服务	741	144683	126	1185
法律服务	742	10215	1	7
咨询与调查	743	195124	4	29
广告业	744	142063	2	29
知识产权服务	745	5548		
职业中介服务	746	33449		9
市场管理	747	18734	3	188
旅行社	748	30338	6	39
其他商务服务	749	108700	6	127
科学研究、技术服务和地质勘查业	**M**	**242723**	**17**	**809**
研究与试验发展	75	34626	2	136
自然科学研究与试验发展	751	4009		21
工程和技术研究与试验发展	752	20342	1	89

单位：个

1978-1991年	1992-1995年	1996年	1997年	1998年	1999年	2000年	代码
1582	2289	961	1059	1783	1814	2995	671
103	184	69	102	129	154	265	672
26	41	18	24	51	58	121	673
152	142	68	82	137	114	218	679
2538	**1283**	**1009**	**606**	**569**	**428**	**632**	J
2120	641	588	285	185	158	181	68
24	5	11	6	4	3	3	681
2015	575	383	206	159	131	161	682
81	61	194	73	22	24	17	689
31	182	45	49	31	34	54	69
3	11	2	2	1	2	4	691
22	131	34	25	15	21	30	692
6	21	4	7	8	4	14	693
	19	5	15	7	7	6	694
213	166	300	194	157	67	135	70
58	42	180	86	70	32	61	701
152	112	115	104	80	30	48	702
3	12	5	4	7	5	26	703
174	294	76	78	196	169	262	71
53	30	11	8	20	14	26	711
14	4	5	1	1	1	3	712
10	32	5	8	5	2	17	713
27	11	3		11	10	6	714
42	166	33	41	104	67	65	715
28	51	19	20	55	75	145	719
6809	**15946**	**3628**	**4230**	**7457**	**7026**	**10194**	K
6809	15946	3628	4230	7457	7026	10194	72
2285	9346	1718	2076	3725	3344	5116	721
825	2573	1115	1239	1973	2150	2883	722
274	723	269	336	568	693	1116	723
3425	3304	526	579	1191	839	1079	729
8939	**15221**	**4327**	**5604**	**7857**	**9081**	**14953**	L
350	629	243	244	384	414	639	73
323	595	234	229	361	398	598	731
27	34	9	15	23	16	41	732
8589	14592	4084	5360	7473	8667	14314	74
4446	4826	956	1674	1498	1515	2147	741
450	781	201	180	345	323	616	742
670	2278	716	868	1437	2491	4392	743
351	2331	848	1107	1645	1711	2862	744
11	78	21	28	43	70	95	745
311	450	109	128	288	264	516	746
714	1017	398	426	672	599	817	747
611	1022	326	375	600	692	1181	748
1025	1809	509	574	945	1002	1688	749
3398	**5973**	**1647**	**1722**	**2777**	**3270**	**5264**	M
341	531	131	162	317	316	600	75
32	40	12	12	20	28	50	751
198	308	70	94	179	160	303	752

2-6 续表 8

行业中类	代码	企业单位数	1949年及以前	1950-1977年
农业科学研究与试验发展	753	4445	1	18
医学研究与试验发展	754	5369		6
社会人文科学研究与试验发展	755	461		2
专业技术服务业	76	123192	11	475
气象服务	761	1227		9
地震服务	762	115		
海洋服务	763	313		
测绘服务	764	4341	1	6
技术检测	765	10767	1	28
环境监测	766	1964		
工程技术与规划管理	767	55310	7	382
其他专业技术服务	769	49155	2	50
科技交流和推广服务业	77	81135	4	135
技术推广服务	771	57845	3	104
科技中介服务	772	7379		5
其他科技服务	779	15911	1	26
地质勘查业	78	3770		63
矿产地质勘查	781	1763		31
基础地质勘查	782	509		10
地质勘查技术服务	783	1498		22
水利、环境和公共设施管理业	**N**	**38723**	**9**	**239**
水利管理业	79	3244	4	159
防洪管理	791	295	1	16
水资源管理	792	1350	2	119
其他水利管理	799	1599	1	24
环境管理业	80	8881		29
自然保护	801	829		18
环境治理	802	8052		11
公共设施管理业	81	26598	5	51
市政公共设施管理	811	3744	2	18
城市绿化管理	812	14655		15
游览景区管理	813	8199	3	18
居民服务和其他服务业	**O**	**177802**	**31**	**576**
居民服务业	82	72001	20	301
家庭服务	821	7950		3
托儿所	822	460		1
洗染服务	823	2765	3	7
理发及美容保健服务	824	17741	4	83
洗浴服务	825	9973	7	36
婚姻服务	826	4330		1
殡葬服务	827	2188	1	25
摄影扩印服务	828	7978	5	71
其他居民服务	829	18616		74
其他服务业	83	105801	11	275
修理与维护	831	45238	2	166
清洁服务	832	19379		5
其他未列明的服务	839	41184	9	104

单位：个

1978-1991年	1992-1995年	1996年	1997年	1998年	1999年	2000年	代码
66	69	23	31	56	61	100	753
42	102	25	24	57	62	134	754
3	12	1	1	5	5	13	755
2065	3675	1084	1089	1669	1995	3101	76
21	64	5	19	10	24	56	761
1	5	2	3	1	3	6	762
6	18	1	4	3	2	11	763
56	119	29	27	52	68	111	764
241	383	116	93	161	188	264	765
13	48	12	9	14	19	25	766
1442	2329	666	635	973	1153	1749	767
285	709	253	299	455	538	879	769
824	1626	412	446	738	906	1490	77
608	1219	312	330	555	690	1106	771
110	188	49	55	93	93	187	772
106	219	51	61	90	123	197	779
168	141	20	25	53	53	73	78
60	50	7	13	27	22	26	781
53	35	7	7	8	13	11	782
55	56	6	5	18	18	36	783
660	**1050**	**307**	**325**	**671**	**688**	**1084**	**N**
190	129	34	25	69	62	79	79
13	11	3	1	6	8	12	791
110	62	15	9	34	30	36	792
67	56	16	15	29	24	31	799
97	181	48	43	108	131	225	80
17	25	8	5	18	22	22	801
80	156	40	38	90	109	203	802
373	740	225	257	494	495	780	81
75	153	35	26	57	70	90	811
139	351	110	126	252	277	426	812
159	236	80	105	185	148	264	813
2787	**4144**	**1520**	**1773**	**2915**	**2843**	**4621**	**O**
1065	1574	633	811	1375	1319	2182	82
18	44	16	18	62	64	114	821
11	10	2	7	10	8	18	822
41	70	32	43	68	63	105	823
165	270	105	145	320	326	575	824
134	201	117	166	325	302	452	825
13	53	26	35	62	48	89	826
141	202	54	58	69	51	89	827
270	351	168	164	237	230	361	828
272	373	113	175	222	227	379	829
1722	2570	887	962	1540	1524	2439	83
1183	1761	645	641	1022	949	1482	831
91	240	61	109	194	224	379	832
448	569	181	212	324	351	578	839

2-6 续表 9

行业中类	代码	企业单位数	1949年及以前	1950-1977年
教育	P	**33746**	**7**	**137**
教育	84	33746	7	137
学前教育	841	5710	1	73
初等教育	842	748	6	17
中等教育	843	1433		16
高等教育	844	295		2
其他教育	849	25560		29
卫生、社会保障和社会福利业	Q	**19103**	**40**	**789**
卫生	85	17550	40	779
医院	851	6229	35	281
卫生院及社区医疗活动	852	2047	1	202
门诊部医疗活动	853	7289	4	273
计划生育技术服务活动	854	217		4
妇幼保健活动	855	119		3
专科疾病防治活动	856	341		4
疾病预防控制及防疫活动	857	180		7
其他卫生活动	859	1128		5
社会保障业	86	426		2
社会保障业	860	426		2
社会福利业	87	1127		8
提供住宿的社会福利	871	812		5
不提供住宿的社会福利	872	315		3
文化、体育和娱乐业	R	**66949**	**60**	**738**
新闻出版业	88	3841	20	96
新闻业	881	232	1	3
出版业	882	3609	19	93
广播、电视、电影和音像业	89	10007	27	526
广播	891	486		4
电视	892	2496		12
电影	893	5096	27	504
音像制作	894	1929		6
文化艺术业	90	20521	11	92
文艺创作与表演	901	4595	3	36
艺术表演场馆	902	555	7	31
图书馆与档案馆	903	211		1
文物及文化保护	904	359		4
博物馆	905	213		
烈士陵园、纪念馆	906	54		1
群众文化活动	907	2174	1	11
文化艺术经纪代理	908	3631		5
其他文化艺术	909	8729		3
体育	91	2891		5
体育组织	911	1011		1
体育场馆	912	827		3
其他体育	919	1053		1
娱乐业	92	29689	2	19
室内娱乐活动	921	18973	1	12
游乐园	922	956		3
休闲健身娱乐活动	923	6457		2
其他娱乐活动	929	3303	1	2

单位：个

1978-1991年	1992-1995年	1996年	1997年	1998年	1999年	2000年	代码
668	**793**	**278**	**301**	**546**	**519**	**1053**	P
668	793	278	301	546	519	1053	84
210	169	69	88	146	108	268	841
21	9	8	11	26	29	32	842
59	48	18	17	34	35	72	843
12	11	3	1	5	5	13	844
366	556	180	184	335	342	668	849
869	**590**	**191**	**218**	**356**	**297**	**491**	Q
798	551	172	204	321	238	424	85
232	167	49	47	80	72	118	851
126	69	23	28	27	31	57	852
359	256	78	115	182	109	207	853
24	12	6	4	3	6	5	854
9	3	1		1	1	2	855
10	12	6	1	6	6	14	856
10	6	1	2	3	6	5	857
28	26	8	7	19	7	16	859
16	13	2	1	7	10	35	86
16	13	2	1	7	10	35	860
55	26	17	13	28	49	32	87
35	15	13	10	15	25	27	871
20	11	4	3	13	24	5	872
1617	**1366**	**432**	**476**	**844**	**896**	**1373**	R
544	301	57	33	75	93	140	88
11	7	2	2	1	2	7	881
533	294	55	31	74	91	133	882
626	260	65	66	117	131	202	89
14	2	2	4	6	5	10	891
33	84	23	24	35	57	66	892
558	131	30	27	60	45	75	893
21	43	10	11	16	24	51	894
205	205	74	82	148	183	277	90
43	55	26	18	41	48	68	901
39	11	6	5	5	7	7	902
6	9	1	1	3	8	10	903
10	9	1	3	5	6	12	904
8	5	2	2	4	2	2	905
1	2	1	1	1		1	906
60	32	7	11	19	16	33	907
11	33	17	11	29	43	59	908
27	49	13	30	41	53	85	909
35	48	29	24	43	38	86	91
10	22	10	7	15	17	30	911
17	16	13	9	14	13	23	912
8	10	6	8	14	8	33	919
207	552	207	271	461	451	668	92
119	327	126	190	311	294	422	921
32	31	11	7	19	22	27	922
39	139	44	59	88	95	158	923
17	55	26	15	43	40	61	929

2-6 续表 10

行业中类	代码	2001年	2002年	2003年	2004年	2005年
总计		**273329**	**311018**	**390801**	**413885**	**469995**
农、林、牧、渔业	A	**3736**	**3217**	**3770**	**4071**	**6286**
农业	01	995	947	1114	1173	1779
谷物及其他作物的种植	011	196	162	172	200	341
蔬菜、园艺作物的种植	012	487	470	566	542	826
水果、坚果、饮料和香料作物的种植	013	261	262	312	362	517
中药材的种植	014	51	53	64	69	95
林业	02	592	476	548	564	786
林木的培育和种植	021	562	448	523	523	740
木材和竹材的采运	022	21	18	15	24	27
林产品的采集	023	9	10	10	17	19
畜牧业	03	1392	1196	1314	1449	2485
牲畜的饲养	031	379	335	413	433	679
猪的饲养	032	575	473	480	564	1011
家禽的饲养	033	316	298	301	341	582
狩猎和捕捉动物	034	1		3	1	4
其他畜牧业	039	121	90	117	110	209
渔业	04	316	249	290	383	527
海洋渔业	041	113	89	115	174	193
内陆渔业	042	203	160	175	209	334
农、林、牧、渔服务业	05	441	349	504	502	709
农业服务业	051	318	257	377	363	535
林业服务业	052	38	17	29	32	40
畜牧服务业	053	52	44	60	60	81
渔业服务业	054	33	31	38	47	53
采矿业	B	**4330**	**4539**	**6747**	**8205**	**9066**
煤炭开采和洗选业	06	981	919	1570	1716	1865
烟煤和无烟煤的开采洗选	061	940	875	1513	1647	1787
褐煤的开采洗选	062	16	17	34	34	43
其他煤炭采选	069	25	27	23	35	35
石油和天然气开采业	07	73	62	86	94	99
天然原油和天然气开采	071	10	14	21	14	20
与石油和天然气开采有关的服务活动	079	63	48	65	80	79
黑色金属矿采选业	08	653	717	1219	1995	2087
铁矿采选	081	599	650	1090	1816	1853
其他黑色金属矿采选	089	54	67	129	179	234
有色金属矿采选业	09	435	464	646	783	1034
常用有色金属矿采选	091	317	318	458	545	735
贵金属矿采选	092	90	99	122	149	138
稀有稀土金属矿采选	093	28	47	66	89	161
非金属矿采选业	10	2150	2342	3179	3558	3895
土砂石开采	101	1842	2041	2770	3031	3400
化学矿采选	102	58	66	93	114	109
采盐	103	25	27	33	104	55
石棉及其他非金属矿采选	109	225	208	283	309	331
其他采矿业	11	38	35	47	59	86
其他采矿业	110	38	35	47	59	86

单位：个

2006年	2007年	2008年	2009年	2010年	2011年	2012年	无开业年份	代码
552543	**554870**	**500520**	**755100**	**909766**	**1003941**	**937163**	**55446**	
8834	**14192**	**18768**	**48582**	**50808**	**66280**	**83001**	**3718**	A
2471	4324	5565	18005	22584	30207	38010	1803	01
505	781	1154	5541	6263	6911	8703	339	011
1033	1971	2421	6942	9380	12788	14236	764	012
769	1283	1702	4807	5735	8409	11719	567	013
164	289	288	715	1206	2099	3352	133	014
1035	1263	1577	3934	4330	6234	8373	359	02
979	1191	1488	3710	4060	5957	8074	339	021
32	34	53	99	131	120	151	13	022
24	38	36	125	139	157	148	7	023
3601	6027	7917	17170	14824	17142	21493	809	03
1032	1570	2153	6135	5016	5297	6037	287	031
1413	2597	3427	6108	4339	4909	7643	235	032
868	1419	1770	3669	4074	5169	5603	205	033
5	7	7	14	26	29	43	1	034
283	434	560	1244	1369	1738	2167	81	039
628	1113	1664	3464	3348	6495	7938	375	04
270	330	509	1130	780	1264	1698	156	041
358	783	1155	2334	2568	5231	6240	219	042
1099	1465	2045	6009	5722	6202	7187	372	05
865	1033	1561	4761	4671	5139	5867	289	051
55	86	95	350	308	372	391	30	052
114	277	281	630	494	423	603	33	053
65	69	108	268	249	268	326	20	054
9948	**8707**	**7513**	**7475**	**7207**	**6781**	**5826**	**1225**	B
1662	1365	1357	1439	1290	1049	894	266	06
1565	1267	1245	1281	1127	848	649	248	061
52	50	51	53	53	40	35	7	062
45	48	61	105	110	161	210	11	069
166	164	171	209	248	252	306	7	07
20	23	22	41	49	60	88	4	071
146	141	149	168	199	192	218	3	079
1957	1812	1732	1146	1146	1103	728	229	08
1749	1631	1550	975	996	957	625	207	081
208	181	182	171	150	146	103	22	089
1387	1229	897	792	673	674	561	224	09
1055	912	663	569	451	486	400	148	091
167	178	129	141	142	117	89	57	092
165	139	105	82	80	71	72	19	093
4677	4041	3240	3572	3475	3339	2961	474	10
4064	3454	2730	2976	2866	2747	2462	364	101
145	145	149	98	104	90	130	27	102
39	28	13	31	23	17	5	2	103
429	414	348	467	482	485	364	81	109
99	96	116	317	375	364	376	25	11
99	96	116	317	375	364	376	25	110

2-6 续表 11

行业中类	代码	2001年	2002年	2003年	2004年	2005年
制造业	C	**106848**	**119620**	**144120**	**143992**	**153806**
农副食品加工业	13	6145	6572	7760	7888	8725
谷物磨制	131	1902	1860	2228	2253	2318
饲料加工	132	701	750	889	909	1217
植物油加工	133	621	654	801	797	747
制糖	134	51	39	55	41	46
屠宰及肉类加工	135	842	936	1109	1201	1269
水产品加工	136	559	625	669	570	707
蔬菜、水果和坚果加工	137	778	882	1024	1154	1256
其他农副食品加工	139	691	826	985	963	1165
食品制造业	14	2573	2565	3057	3103	3368
焙烤食品制造	141	605	540	728	719	796
糖果、巧克力及蜜饯制造	142	269	292	335	322	353
方便食品制造	143	344	381	428	468	536
液体乳及乳制品制造	144	137	159	175	165	160
罐头制造	145	203	205	248	225	273
调味品、发酵制品制造	146	423	407	455	477	464
其他食品制造	149	592	581	688	727	786
饮料制造业	15	2066	2163	2475	2349	2689
酒精制造	151	26	20	29	31	62
酒的制造	152	810	801	920	771	833
软饮料制造	153	776	865	948	976	1095
精制茶加工	154	454	477	578	571	699
烟草制品业	16	15	7	20	11	13
烟叶复烤	161	5	1	8	6	8
卷烟制造	162	3	1	6	3	2
其他烟草制品加工	169	7	5	6	2	3
纺织业	17	6464	8871	10124	9192	9570
棉、化纤纺织及印染精加工	171	2604	3764	4082	3683	3989
毛纺织和染整精加工	172	336	386	452	345	336
麻纺织	173	53	63	114	100	77
丝绢纺织及精加工	174	443	629	953	688	521
纺织制成品制造	175	1335	1828	2054	1905	2132
针织品、编织品及其制品制造	176	1693	2201	2469	2471	2515
纺织服装、鞋、帽制造业	18	4364	5092	6182	6475	7000
纺织服装制造	181	4041	4747	5768	6065	6548
纺织面料鞋的制造	182	226	218	263	268	320
制帽	183	97	127	151	142	132
皮革、毛皮、羽毛(绒)及其制品业	19	1757	1951	2187	2213	2566
皮革鞣制加工	191	181	209	206	190	260
皮革制品制造	192	1323	1483	1662	1717	1925
毛皮鞣制及制品加工	193	131	140	187	201	243
羽毛(绒)加工及制品制造	194	122	119	132	105	138
木材加工及木、竹、藤、棕、草制品业	20	3190	3575	4565	4750	5633
锯材、木片加工	201	1156	1280	1551	1661	2210
人造板制造	202	903	1019	1437	1508	1581
木制品制造	203	776	830	1054	1137	1309
竹、藤、棕、草制品制造	204	355	446	523	444	533
家具制造业	21	2002	2125	2709	2850	3046
木质家具制造	211	1491	1514	1955	2069	2189
竹、藤家具制造	212	37	41	29	47	52

单位：个

2006年	2007年	2008年	2009年	2010年	2011年	2012年	无开业年份	代码
179465	**167061**	**134469**	**168685**	**201776**	**202203**	**172122**	**18939**	C
8941	8224	6735	7118	6743	6646	6959	787	13
2290	1815	1426	1467	1311	1259	1167	95	131
1169	1013	838	917	911	785	690	88	132
777	671	646	723	596	559	570	58	133
48	37	32	40	31	55	65	4	134
1242	1305	1182	1120	1076	1016	1149	90	135
726	649	517	582	592	584	721	126	136
1458	1403	1021	931	942	1008	1000	149	137
1231	1331	1073	1338	1284	1380	1597	177	139
3757	3626	3050	3204	3184	3698	4202	413	14
949	995	865	789	880	1151	1321	88	141
418	401	265	250	247	308	357	25	142
598	585	544	594	539	574	732	60	143
149	131	111	105	58	61	68	11	144
260	212	184	170	218	200	218	46	145
527	510	405	347	325	424	398	40	146
856	792	676	949	917	980	1108	143	149
2915	2754	2157	2403	2330	2354	2544	353	15
56	22	26	39	42	26	28	4	151
872	805	631	731	750	708	753	115	152
1212	1084	808	795	709	795	932	135	153
775	843	692	838	829	825	831	99	154
22	5	12	14	36	30	19	2	16
8	1	4	7	24	18	9		161
11	2	5	2	2	3	2		162
3	2	3	5	10	9	8	2	169
11154	9059	6416	8588	10852	11497	10247	845	17
4469	3319	2250	3169	3930	3798	2840	249	171
437	400	264	323	352	403	391	38	172
71	53	35	60	69	68	115	2	173
644	535	329	308	451	653	510	23	174
2446	2049	1701	2191	2855	3542	3517	268	175
3087	2703	1837	2537	3195	3033	2874	265	176
8678	8458	6574	9238	12352	12446	9246	821	18
8101	7921	6132	8520	11230	11424	8279	778	181
430	386	310	576	945	810	591	35	182
147	151	132	142	177	212	376	8	183
3084	3013	2397	3155	4233	4757	3583	477	19
231	154	131	160	287	326	240	14	191
2421	2498	1970	2409	3246	3609	2669	421	192
298	232	187	467	534	597	506	30	193
134	129	109	119	166	225	168	12	194
6772	6591	4468	4580	5656	5572	5699	442	20
2519	2494	1462	1252	1609	1542	1308	108	201
2095	1955	1318	1330	1652	1635	2149	106	202
1505	1521	1207	1449	1781	1700	1558	153	203
653	621	481	549	614	695	684	75	204
3727	3615	2801	3548	4639	4544	3985	462	21
2597	2527	1913	2257	3088	3089	2773	322	211
83	72	47	63	76	93	125	9	212

2-6 续表 12

行业中类	代码	2001年	2002年	2003年	2004年	2005年
金属家具制造	213	236	296	328	327	327
塑料家具制造	214	28	34	43	44	40
其他家具制造	219	210	240	354	363	438
造纸及纸制品业	22	2897	3212	3815	3608	3744
纸浆制造	221	41	41	58	43	54
造纸	222	755	861	1059	888	868
纸制品制造	223	2101	2310	2698	2677	2822
印刷业和记录媒介的复制	23	3552	3972	4813	4371	4064
印刷	231	3305	3620	4399	3996	3729
装订及其他印刷服务活动	232	236	331	393	358	324
记录媒介的复制	233	11	21	21	17	11
文教体育用品制造业	24	1142	1224	1582	1678	1631
文化用品制造	241	359	383	455	481	464
体育用品制造	242	253	308	354	452	418
乐器制造	243	100	87	108	120	127
玩具制造	244	389	397	595	553	549
游艺器材及娱乐用品制造	245	41	49	70	72	73
石油加工及炼焦	25	395	396	565	582	494
精炼石油产品的制造	251	331	309	363	360	349
炼焦	252	64	87	202	222	145
化学原料及化学制品制造业	26	6422	6682	7747	7526	8114
基础化学原料制造	261	1013	1044	1449	1390	1480
肥料制造	262	501	595	674	711	859
农药制造	263	171	149	181	167	197
涂料、油墨、颜料及类似产品制造	264	1281	1409	1598	1485	1445
合成材料制造	265	421	482	549	551	551
专用化学产品制造	266	2395	2372	2595	2520	2906
日用化学产品制造	267	640	631	701	702	676
医药制造业	27	1056	1115	1316	1343	1335
化学药品原药制造	271	143	171	202	192	171
化学药品制剂制造	272	175	166	175	151	162
中药饮片加工	273	112	130	186	200	208
中成药制造	274	220	210	240	248	199
兽用药品制造	275	100	96	86	133	133
生物、生化制品的制造	276	138	183	213	204	244
卫生材料及医药用品制造	277	168	159	214	215	218
化学纤维制造业	28	267	368	477	432	400
纤维素纤维原料及纤维制造	281	51	66	82	73	86
合成纤维制造	282	216	302	395	359	314
橡胶制品业	29	1334	1385	1683	1622	1769
轮胎制造	291	106	119	144	126	167
橡胶板、管、带的制造	292	265	297	340	306	363
橡胶零件制造	293	446	420	505	461	475
再生橡胶制造	294	64	70	86	88	79
日用及医用橡胶制品制造	295	58	54	103	68	72
橡胶靴鞋制造	296	99	120	122	134	125
其他橡胶制品制造	299	296	305	383	439	488
塑料制品业	30	6148	7314	7950	7928	8586
塑料薄膜制造	301	603	708	763	703	814

单位：个

2006年	2007年	2008年	2009年	2010年	2011年	2012年	无开业年份	代码
475	424	343	370	471	456	375	46	213
67	61	50	81	87	99	73	8	214
505	531	448	777	917	807	639	77	219
4413	4170	3207	4333	4675	4308	3771	347	22
68	61	60	106	115	65	63	17	221
1010	985	755	865	972	776	680	68	222
3335	3124	2392	3362	3588	3467	3028	262	223
4506	3782	2822	3664	4069	3758	2947	178	23
4075	3445	2546	3270	3630	3331	2654	157	231
407	323	255	359	395	393	275	19	232
24	14	21	35	44	34	18	2	233
1921	1777	1389	1746	1921	2292	2054	183	24
468	441	336	481	483	589	646	39	241
508	473	361	500	602	608	480	58	242
108	113	88	103	109	184	215	25	243
748	666	527	543	609	777	566	55	244
89	84	77	119	118	134	147	6	245
508	496	460	622	532	470	393	112	25
404	401	325	429	393	364	285	86	251
104	95	135	193	139	106	108	26	252
8971	7461	6059	7144	7278	6553	5509	900	26
1608	1339	1087	1226	1162	1000	757	147	261
860	753	793	1164	1040	954	849	135	262
198	167	148	157	190	172	158	19	263
1533	1325	1039	1084	1119	985	884	165	264
588	561	416	621	713	692	600	79	265
3375	2616	2005	2042	2248	2061	1673	259	266
809	700	571	850	806	689	588	96	267
1311	1123	975	1355	1489	1488	1351	201	27
174	176	132	170	205	167	118	24	271
144	103	97	128	140	114	117	16	272
193	167	139	175	199	327	197	24	273
173	154	124	174	202	166	178	21	274
136	92	69	116	88	69	81	10	275
251	246	249	320	394	384	378	62	276
240	185	165	272	261	261	282	44	277
570	454	294	367	554	505	324	39	28
103	78	79	77	131	107	67	17	281
467	376	215	290	423	398	257	22	282
1906	1777	1472	1714	1902	1885	1702	183	29
213	178	171	181	165	162	183	29	291
330	352	279	306	351	328	383	38	292
464	422	320	341	374	347	241	35	293
89	111	85	52	65	64	63	9	294
96	71	60	59	68	61	66	2	295
187	163	127	110	176	195	110	8	296
527	480	430	665	703	728	656	62	299
10180	9366	7146	8850	9685	8948	7227	885	30
911	759	573	823	802	738	519	54	301

2-6 续表 13

行业中类	代码	2001年	2002年	2003年	2004年	2005年
塑料板、管、型材的制造	302	898	1087	1197	1147	1162
塑料丝、绳及编织品的制造	303	675	751	790	774	823
泡沫塑料制造	304	344	363	429	376	426
塑料人造革、合成革制造	305	75	95	73	93	101
塑料包装箱及容器制造	306	635	799	910	892	953
塑料零件制造	307	808	1009	1072	1100	1156
日用塑料制造	308	822	983	977	981	1064
其他塑料制品制造	309	1288	1519	1739	1862	2087
非金属矿物制品业	31	10742	11183	14139	13810	15086
水泥、石灰和石膏的制造	311	752	778	1049	983	905
水泥及石膏制品制造	312	2502	2661	3295	3050	3531
砖瓦、石材及其他建筑材料制造	313	4461	4615	5903	5809	6600
玻璃及玻璃制品制造	314	891	1042	1220	1239	1353
陶瓷制品制造	315	569	616	741	684	692
耐火材料制品制造	316	812	714	979	1027	1005
石墨及其他非金属矿物制品制造	319	755	757	952	1018	1000
黑色金属冶炼及压延加工业	32	980	1172	1910	1940	1732
炼铁	321	111	149	249	228	243
炼钢	322	37	53	82	69	52
钢压延加工	323	674	803	1194	1167	1150
铁合金冶炼	324	158	167	385	476	287
有色金属冶炼及压延加工业	33	1249	1320	1576	1774	1887
常用有色金属冶炼	331	293	274	407	484	536
贵金属冶炼	332	34	46	56	45	59
稀有稀土金属冶炼	333	68	70	85	124	148
有色金属合金制造	334	144	170	188	198	241
有色金属压延加工	335	710	760	840	923	903
金属制品业	34	7844	8855	10660	10724	11698
结构性金属制品制造	341	2642	3041	3785	3685	4115
金属工具制造	342	1096	1211	1416	1380	1507
集装箱及金属包装容器制造	343	326	393	378	420	478
金属丝绳及其制品的制造	344	445	461	539	620	666
建筑、安全用金属制品制造	345	962	1113	1235	1289	1367
金属表面处理及热处理加工	346	656	721	948	846	827
搪瓷制品制造	347	69	55	62	85	87
不锈钢及类似日用金属制品制造	348	787	809	1017	1064	1114
其他金属制品制造	349	861	1051	1280	1335	1537
通用设备制造业	35	10834	12238	15014	15281	16088
锅炉及原动机制造	351	463	440	534	558	572
金属加工机械制造	352	1377	1421	1880	1949	2134
起重运输设备制造	353	324	430	514	480	499
泵、阀门、压缩机及类似机械的制造	354	1513	1769	2020	2047	2039
轴承、齿轮、传动和驱动部件的制造	355	806	929	1109	1080	1109
烘炉、熔炉及电炉制造	356	99	105	161	152	143
风机、衡器、包装设备等通用设备制造	357	1344	1567	1893	1884	1980
通用零部件制造及机械修理	358	2993	3450	4314	4548	4949
金属铸、锻加工	359	1915	2127	2589	2583	2663
专用设备制造业	36	5624	6341	7777	8051	8604
矿山、冶金、建筑专用设备制造	361	923	1068	1397	1391	1523

单位：个

2006年	2007年	2008年	2009年	2010年	2011年	2012年	无开业年份	代码
1383	1292	1071	1286	1411	1150	922	144	302
973	859	599	625	614	522	422	59	303
519	472	341	345	351	308	261	25	304
107	80	76	91	126	85	49	15	305
1146	1072	791	946	1058	936	777	91	306
1430	1363	963	1010	1028	1007	697	104	307
1218	1138	829	1027	1040	1155	1008	160	308
2493	2331	1903	2697	3255	3047	2572	233	309
18770	17302	14068	14475	16154	17408	14794	1742	31
990	916	872	1186	1068	1018	799	103	311
4272	4137	3210	3096	3615	4186	3759	315	312
9122	8164	6641	5948	6152	6777	5850	791	313
1523	1529	1314	1412	1771	1743	1443	134	314
755	775	544	860	1269	1315	1229	72	315
985	786	625	668	703	585	478	109	316
1123	995	862	1305	1576	1784	1236	218	319
1701	1692	1458	1499	1483	1354	1065	157	32
188	216	162	207	151	173	100	26	321
56	68	51	84	96	166	91	6	322
1238	1155	990	995	1027	861	735	100	323
219	253	255	213	209	154	139	25	324
2348	2362	1757	1840	1972	2363	2227	248	33
670	655	463	483	510	645	758	85	331
61	58	41	50	68	127	147	13	332
176	147	125	88	78	105	88	15	333
246	276	182	227	269	318	238	27	334
1195	1226	946	992	1047	1168	996	108	335
13841	12956	10865	15033	18369	18218	15131	1679	34
5094	4851	4233	5021	6038	5784	4693	560	341
1673	1509	1213	1822	2393	2626	2039	219	342
500	470	356	404	487	425	373	58	343
677	614	440	621	580	504	938	59	344
1697	1546	1208	1815	2093	2247	1982	200	345
903	844	597	534	652	626	439	93	346
99	101	94	102	165	204	158	20	347
1377	1246	1053	1639	1828	1961	1746	150	348
1821	1775	1671	3075	4133	3841	2763	320	349
18124	17217	13905	16897	21276	22515	17143	2364	35
551	529	416	737	877	835	733	93	351
2470	2418	2041	2956	4485	4415	3167	516	352
608	540	398	535	628	611	472	111	353
2209	2119	1746	2018	2405	2527	1802	270	354
1231	1137	916	842	1085	1282	865	111	355
193	191	135	132	185	200	148	6	356
2250	2164	1942	3053	3892	4418	3916	314	357
5935	5828	4677	5203	6424	7066	5305	789	358
2677	2291	1634	1421	1295	1161	735	154	359
10174	9420	8049	11772	14920	14864	12815	1199	36
1783	1654	1374	1893	2400	2254	1905	233	361

2-6 续表 14

行业中类	代码	2001年	2002年	2003年	2004年	2005年
化工、木材、非金属加工专用设备制造	362	1431	1717	2113	2360	2635
食品、饮料、烟草及饲料生产专用设备制造	363	237	230	288	258	267
印刷、制药、日化生产专用设备制造	364	371	404	497	482	502
纺织、服装和皮革工业专用设备制造	365	636	788	834	748	717
电子和电工机械专用设备制造	366	373	386	518	577	575
农、林、牧、渔专用机械制造	367	481	467	542	513	587
医疗仪器设备及器械制造	368	322	397	433	496	511
环保、社会公共安全及其他专用设备制造	369	850	884	1155	1226	1287
交通运输设备制造业	37	4177	4905	6100	6071	6428
铁路运输设备制造	371	150	165	176	176	213
汽车制造	372	2906	3454	4338	4315	4430
摩托车制造	373	355	442	556	498	529
自行车制造	374	294	355	437	385	414
船舶及浮动装置制造	375	354	376	453	559	669
航空航天器制造	376	23	16	20	23	30
交通器材及其他交通运输设备制造	379	95	97	120	115	143
电气机械及器材制造业	39	5797	6439	7658	7675	7976
电机制造	391	649	735	868	878	849
输配电及控制设备制造	392	1947	2225	2649	2620	2695
电线、电缆、光缆及电工器材制造	393	1099	1141	1310	1293	1377
电池制造	394	209	221	317	291	338
家用电力器具制造	395	668	766	928	936	1001
非电力家用器具制造	396	181	192	223	226	308
照明器具制造	397	764	892	1022	1028	1030
其他电气机械及器材制造	399	280	267	341	403	378
通信设备、计算机及其他电子设备制造业	40	2850	3253	3754	4167	4349
通信设备制造	401	325	351	364	403	419
雷达及配套设备制造	402	9	11	9	12	11
广播电视设备制造	403	124	118	153	143	129
电子计算机制造	404	269	286	329	333	391
电子器件制造	405	435	461	564	589	663
电子元件制造	406	1222	1428	1667	1867	1851
家用视听设备制造	407	183	233	248	349	331
其他电子设备制造	409	283	365	420	471	554
仪器仪表及文化、办公用机械制造业	41	1659	1680	2030	2013	1960
通用仪器仪表制造	411	816	831	1007	984	973
专用仪器仪表制造	412	297	287	375	349	339
钟表与计时仪器制造	413	93	98	125	130	126
光学仪器及眼镜制造	414	253	239	288	298	258
文化、办公用机械制造	415	113	115	122	142	131
其他仪器仪表的制造及修理	419	87	110	113	110	133
工艺品及其他制造业	42	2942	3217	3859	3875	4437
工艺美术品制造	421	1756	2041	2385	2339	2624
日用杂品制造	422	493	520	603	680	720
煤制品制造	423	307	262	286	293	371
其他未列明的制造业	429	386	394	585	563	722
废弃资源和废旧材料回收加工业	43	361	428	616	690	814
金属废料和碎屑的加工处理	431	170	223	297	365	377
非金属废料和碎屑的加工处理	432	191	205	319	325	437

单位：个

2006年	2007年	2008年	2009年	2010年	2011年	2012年	无开业年份	代码
3276	3187	2665	2963	4059	4023	3176	272	362
284	269	241	351	340	316	317	28	363
544	542	442	811	894	898	824	81	364
767	630	417	550	697	783	513	45	365
761	730	619	1146	1582	1584	1438	123	366
632	567	524	772	1053	948	878	66	367
563	460	436	594	615	634	684	69	368
1564	1381	1331	2692	3280	3424	3080	282	369
7604	7397	6094	7385	9560	8960	7678	957	37
214	228	163	288	293	218	193	25	371
5138	4875	3897	4528	6269	6058	5305	589	372
548	499	415	403	539	477	406	91	373
575	573	376	456	533	463	391	52	374
908	1022	1082	1391	1570	1362	1060	171	375
32	46	37	40	35	56	56	4	376
189	154	124	279	321	326	267	25	379
9790	9772	8529	11872	14274	14788	11326	1315	39
993	969	840	1219	1444	1518	1087	224	391
3263	3075	2802	3565	4442	4875	3529	315	392
1666	1536	1214	1475	1570	1462	1219	127	393
419	450	387	501	565	558	326	72	394
1226	1255	1109	1605	1742	1780	1564	197	395
413	381	453	730	704	732	487	96	396
1287	1594	1285	1800	2436	2362	1966	191	397
523	512	439	977	1371	1501	1148	93	399
5275	5264	4960	6592	8940	8422	6659	635	40
473	466	464	777	916	849	637	59	401
13	8	9	11	11	14	18		402
148	144	111	133	145	163	120	8	403
421	438	402	537	697	807	696	52	404
716	784	772	993	1390	1329	967	79	405
2393	2372	2185	2548	3525	3120	2214	303	406
403	366	315	331	435	327	232	25	407
708	686	702	1262	1821	1813	1775	109	409
2251	2124	1768	2115	2545	2861	2745	251	41
1072	1007	800	929	1107	1097	920	129	411
398	376	323	390	424	443	434	40	412
113	148	144	137	139	218	204	17	413
332	316	268	287	432	481	380	31	414
183	162	130	154	160	161	167	15	415
153	115	103	218	283	461	640	19	419
5289	4771	3727	6459	8899	7528	7798	621	42
3302	2974	2238	3109	3869	3794	3605	327	421
842	797	604	798	749	773	806	57	422
341	330	216	173	181	134	134	24	423
804	670	669	2379	4100	2827	3253	213	429
962	1033	855	1103	1254	1171	979	141	43
438	491	449	587	669	645	470	67	431
524	542	406	516	585	526	509	74	432

2-6 续表 15

行业中类	代码	2001年	2002年	2003年	2004年	2005年
电力、燃气及水的生产和供应业	D	**2629**	**3178**	**4424**	**4499**	**4313**
电力、热力的生产和供应业	44	1774	2220	3250	3379	3193
电力生产	441	1464	1890	2787	3002	2745
电力供应	442	147	122	152	119	149
热力生产和供应	443	163	208	311	258	299
燃气生产和供应业	45	201	235	302	265	265
燃气生产和供应业	450	201	235	302	265	265
水的生产和供应业	46	654	723	872	855	855
自来水的生产和供应	461	548	562	676	665	668
污水处理及其再生利用	462	67	128	159	165	156
其他水的处理、利用与分配	469	39	33	37	25	31
建筑业	E	**13179**	**14250**	**16379**	**18243**	**20978**
房屋和土木工程建筑业	47	5817	5777	5865	6131	7172
房屋工程建筑	471	3855	3670	3226	3426	4114
土木工程建筑	472	1962	2107	2639	2705	3058
建筑安装业	48	2696	2865	3411	3837	4334
建筑安装业	480	2696	2865	3411	3837	4334
建筑装饰业	49	3415	3928	5123	5868	6779
建筑装饰业	490	3415	3928	5123	5868	6779
其他建筑业	50	1251	1680	1980	2407	2693
工程准备	501	388	606	785	896	914
提供施工设备服务	502	139	182	197	284	329
其他未列明的建筑活动	509	724	892	998	1227	1450
交通运输、仓储和邮政业	F	**7134**	**8254**	**10486**	**12984**	**15677**
铁路运输业	51	32	31	36	34	56
铁路旅客运输	511	1	1	1	1	8
铁路货物运输	512	18	22	23	19	22
铁路运输辅助活动	513	13	8	12	14	26
道路运输业	52	3476	3988	4856	5974	6512
公路旅客运输	521	604	591	560	527	569
道路货物运输	522	2486	2998	3777	4928	5393
道路运输辅助活动	523	386	399	519	519	550
城市公共交通业	53	507	526	515	548	530
公共电汽车客运	531	115	130	134	149	139
轨道交通	532	8	8	2	3	6
出租车客运	533	360	361	356	368	359
城市轮渡	534	2	1	4	6	4
其他城市公共交通	539	22	26	19	22	22
水上运输业	54	346	444	537	648	681
水上旅客运输	541	53	65	75	54	49
水上货物运输	542	217	295	340	458	485
水上运输辅助活动	543	76	84	122	136	147
航空运输业	55	51	38	72	79	67
航空客货运输	551	19	13	23	30	28
通用航空服务	552	10	6	17	17	16
航空运输辅助活动	553	22	19	32	32	23
管道运输业	56	6	4	10	7	8
管道运输业	560	6	4	10	7	8
装卸搬运和其他运输服务业	57	1703	2055	2908	4035	5877

单位：个

2006年	2007年	2008年	2009年	2010年	2011年	2012年	无开业年份	代码
4257	**3618**	**3054**	**4016**	**4065**	**3920**	**3545**	**794**	D
2950	2382	1884	2488	2529	2418	2032	522	44
2571	1968	1531	1841	1823	1676	1442	439	441
105	115	97	252	271	305	245	19	442
274	299	256	395	435	437	345	64	443
303	289	273	534	600	569	618	90	45
303	289	273	534	600	569	618	90	450
1004	947	897	994	936	933	895	182	46
740	678	539	581	524	561	534	61	461
220	236	318	332	310	275	247	114	462
44	33	40	81	102	97	114	7	469
23462	**22856**	**21231**	**35305**	**43259**	**48041**	**44691**	**2985**	E
7796	7162	6328	10649	12603	13229	13108	969	47
4593	4144	3453	5647	6655	6851	6496	475	471
3203	3018	2875	5002	5948	6378	6612	494	472
4745	4532	4103	6961	7840	8862	8412	523	48
4745	4532	4103	6961	7840	8862	8412	523	480
7685	8178	7939	11630	14993	17137	15605	881	49
7685	8178	7939	11630	14993	17137	15605	881	490
3236	2984	2861	6065	7823	8813	7566	612	50
1064	953	965	1339	1585	1969	1691	208	501
432	430	379	802	956	926	714	51	502
1740	1601	1517	3924	5282	5918	5161	353	509
17092	**16733**	**15107**	**21610**	**26100**	**26969**	**25393**	**1509**	F
38	57	64	212	358	456	467	17	51
6	3	4	27	32	29	33		511
16	35	33	100	150	173	132	9	512
16	19	27	85	176	254	302	8	513
7977	7911	7183	11323	13480	14381	13880	768	52
641	552	439	730	694	588	654	43	521
6768	6764	6212	9782	11949	12823	12327	639	522
568	595	532	811	837	970	899	86	523
504	477	371	463	468	503	542	29	53
147	150	123	187	155	140	156	7	531
5	3	6	13	12	28	19		532
324	293	210	214	241	255	280	18	533
3	3	3	4	4	12	7		534
25	28	29	45	56	68	80	4	539
665	743	572	822	832	843	678	55	54
46	57	49	75	91	79	76	4	541
449	509	369	487	474	459	378	26	542
170	177	154	260	267	305	224	25	543
89	80	68	137	184	173	163	13	55
34	30	28	45	67	67	60	4	551
17	26	14	46	60	41	49	3	552
38	24	26	46	57	65	54	6	553
5	5	9	29	31	37	41	4	56
5	5	9	29	31	37	41	4	560
5808	5377	4921	5698	6283	7020	6691	363	57

2-6 续表 16

行业中类	代码	2001年	2002年	2003年	2004年	2005年
装卸搬运	571	310	317	441	482	462
运输代理服务	572	1393	1738	2467	3553	5415
仓储业	58	842	955	1276	1245	1466
谷物、棉花等农产品仓储	581	228	183	228	256	303
其他仓储	589	614	772	1048	989	1163
邮政业	59	171	213	276	414	480
国家邮政	591	16	14	21	13	30
其他寄递服务	599	155	199	255	401	450
信息传输、计算机服务和软件业	G	**7766**	**9680**	**13756**	**14786**	**17566**
电信和其他信息传输服务业	60	1336	1341	1958	2164	2314
电信	601	614	528	679	782	626
互联网信息服务	602	526	666	1083	1226	1466
广播电视传输服务	603	186	138	174	134	202
卫星传输服务	604	10	9	22	22	20
计算机服务业	61	4241	5785	8438	8482	10430
计算机系统服务	611	774	845	1161	1403	1743
数据处理	612	36	53	58	83	88
计算机维修	613	131	165	244	273	326
其他计算机服务	619	3300	4722	6975	6723	8273
软件业	62	2189	2554	3360	4140	4822
公共软件服务	621	1786	2064	2702	3317	3846
其他软件服务	629	403	490	658	823	976
批发和零售业	H	**74551**	**86576**	**110116**	**115500**	**132349**
批发业	63	45998	54097	69748	72693	82586
农畜产品批发	631	2110	2168	2629	2741	3468
食品、饮料及烟草制品批发	632	3253	3508	4319	4268	5144
纺织、服装及日用品批发	633	4543	5358	6847	7217	9056
文化、体育用品及器材批发	634	1521	1876	2458	2623	2816
医药及医疗器材批发	635	1355	1714	2352	2453	2863
矿产品、建材及化工产品批发	636	15515	18194	23687	24099	26378
机械设备、五金交电及电子产品批发	637	13681	16420	20777	21671	23993
贸易经纪与代理	638	813	1295	1547	1863	2207
其他批发	639	3207	3564	5132	5758	6661
零售业	65	28553	32479	40368	42807	49763
综合零售	651	3042	3176	3862	3937	4638
食品、饮料及烟草制品专门零售	652	2185	2239	2830	2868	3571
纺织、服装及日用品专门零售	653	2659	2984	3728	4025	4981
文化、体育用品及器材专门零售	654	1824	2219	2909	3060	3280
医药及医疗器材专门零售	655	2226	3289	4280	4861	5902
汽车、摩托车、燃料及零配件专门零售	656	5243	6136	6712	6601	6975
家用电器及电子产品专门零售	657	4792	5409	7068	7759	9147
五金、家具及室内装修材料专门零售	658	3762	4018	5146	5443	6375
无店铺及其他零售	659	2820	3009	3833	4253	4894
住宿和餐饮业	I	**6246**	**6877**	**8738**	**9804**	**12182**
住宿业	66	2248	2483	3084	3454	4193
旅游饭店	661	789	938	1196	1279	1387
一般旅馆	662	1313	1392	1723	1994	2550
其他住宿服务	669	146	153	165	181	256
餐饮业	67	3998	4394	5654	6350	7989

单位：个

2006年	2007年	2008年	2009年	2010年	2011年	2012年	无开业年份	代码
608	696	727	960	1062	1148	1180	79	571
5200	4681	4194	4738	5221	5872	5511	284	572
1516	1488	1216	1672	1908	2135	1930	200	58
298	310	286	380	395	395	412	30	581
1218	1178	930	1292	1513	1740	1518	170	589
490	595	703	1254	2556	1421	1001	60	59
12	17	41	167	714	282	259	9	591
478	578	662	1087	1842	1139	742	51	599
22675	**22065**	**18011**	**21143**	**22583**	**24782**	**24672**	**769**	G
2884	2765	2656	4110	4561	4385	4584	167	60
673	575	704	1216	1007	1157	1522	60	601
2023	1995	1767	2725	3336	3006	2805	104	602
168	178	167	151	203	196	220	3	603
20	17	18	18	15	26	37		604
14020	13227	9593	9715	9716	10115	9436	237	61
2038	1890	1906	2907	3298	4268	3837	100	611
109	113	92	152	165	230	301	5	612
444	396	317	345	328	315	288	12	613
11429	10828	7278	6311	5925	5302	5010	120	619
5771	6073	5762	7318	8306	10282	10652	365	62
4646	4937	4683	5537	6139	7591	8513	286	621
1125	1136	1079	1781	2167	2691	2139	79	629
161236	**165724**	**154881**	**269814**	**337943**	**378420**	**345080**	**13301**	H
100585	104417	97394	174472	221228	245188	218819	8884	63
3551	3521	3301	7674	8602	6958	7872	275	631
6805	7906	7811	12429	15353	19200	20163	738	632
11187	11707	10952	19762	24670	30606	25974	776	633
3234	3188	3113	4783	5813	7160	6255	167	634
3153	2790	2522	4227	4697	5196	4891	140	635
32669	33676	30650	54884	70842	72146	57341	3407	636
29612	30639	28678	45963	55930	63361	55197	1718	637
2773	3097	3079	6763	9424	12345	13387	581	638
7601	7893	7288	17987	25897	28216	27739	1082	639
60651	61307	57487	95342	116715	133232	126261	4417	65
5458	5299	4714	13288	15328	15350	16529	477	651
4549	5284	5131	6533	8305	11492	12296	361	652
6101	6556	6247	7875	9708	14685	13009	460	653
3963	4027	3733	4524	5436	6714	6011	190	654
6116	5346	4826	8759	10393	10830	9687	216	655
8257	7814	7057	12041	15439	16078	14696	658	656
11869	12348	11757	16252	17584	19354	16705	497	657
8298	8336	8025	11042	13709	17029	17185	662	658
6040	6297	5997	15028	20813	21700	20143	896	659
14371	**15140**	**14703**	**13031**	**14806**	**16042**	**16398**	**596**	I
4936	5238	5064	3883	4485	4530	4262	244	66
1520	1598	1501	1465	1662	1657	1569	138	661
3133	3331	3188	2007	2280	2304	2097	75	662
283	309	375	411	543	569	596	31	669
9435	9902	9639	9148	10321	11512	12136	352	67

2-6 续表 17

行业中类	代码	2001年	2002年	2003年	2004年	2005年
正餐服务	671	3334	3628	4720	5227	6537
快餐服务	672	286	324	339	426	551
饮料及冷饮服务	673	139	199	279	315	394
其他餐饮服务	679	239	243	316	382	507
金融业	J	**796**	**1394**	**1988**	**1825**	**2587**
银行业	68	152	108	119	133	445
中央银行	681	1	1	4	4	5
商业银行	682	136	94	102	122	405
其他银行	689	15	13	13	7	35
证券业	69	100	139	118	113	105
证券市场管理	691	12	58	46	43	50
证券经纪与交易	692	55	59	44	31	26
证券投资	693	25	13	23	28	22
证券分析与咨询	694	8	9	5	11	7
保险业	70	208	615	962	899	1041
人寿保险	701	97	318	413	221	203
非人寿保险	702	65	220	262	328	508
保险辅助服务	703	46	77	287	350	330
其他金融活动	71	336	532	789	680	996
金融信托与管理	711	36	47	70	60	69
金融租赁	712	10	5	4	9	18
财务公司	713	15	16	26	26	36
邮政储蓄	714	5	4	9	2	7
典当	715	70	270	266	122	363
其他未列明的金融活动	719	200	190	414	461	503
房地产业	K	**12608**	**14448**	**17505**	**17920**	**19706**
房地产业	72	12608	14448	17505	17920	19706
房地产开发经营	721	6200	6737	7831	7409	8733
物业管理	722	3414	4070	5084	5346	5751
房地产中介服务	723	1680	1942	2665	3151	3287
其他房地产活动	729	1314	1699	1925	2014	1935
租赁和商务服务业	L	**16919**	**19855**	**27143**	**32556**	**40086**
租赁业	73	942	1018	1221	1480	1878
机械设备租赁	731	904	952	1144	1417	1781
文化及日用品出租	732	38	66	77	63	97
商务服务业	74	15977	18837	25922	31076	38208
企业管理服务	741	2385	3043	3949	4026	5319
法律服务	742	797	576	555	554	637
咨询与调查	743	4069	5281	7449	9777	12514
广告业	744	3480	3963	5386	6928	8285
知识产权服务	745	188	216	494	448	428
职业中介服务	746	643	820	1226	1622	1857
市场管理	747	872	1062	1386	1203	1391
旅行社	748	1419	1257	1743	1901	2141
其他商务服务	749	2124	2619	3734	4617	5636
科学研究、技术服务和地质勘查业	M	**6746**	**7714**	**10031**	**11701**	**14156**
研究与试验发展	75	785	824	1064	1241	1509
自然科学研究与试验发展	751	86	71	95	106	147
工程和技术研究与试验发展	752	354	443	574	688	838

单位：个

2006年	2007年	2008年	2009年	2010年	2011年	2012年	无开业年份	代码
7727	8047	7700	7208	7882	8755	9017	254	671
631	719	742	699	746	800	856	22	672
481	520	504	369	376	472	466	12	673
596	616	693	872	1317	1485	1797	64	679
3095	**3881**	**4635**	**7495**	**8307**	**10123**	**9442**	**355**	**J**
512	624	679	1119	1408	1617	1670	38	68
3		7	21	15	21	41	1	681
471	575	588	802	1046	1154	1256	21	682
38	49	84	296	347	442	373	16	689
93	115	200	462	619	1000	1523	38	69
23	19	31	64	53	74	80	2	691
32	31	61	147	192	221	200	8	692
28	45	75	161	260	524	881	25	693
10	20	33	90	114	181	362	3	694
1128	1337	1505	1305	1161	1502	1302	35	70
229	398	645	598	552	743	546	16	701
566	567	559	396	336	438	481	8	702
333	372	301	311	273	321	275	11	703
1362	1805	2251	4609	5119	6004	4947	244	71
112	106	190	650	698	856	767	34	711
25	32	32	118	162	258	309	9	712
57	43	66	235	253	340	264	6	713
8	88	296	85	182	217	221	8	714
398	598	334	533	611	709	793	29	715
762	938	1333	2988	3213	3624	2593	158	719
23392	**26295**	**19578**	**29985**	**41002**	**38946**	**27062**	**3063**	**K**
23392	26295	19578	29985	41002	38946	27062	3063	72
10624	12562	8870	14025	21775	19195	12043	1319	721
6399	6393	5427	7615	9178	9683	8701	840	722
4155	5065	3745	6289	7760	7766	4969	352	723
2214	2275	1536	2056	2289	2302	1349	552	729
45140	**48169**	**49380**	**72055**	**88399**	**109399**	**108466**	**4560**	**L**
2219	2398	2441	4346	5423	7039	7399	309	73
2141	2314	2360	4221	5309	6904	7208	304	731
78	84	81	125	114	135	191	5	732
42921	45771	46939	67709	82976	102360	101067	4251	74
6320	7389	7921	13777	20019	26590	24310	1262	741
609	557	506	631	624	576	659	30	742
13489	14801	15726	20946	22939	27685	26348	1215	743
9820	10578	10293	14119	16898	20409	20420	598	744
449	392	426	467	492	568	616	18	745
2113	2382	2588	3077	3869	4931	5955	291	746
1231	1091	1056	1179	1123	1137	1068	101	747
2216	1993	1713	2015	2946	3198	2825	119	748
6674	6588	6710	11498	14066	17266	18866	617	749
15678	**16373**	**16536**	**24087**	**27991**	**32434**	**32828**	**1571**	**M**
1855	1925	2120	4018	5060	5913	5504	272	75
178	155	223	560	661	711	763	38	751
1105	1235	1302	2326	3050	3700	3190	135	752

2-6 续表 18

行业中类	代码	2001年	2002年	2003年	2004年	2005年
农业科学研究与试验发展	753	121	113	134	125	174
医学研究与试验发展	754	206	185	245	297	335
社会人文科学研究与试验发展	755	18	12	16	25	15
专业技术服务业	76	3921	4650	5975	6914	7754
气象服务	761	45	51	89	65	52
地震服务	762	7	3	5	8	8
海洋服务	763	9	7	11	15	14
测绘服务	764	159	197	311	338	363
技术检测	765	334	417	572	684	785
环境监测	766	44	51	89	113	129
工程技术与规划管理	767	2213	2620	3032	3496	3755
其他专业技术服务	769	1110	1304	1866	2195	2648
科技交流和推广服务业	77	1932	2136	2854	3347	4664
技术推广服务	771	1415	1549	2043	2388	3186
科技中介服务	772	225	243	346	368	447
其他科技服务	779	292	344	465	591	1031
地质勘查业	78	108	104	138	199	229
矿产地质勘查	781	43	39	53	89	117
基础地质勘查	782	15	21	27	26	19
地质勘查技术服务	783	50	44	58	84	93
水利、环境和公共设施管理业	**N**	**1286**	**1514**	**2074**	**1989**	**2145**
水利管理业	79	122	96	127	121	134
防洪管理	791	11	6	14	9	8
水资源管理	792	50	49	64	59	54
其他水利管理	799	61	41	49	53	72
环境管理业	80	240	262	424	446	478
自然保护	801	18	22	36	35	34
环境治理	802	222	240	388	411	444
公共设施管理业	81	924	1156	1523	1422	1533
市政公共设施管理	811	110	125	170	191	202
城市绿化管理	812	550	695	884	818	868
游览景区管理	813	264	336	469	413	463
居民服务和其他服务业	**O**	**5327**	**6125**	**8153**	**9228**	**10727**
居民服务业	82	2435	2880	3732	4268	4910
家庭服务	821	161	157	237	373	410
托儿所	822	18	27	20	20	24
洗染服务	823	109	168	147	171	180
理发及美容保健服务	824	656	947	1207	1279	1638
洗浴服务	825	444	533	824	865	894
婚姻服务	826	72	121	136	208	257
殡葬服务	827	99	73	137	134	133
摄影扩印服务	828	402	388	419	487	586
其他居民服务	829	474	466	605	731	788
其他服务业	83	2892	3245	4421	4960	5817
修理与维护	831	1732	1863	2551	2702	3087
清洁服务	832	454	601	774	889	1075
其他未列明的服务	839	706	781	1096	1369	1655

单位：个

2006年	2007年	2008年	2009年	2010年	2011年	2012年	无开业年份	代码
207	192	212	469	556	788	875	54	753
334	318	362	626	715	652	602	40	754
31	25	21	37	78	62	74	5	755
8538	8260	7686	11025	12940	15128	14587	650	76
57	46	27	255	199	57	72	4	761
3	11	4	9	13	9	14		762
10	8	14	35	37	38	65	5	763
337	280	228	373	429	404	426	27	764
1114	832	682	901	993	981	920	77	765
126	138	169	169	203	279	296	18	766
3941	3746	3291	4047	4664	5419	5526	224	767
2950	3199	3271	5236	6402	7941	7268	295	769
4999	5845	6355	8733	9675	11024	12377	613	77
3674	4303	4925	6211	6736	7426	8610	452	771
530	675	611	581	767	896	849	61	772
795	867	819	1941	2172	2702	2918	100	779
286	343	375	311	316	369	360	36	78
141	182	192	137	135	187	181	31	781
40	22	26	36	43	49	40	1	782
105	139	157	138	138	133	139	4	783
2312	**2402**	**2494**	**3686**	**4004**	**4655**	**4611**	**518**	**N**
148	126	146	264	267	408	501	33	79
10	11	3	21	19	40	67	5	791
81	56	67	107	110	105	110	21	792
57	59	76	136	138	263	324	7	799
535	567	697	971	1008	1148	1102	141	80
39	27	44	63	78	129	154	15	801
496	540	653	908	930	1019	948	126	802
1629	1709	1651	2451	2729	3099	3008	344	81
226	247	219	397	425	457	420	29	811
869	878	859	1280	1498	1830	1814	116	812
534	584	573	774	806	812	774	199	813
12386	**12519**	**11655**	**18095**	**19734**	**21731**	**19986**	**926**	**O**
5478	5629	5132	6054	6473	7630	7798	302	82
493	494	570	896	983	1281	1516	40	821
26	27	32	37	46	47	66	3	822
212	225	182	167	190	286	282	14	823
1806	1763	1628	1037	1129	1377	1255	26	824
933	959	763	539	537	532	389	21	825
341	425	355	429	445	531	659	24	826
122	127	100	124	146	149	134	20	827
588	566	486	479	511	656	541	12	828
957	1043	1016	2346	2486	2771	2956	142	829
6908	6890	6523	12041	13261	14101	12188	624	83
3722	3377	2989	3529	3996	4144	3538	157	831
1368	1613	1548	2123	2244	2598	2654	135	832
1818	1900	1986	6389	7021	7359	5996	332	839

2-6 续表 19

行业中类	代码	2001年	2002年	2003年	2004年	2005年
教育	P	**1105**	**1270**	**1593**	**2093**	**2670**
教育	84	1105	1270	1593	2093	2670
学前教育	841	217	258	292	302	338
初等教育	842	37	35	60	34	49
中等教育	843	63	55	59	69	103
高等教育	844	7	12	14	22	14
其他教育	849	781	910	1168	1666	2166
卫生、社会保障和社会福利业	Q	**610**	**709**	**1091**	**1223**	**1640**
卫生	85	564	649	1026	1157	1556
医院	851	145	235	386	447	576
卫生院及社区医疗活动	852	78	82	93	112	160
门诊部医疗活动	853	268	264	474	489	664
计划生育技术服务活动	854	5	6	15	19	23
妇幼保健活动	855	3	1	4	4	7
专科疾病防治活动	856	19	23	12	19	38
疾病预防控制及防疫活动	857	8	10	9	13	5
其他卫生活动	859	38	28	33	54	83
社会保障业	86	12	27	21	26	29
社会保障业	860	12	27	21	26	29
社会福利业	87	34	33	44	40	55
提供住宿的社会福利	871	24	26	30	29	37
不提供住宿的社会福利	872	10	7	14	11	18
文化、体育和娱乐业	R	**1513**	**1798**	**2687**	**3266**	**4055**
新闻出版业	88	135	123	174	202	229
新闻业	881	4	3	8	7	13
出版业	882	131	120	166	195	216
广播、电视、电影和音像业	89	227	281	367	516	592
广播	891	10	16	14	23	31
电视	892	79	86	147	182	177
电影	893	81	105	127	191	222
音像制作	894	57	74	79	120	162
文化艺术业	90	388	415	667	830	1020
文艺创作与表演	901	105	90	164	176	213
艺术表演场馆	902	12	7	17	26	25
图书馆与档案馆	903	4	5	5	4	12
文物及文化保护	904	17	3	14	19	19
博物馆	905	6	7	7	11	8
烈士陵园、纪念馆	906	1		4	2	2
群众文化活动	907	40	54	79	104	106
文化艺术经纪代理	908	96	100	184	212	286
其他文化艺术	909	107	149	193	276	349
体育	91	83	102	143	189	226
体育组织	911	25	38	62	66	85
体育场馆	912	30	37	45	63	66
其他体育	919	28	27	36	60	75
娱乐业	92	680	877	1336	1529	1988
室内娱乐活动	921	400	487	811	948	1256
游乐园	922	27	35	39	55	43
休闲健身娱乐活动	923	182	251	375	413	542
其他娱乐活动	929	71	104	111	113	147

单位：个

2006年	2007年	2008年	2009年	2010年	2011年	2012年	无开业年份	代码
2708	**2493**	**2236**	**2504**	**3106**	**3563**	**3946**	**157**	P
2708	2493	2236	2504	3106	3563	3946	157	84
367	317	334	310	485	586	757	15	841
39	67	32	43	65	78	49	1	842
97	81	79	119	160	122	123	4	843
20	18	23	29	30	28	26		844
2185	2010	1768	2003	2366	2749	2991	137	849
1691	**1488**	**1294**	**1113**	**1378**	**1484**	**1481**	**60**	Q
1607	1397	1216	990	1242	1279	1294	46	85
551	411	421	448	459	544	503	22	851
140	159	113	91	145	145	161	4	852
749	635	542	302	493	388	429	9	853
17	21	13	2	7	11	14		854
7	14	11	9	12	12	15		855
38	36	28	16	14	23	16		856
12	14	17	12	15	15	10		857
93	107	71	110	97	141	146	11	859
17	32	17	36	37	53	30	3	86
17	32	17	36	37	53	30	3	860
67	59	61	87	99	152	157	11	87
51	46	46	64	73	113	118	10	871
16	13	15	23	26	39	39	1	872
4801	**5154**	**4975**	**6419**	**7298**	**8168**	**8613**	**400**	R
199	173	197	261	271	290	222	6	88
14	8	12	27	36	31	33		881
185	165	185	234	235	259	189	6	882
658	636	577	747	1007	1158	1156	65	89
21	19	24	70	78	69	62	2	891
241	210	151	198	191	201	268	31	892
244	262	263	326	520	629	646	23	893
152	145	139	153	218	259	180	9	894
1222	1473	1443	2237	2659	3085	3657	148	90
257	262	285	431	585	736	925	28	901
34	39	28	53	59	72	64	1	902
10	13	12	23	16	18	42	8	903
21	24	18	31	39	45	52	7	904
21	13	14	22	26	22	25	6	905
1		4	13	6	6	6	1	906
145	151	144	204	281	250	402	24	907
354	360	322	376	369	389	348	27	908
379	611	616	1084	1278	1547	1793	46	909
219	251	225	294	265	304	270	12	91
94	99	90	73	75	97	92	3	911
54	72	55	85	73	77	58	4	912
71	80	80	136	117	130	120	5	919
2503	2621	2533	2880	3096	3331	3308	169	92
1590	1669	1613	1742	2074	2203	2313	65	921
34	67	80	93	92	114	113	12	922
659	655	630	567	495	542	468	54	923
220	230	210	478	435	472	414	38	929

2-7 按地区、开业(成立)时间

地区	企业单位数	1949年及以前	1950-1977年	1978-1991年	1992-1995年	1996年	1997年	1998年	1999年	2000年
全国	**8286654**	**3346**	**65092**	**176137**	**231257**	**77880**	**86128**	**150497**	**143840**	**224100**
北京	374051	60	1304	8467	16644	4909	5698	8867	10622	15234
天津	187579	112	1064	3635	6271	2018	2040	2915	3002	4368
河北	278564	241	2975	6051	6536	2783	2864	5275	4963	8284
山西	159461	195	3246	4396	3426	1244	1387	2617	2357	3436
内蒙古	105156	50	870	1623	1590	739	829	1775	1709	3158
辽宁	370163	439	3443	11930	12625	3654	4097	7315	8105	10800
吉林	90302	172	1234	2644	1951	755	821	1884	1913	3460
黑龙江	134426	312	2318	4537	3862	1465	1459	2949	2864	5197
上海	427928	151	979	7151	20644	5748	6594	9160	9541	14373
江苏	977842	203	3872	18338	21962	7114	7975	22890	13001	22489
浙江	739030	124	2425	13145	22050	7979	8572	12409	14464	20786
安徽	254386	63	1992	4145	4320	1726	2007	2634	2584	4374
福建	319214	63	2978	6604	10204	3491	3471	5217	5418	7250
江西	176556	61	2434	3115	2524	931	943	1887	1846	3239
山东	722344	214	3057	11170	13939	5681	6030	12180	12154	21282
河南	283009	195	4574	7757	8708	4064	4226	7948	7207	11835
湖北	322331	107	2998	6692	5817	2435	2504	4541	4271	7854
湖南	221798	70	2556	5613	5092	1976	1967	4251	3629	6940
广东	884679	164	4549	22292	33066	8452	10288	13521	15711	21937
广西	180309	32	2863	3429	3902	1121	1198	1869	1775	2714
海南	37505	2	795	948	1375	319	323	502	552	739
重庆	224487	42	1195	3314	4344	1528	2052	3159	2432	3935
四川	230936	51	2557	6455	7489	2782	2965	5086	4585	7246
贵州	76025	20	1646	1522	1621	543	788	1201	1205	1721
云南	150093	34	1785	2681	2969	1218	1319	1952	1813	2414
西藏	3434	5	186	147	142	48	52	75	81	124
陕西	176977	111	2784	4097	3883	1442	1751	2954	2569	3769
甘肃	66817	35	1213	2210	2214	851	915	1560	1375	2024
青海	17567	6	291	387	311	147	149	342	311	576
宁夏	28802	1	302	513	591	287	306	547	497	741
新疆	64883	11	607	1129	1185	430	538	1015	1284	1801

分组的企业法人单位数

单位：个

2001年	2002年	2003年	2004年	2005年	2006年	2007年	2008年	2009年	2010年	2011年	2012年	无开业年份
273329	**311018**	**390801**	**413885**	**469995**	**552543**	**554870**	**500520**	**755100**	**909766**	**1003941**	**937163**	**55446**
19700	23272	29156	33338	37167	33745	34465	30342	22325	16665	11188	9778	1105
5300	6227	8278	8779	9845	12043	11982	12877	15836	21500	24903	22676	1908
9733	10355	11888	12725	14340	17553	16225	15890	27849	31722	35254	32920	2138
3761	4469	5784	6376	7596	9629	9741	9112	17009	17395	21495	22466	2324
3582	3630	4669	5594	7012	9407	9382	7398	11883	10647	10082	8957	570
12362	14094	17661	19661	22517	26260	27049	26262	32308	39684	39391	25681	4825
4174	3760	4597	4956	6773	8036	7421	4668	6938	7558	9333	7039	215
5680	5289	6414	7088	7939	9222	9716	7403	15689	12929	11828	9904	362
18220	23741	30485	35019	39350	35809	30157	27132	32339	32362	26030	22672	271
29240	36404	44974	42462	46158	58720	58573	47526	91199	133128	136143	129409	6062
24319	31304	36920	35608	37982	49655	51977	49276	66470	75545	91502	78469	8049
5238	6639	8683	9693	11045	15355	17023	17822	23184	35105	40000	37993	2761
8549	9603	12990	14140	15650	18392	19076	19871	30988	38363	44012	39279	3605
4375	4786	6087	6201	7471	9222	8542	8010	16780	23937	29111	34580	474
27603	28280	35552	34726	40665	48570	42892	33114	69528	87821	85834	95656	6396
13479	13909	17148	17811	23075	25914	26262	20738	22943	20232	15209	9190	585
9516	10194	12718	14083	16374	18544	18629	16477	33189	37540	44312	52524	1012
9529	8840	11840	12201	14852	17146	14887	11413	16242	25647	24851	21504	752
25852	30006	38487	43457	47981	59457	62147	57302	92426	96325	110516	85512	5231
3222	3953	5005	5400	6539	7640	9064	9290	17355	20462	31364	41761	351
1016	1164	1571	1779	2120	2528	2802	2506	2068	7102	5191	2040	63
4777	4842	6750	6544	7320	9035	13785	10712	13541	27201	49116	48360	503
8529	9236	11650	11882	13488	16473	16936	17977	20436	21759	24789	17354	1211
1941	2216	2982	3523	3997	5097	5823	5580	6790	6771	6668	12802	1568
2721	3085	4287	5218	5536	7014	7158	8078	16141	21497	26573	25747	853
113	147	183	206	252	284	297	202	405	147	249	89	
4705	4574	5558	6066	6885	8644	9143	9323	18323	23817	28373	26440	1766
2505	2642	3180	3291	3512	4194	4311	4596	5689	6881	7775	5660	184
626	683	825	833	836	1020	1172	1178	1357	1990	2433	2053	41
766	974	1389	1532	1433	1747	1916	2150	3043	2893	3605	3466	103
2196	2700	3090	3693	4285	6188	6317	6295	4827	5141	6811	5182	158

2-8 按开业(成立)时间、营业状态分组的企业法人单位数

单位：个

开业(成立)时间	企业单位数	营业	停业(歇业)	筹建	当年关闭	当年破产	其他
总计	**8286654**	**7195382**	**313781**	**627510**	**69023**	**6077**	**74881**
1949年及以前	3346	2952	272	17	42	9	54
1950-1977年	65092	55157	7478	53	984	388	1032
1978-1991年	176137	156327	14845	248	2611	469	1637
1992-1995年	231257	208343	17000	383	3293	316	1922
1996年	77880	71448	4728	114	990	114	486
1997年	86128	79347	4838	177	1086	121	559
1998年	150497	133181	8361	5822	1962	223	948
1999年	143840	132099	8298	283	1938	192	1030
2000年	224100	205221	12861	575	3230	339	1874
2001年	273329	251748	14725	746	3807	334	1969
2002年	311018	286592	16728	996	4275	340	2087
2003年	390801	359332	21436	1629	5111	443	2850
2004年	413885	380278	22501	2302	5348	437	3019
2005年	469995	429666	26981	3427	6127	467	3327
2006年	552543	505268	30222	5877	6550	498	4128
2007年	554870	502279	30784	10453	5991	426	4937
2008年	500520	429187	23599	37377	4536	340	5481
2009年	755100	657435	13935	71391	3689	220	8430
2010年	909766	779326	13816	103066	3342	173	10043
2011年	1003941	820376	12789	158060	2809	148	9759
2012年	937163	749820	7584	169068	1302	80	9309
无开业年份	55446			55446			

2-9　按行业(中类)、营业状态分组的企业法人单位数

(2012年)　　单位：个

行业中类	代码	企业单位数	营业	停业(歇业)	筹建	当年关闭	当年破产	其他
总计		**8286654**	**7195382**	**313781**	**627510**	**69023**	**6077**	**74881**
农、林、牧、渔业	A	**331494**	**275040**	**6492**	**42292**	**744**	**88**	**6838**
农业	01	133787	107568	2376	20610	280	19	2934
谷物及其他作物的种植	011	32540	26312	529	4684	71	4	940
蔬菜、园艺作物的种植	012	54380	44254	1172	7909	132	10	903
水果、坚果、饮料和香料作物的种植	013	38116	30370	537	6262	65	2	880
中药材的种植	014	8751	6632	138	1755	12	3	211
林业	02	33299	27203	737	4682	72	5	600
林木的培育和种植	021	31362	25544	696	4502	67	5	548
木材和竹材的采运	022	1001	877	21	80	4		19
林产品的采集	023	936	782	20	100	1		33
畜牧业	03	101230	86864	1988	9877	256	49	2196
牲畜的饲养	031	30833	26005	663	3477	77	14	597
猪的饲养	032	35369	30824	574	2997	87	23	864
家禽的饲养	033	25943	22360	519	2470	64	9	521
狩猎和捕捉动物	034	148	114	6	23			5
其他畜牧业	039	8937	7561	226	910	28	3	209
渔业	04	28515	24381	559	3147	64	5	359
海洋渔业	041	7417	5964	246	1092	20	2	93
内陆渔业	042	21098	18417	313	2055	44	3	266
农、林、牧、渔服务业	05	34663	29024	832	3976	72	10	749
农业服务业	051	27431	22845	643	3320	55	8	560
林业服务业	052	2002	1628	51	233	9	1	80
畜牧服务业	053	3427	2981	106	248	7	1	84
渔业服务业	054	1803	1570	32	175	1		25
采矿业	B	**107596**	**85603**	**9469**	**9696**	**2036**	**243**	**549**
煤炭开采和洗选业	06	23241	18346	2222	1697	750	72	154
烟煤和无烟煤的开采洗选	061	21592	17044	2143	1458	732	69	146
褐煤的开采洗选	062	642	518	39	76	5	1	3
其他煤炭采选	069	1007	784	40	163	13	2	5
石油和天然气开采业	07	2240	1910	82	224	7	5	12
天然原油和天然气开采	071	519	421	28	66	3		1
与石油和天然气开采有关的服务活动	079	1721	1489	54	158	4	5	11
黑色金属矿采选业	08	18543	14044	2150	1885	357	41	66
铁矿采选	081	16483	12442	1963	1670	322	37	49
其他黑色金属矿采选	089	2060	1602	187	215	35	4	17
有色金属矿采选业	09	11903	8197	1584	1801	218	38	65
常用有色金属矿采选	091	8291	5606	1180	1288	146	24	47
贵金属矿采选	092	2272	1615	256	343	43	7	8
稀有稀土金属矿采选	093	1340	976	148	170	29	7	10
非金属矿采选业	10	49517	41532	3312	3675	684	83	231
土砂石开采	101	41566	35273	2668	2820	559	64	182
化学矿采选	102	1720	1314	190	166	40	5	5
采盐	103	850	784	24	21	13	2	6
石棉及其他非金属矿采选	109	5381	4161	430	668	72	12	38
其他采矿业	11	2152	1574	119	414	20	4	21
其他采矿业	110	2152	1574	119	414	20	4	21

2-9 续表 1 单位：个

行业中类	代码	企业单位数	营业	停业(歇业)	筹建	当年关闭	当年破产	其他
制造业	C	**2380700**	**2084411**	**95355**	**158666**	**27136**	**3085**	**12047**
农副食品加工业	13	115835	103720	4636	5401	1379	235	464
谷物磨制	131	29285	27335	851	643	298	69	89
饲料加工	132	13841	12256	615	689	183	27	71
植物油加工	133	10660	9526	456	458	148	37	35
制糖	134	762	649	47	49	11	2	4
屠宰及肉类加工	135	18255	16437	681	794	224	33	86
水产品加工	136	10352	9016	504	660	114	8	50
蔬菜、水果和坚果加工	137	15895	13990	762	868	204	26	45
其他农副食品加工	139	16785	14511	720	1240	197	33	84
食品制造业	14	51877	45273	2474	3151	605	88	286
焙烤食品制造	141	13139	11624	516	769	131	21	78
糖果、巧克力及蜜饯制造	142	5407	4908	210	203	62	6	18
方便食品制造	143	8069	7113	383	440	88	12	33
液体乳及乳制品制造	144	2021	1721	153	84	45	6	12
罐头制造	145	3582	3088	224	200	50	5	15
调味品、发酵制品制造	146	7457	6632	346	341	78	16	44
其他食品制造	149	12202	10187	642	1114	151	22	86
饮料制造业	15	40359	35501	1962	2228	419	52	197
酒精制造	151	510	425	37	31	12	3	2
酒的制造	152	14734	12864	859	745	177	25	64
软饮料制造	153	14056	12285	692	829	155	17	78
精制茶加工	154	11059	9927	374	623	75	7	53
烟草制品业	16	349	310	14	12	10	1	2
烟叶复烤	161	135	120	5	5	5		
卷烟制造	162	106	99	3	1	3		
其他烟草制品加工	169	108	91	6	6	2	1	2
纺织业	17	137522	122753	5354	6517	2067	239	592
棉、化纤纺织及印染精加工	171	51350	46302	1885	2010	820	133	200
毛纺织和染整精加工	172	6023	5291	294	266	124	23	25
麻纺织	173	1147	1017	68	35	17	2	8
丝绢纺织及精加工	174	8251	7402	424	297	100	11	17
纺织制成品制造	175	33420	29370	1274	2183	387	27	179
针织品、编织品及其制品制造	176	37331	33371	1409	1726	619	43	163
纺织服装、鞋、帽制造业	18	113101	98610	5171	6934	1682	118	586
纺织服装制造	181	104447	91001	4863	6379	1540	107	557
纺织面料鞋的制造	182	6220	5458	220	404	113	10	15
制帽	183	2434	2151	88	151	29	1	14
皮革、毛皮、羽毛(绒)及其制品业	19	43066	36773	2414	2770	741	59	309
皮革鞣制加工	191	3367	2770	321	164	81	7	24
皮革制品制造	192	33332	28415	1827	2275	557	41	217
毛皮鞣制及制品加工	193	4196	3705	155	202	67	9	58
羽毛(绒)加工及制品制造	194	2171	1883	111	129	36	2	10
木材加工及木、竹、藤、棕、草制品业	20	71880	64457	2659	3419	882	185	278
锯材、木片加工	201	23588	21554	832	849	217	59	77
人造板制造	202	21204	19169	675	848	355	91	66
木制品制造	203	18976	16612	828	1210	207	21	98
竹、藤、棕、草制品制造	204	8112	7122	324	512	103	14	37
家具制造业	21	48067	42165	1782	3361	493	28	238
木质家具制造	211	33822	29824	1240	2249	350	22	137
竹、藤家具制造	212	909	789	28	73	14		5

2-9 续表 2

单位：个

行业中类	代码	企业单位数	营业	停业(歇业)	筹建	当年关闭	当年破产	其他
金属家具制造	213	5451	4767	225	368	60	1	30
塑料家具制造	214	818	692	38	73	8	1	6
其他家具制造	219	7067	6093	251	598	61	4	60
造纸及纸制品业	22	59381	52673	2354	3218	756	93	287
纸浆制造	221	985	800	51	93	26	5	10
造纸	222	14312	12519	784	607	277	45	80
纸制品制造	223	44084	39354	1519	2518	453	43	197
印刷业和记录媒介的复制	23	68038	63301	2004	1769	600	63	301
印刷	231	61718	57457	1798	1619	538	62	244
装订及其他印刷服务活动	232	5945	5517	186	133	58	1	50
记录媒介的复制	233	375	327	20	17	4		7
文教体育用品制造业	24	25683	22414	1033	1757	344	22	113
文化用品制造	241	7285	6429	314	416	82	8	36
体育用品制造	242	6486	5564	256	569	61	5	31
乐器制造	243	1891	1632	68	153	26	2	10
玩具制造	244	8768	7758	348	476	149	6	31
游艺器材及娱乐用品制造	245	1253	1031	47	143	26	1	5
石油加工及炼焦	25	7659	6196	552	719	127	15	50
精炼石油产品的制造	251	5746	4786	353	503	55	10	39
炼焦	252	1913	1410	199	216	72	5	11
化学原料及化学制品制造业	26	114678	98824	5938	7348	1719	205	644
基础化学原料制造	261	19734	16858	1187	1180	335	49	125
肥料制造	262	12129	9745	857	1185	228	34	80
农药制造	263	3016	2564	191	169	55	11	26
涂料、油墨、颜料及类似产品制造	264	21005	18366	1071	1169	286	22	91
合成材料制造	265	8628	7339	355	736	135	12	51
专用化学产品制造	266	38577	34098	1676	2000	549	58	196
日用化学产品制造	267	11589	9854	601	909	131	19	75
医药制造业	27	20606	17375	925	1906	209	35	156
化学药品原药制造	271	2831	2373	159	216	46	8	29
化学药品制剂制造	272	2647	2271	117	210	25	7	17
中药饮片加工	273	2719	2265	121	287	28	4	14
中成药制造	274	3476	3077	133	211	34	5	16
兽用药品制造	275	1654	1475	63	92	13	5	6
生物、生化制品的制造	276	3907	3035	207	579	36	2	48
卫生材料及医药用品制造	277	3372	2879	125	311	27	4	26
化学纤维制造业	28	6175	5410	239	388	101	13	24
纤维素纤维原料及纤维制造	281	1253	1079	52	92	20	6	4
合成纤维制造	282	4922	4331	187	296	81	7	20
橡胶制品业	29	26458	23353	1015	1669	276	31	114
轮胎制造	291	2410	2057	111	184	43	5	10
橡胶板、管、带的制造	292	5066	4457	190	326	54	5	34
橡胶零件制造	293	6842	6245	246	277	53	5	16
再生橡胶制造	294	1197	1042	62	70	17	4	2
日用及医用橡胶制品制造	295	1165	1048	51	51	11	2	2
橡胶靴鞋制造	296	2351	2018	140	139	35	5	14
其他橡胶制品制造	299	7427	6486	215	622	63	5	36
塑料制品业	30	124076	110208	4548	7455	1235	130	500
塑料薄膜制造	301	11132	10037	366	591	80	14	44

2-9 续表 3

单位：个

行业中类	代码	企业单位数	营业	停业(歇业)	筹建	当年关闭	当年破产	其他
塑料板、管、型材的制造	302	17261	15160	649	1165	182	23	82
塑料丝、绳及编织品的制造	303	11136	10027	510	367	163	29	40
泡沫塑料制造	304	5900	5309	240	249	71	7	24
塑料人造革、合成革制造	305	1419	1237	69	87	19	1	6
塑料包装箱及容器制造	306	13523	12067	479	786	117	9	65
塑料零件制造	307	15888	14486	476	755	115	10	46
日用塑料制造	308	15936	14053	680	937	200	13	53
其他塑料制品制造	309	31881	27832	1079	2518	288	24	140
非金属矿物制品业	31	236335	206568	10460	14751	3054	440	1062
水泥、石灰和石膏的制造	311	16309	13886	931	882	463	67	80
水泥及石膏制品制造	312	53593	47668	2068	3076	454	77	250
砖瓦、石材及其他建筑材料制造	313	103472	91187	4416	5972	1350	144	403
玻璃及玻璃制品制造	314	20613	17899	915	1357	289	47	106
陶瓷制品制造	315	12806	10774	437	1314	163	62	56
耐火材料制品制造	316	12981	11300	887	598	126	24	46
石墨及其他非金属矿物制品制造	319	16561	13854	806	1552	209	19	121
黑色金属冶炼及压延加工业	32	22481	18753	1615	1384	537	72	120
炼铁	321	2660	1974	383	167	101	19	16
炼钢	322	1105	911	85	78	20	3	8
钢压延加工	323	15149	12925	865	948	307	30	74
铁合金冶炼	324	3567	2943	282	191	109	20	22
有色金属冶炼及压延加工业	33	28090	23513	1669	2136	514	50	208
常用有色金属冶炼	331	7518	5886	737	658	154	24	59
贵金属冶炼	332	987	796	58	93	19	2	19
稀有稀土金属冶炼	333	1601	1295	124	125	43	3	11
有色金属合金制造	334	3310	2836	129	283	48	2	12
有色金属压延加工	335	14674	12700	621	977	250	19	107
金属制品业	34	188057	162682	7384	15065	1722	158	1046
结构性金属制品制造	341	63278	54222	2860	5100	634	55	407
金属工具制造	342	24895	21797	888	1902	184	20	104
集装箱及金属包装容器制造	343	6809	6057	237	404	68	1	42
金属丝绳及其制品的制造	344	9030	7894	412	575	95	20	34
建筑、安全用金属制品制造	345	22515	19477	948	1760	182	14	134
金属表面处理及热处理加工	346	12249	10938	505	645	125	7	29
搪瓷制品制造	347	1559	1290	71	175	12	1	10
不锈钢及类似日用金属制品制造	348	18842	16325	602	1575	219	20	101
其他金属制品制造	349	28880	24682	861	2929	203	20	185
通用设备制造业	35	246517	216649	8768	17432	2227	252	1189
锅炉及原动机制造	351	9848	8640	389	662	90	12	55
金属加工机械制造	352	36524	31360	1168	3387	299	29	281
起重运输设备制造	353	7824	6845	212	676	55	9	27
泵、阀门、压缩机及类似机械的制造	354	31428	27735	1165	2078	295	38	117
轴承、齿轮、传动和驱动部件的制造	355	15686	14222	427	808	155	25	49
烘炉、熔炉及电炉制造	356	2284	2028	72	157	19	1	7
风机、衡器、包装设备等通用设备制造	357	36319	31330	1110	3388	251	22	218
通用零部件制造及机械修理	358	74091	65088	2773	5215	613	65	337
金属铸、锻加工	359	32513	29401	1452	1061	450	51	98
专用设备制造业	36	142507	123549	4744	12094	1074	127	919
矿山、冶金、建筑专用设备制造	361	23724	20468	861	1986	221	30	158

2-9 续表 4

单位：个

行业中类	代码	企业单位数	营业	停业(歇业)	筹建	当年关闭	当年破产	其他
化工、木材、非金属加工专用设备制造	362	38885	34510	1097	2842	236	25	175
食品、饮料、烟草及饲料生产专用设备制造	363	4635	4064	200	307	32	5	27
印刷、制药、日化生产专用设备制造	364	8984	7742	333	775	67	10	57
纺织、服装和皮革工业专用设备制造	365	10567	9399	421	603	82	11	51
电子和电工机械专用设备制造	366	11655	9867	322	1269	89	7	101
农、林、牧、渔专用机械制造	367	10266	8866	442	717	125	23	93
医疗仪器设备及器械制造	368	7889	6756	230	775	55	3	70
环保、社会公共安全及其他专用设备制造	369	25902	21877	838	2820	167	13	187
交通运输设备制造业	37	104139	91173	3511	7972	905	102	476
铁路运输设备制造	371	3620	3209	136	214	31	8	22
汽车制造	372	70155	62239	2146	4856	572	64	278
摩托车制造	373	7916	7068	253	508	63	8	16
自行车制造	374	6358	5261	307	651	76	12	51
船舶及浮动装置制造	375	12905	10692	550	1435	138	9	81
航空航天器制造	376	581	502	6	64	1		8
交通器材及其他交通运输设备制造	379	2604	2202	113	244	24	1	20
电气机械及器材制造业	39	141797	122540	4884	12107	1434	120	712
电机制造	391	14852	12213	461	1977	131	15	55
输配电及控制设备制造	392	46864	41642	1515	3036	390	36	245
电线、电缆、光缆及电工器材制造	393	21428	18931	800	1365	228	22	82
电池制造	394	5483	4512	241	570	109	7	44
家用电力器具制造	395	17530	14879	614	1739	196	15	87
非电力家用器具制造	396	5791	4737	218	715	87	2	32
照明器具制造	397	20599	17758	741	1766	234	16	84
其他电气机械及器材制造	399	9250	7868	294	939	59	7	83
通信设备、计算机及其他电子设备制造业	40	75430	65480	2278	6431	737	49	455
通信设备制造	401	7855	6843	248	639	60	4	61
雷达及配套设备制造	402	184	163	9	8			4
广播电视设备制造	403	2142	1918	81	104	29	2	8
电子计算机制造	404	6416	5626	187	483	57	3	60
电子器件制造	405	11084	9465	296	1149	95	6	73
电子元件制造	406	31279	27214	994	2569	347	21	134
家用视听设备制造	407	4499	4006	152	254	58	5	24
其他电子设备制造	409	11971	10245	311	1225	91	8	91
仪器仪表及文化、办公用机械制造业	41	33660	29738	1233	2262	218	20	189
通用仪器仪表制造	411	15556	13892	542	950	85	11	76
专用仪器仪表制造	412	5728	5061	180	409	40	2	36
钟表与计时仪器制造	413	2333	2098	92	104	19	5	15
光学仪器及眼镜制造	414	4827	4182	239	344	37	2	23
文化、办公用机械制造	415	2238	1968	81	148	27		14
其他仪器仪表的制造及修理	419	2978	2537	99	307	10		25
工艺品及其他制造业	42	75364	65106	3066	5799	878	65	450
工艺美术品制造	421	41896	36231	1943	2773	633	40	276
日用杂品制造	422	10425	9302	391	580	104	7	41
煤制品制造	423	4129	3668	240	158	45	6	12
其他未列明的制造业	429	18914	15905	492	2288	96	12	121
废弃资源和废旧材料回收加工业	43	11513	9344	669	1211	191	18	80
金属废料和碎屑的加工处理	431	5836	4728	325	629	99	7	48
非金属废料和碎屑的加工处理	432	5677	4616	344	582	92	11	32

2-9 续表 5

单位：个

行业中类	代码	企业单位数	营业	停业(歇业)	筹建	当年关闭	当年破产	其他
电力、燃气及水的生产和供应业	D	**68607**	**60409**	**1323**	**6159**	**296**	**34**	**386**
电力、热力的生产和供应业	44	45614	40188	907	4048	195	20	256
电力生产	441	36928	32463	724	3396	151	13	181
电力供应	442	4176	3834	77	197	21	1	46
热力生产和供应	443	4510	3891	106	455	23	6	29
燃气生产和供应业	45	5391	4449	112	747	32	7	44
燃气生产和供应业	450	5391	4449	112	747	32	7	44
水的生产和供应业	46	17602	15772	304	1364	69	7	86
自来水的生产和供应	461	13810	12922	178	604	53	7	46
污水处理及其再生利用	462	2944	2149	92	659	11		33
其他水的处理、利用与分配	469	848	701	34	101	5		7
建筑业	E	**391379**	**332535**	**18579**	**32551**	**3636**	**272**	**3806**
房屋和土木工程建筑业	47	138448	118869	6160	10815	1335	117	1152
房屋工程建筑	471	81175	70778	3467	5344	863	74	649
土木工程建筑	472	57273	48091	2693	5471	472	43	503
建筑安装业	48	75762	65488	3350	5549	689	53	633
建筑安装业	480	75762	65488	3350	5549	689	53	633
建筑装饰业	49	122892	103879	6377	10116	1127	76	1317
建筑装饰业	490	122892	103879	6377	10116	1127	76	1317
其他建筑业	50	54277	44299	2692	6071	485	26	704
工程准备	501	14951	11894	1089	1648	165	8	147
提供施工设备服务	502	6239	5206	302	595	66	8	62
其他未列明的建筑活动	509	33087	27199	1301	3828	254	10	495
交通运输、仓储和邮政业	F	**239225**	**208758**	**8966**	**17697**	**1572**	**146**	**2086**
铁路运输业	51	2122	1829	55	202	6		30
铁路旅客运输	511	179	158	7	10	1		3
铁路货物运输	512	851	713	27	98	2		11
铁路运输辅助活动	513	1092	958	21	94	3		16
道路运输业	52	115078	100278	4591	8296	845	77	991
公路旅客运输	521	10015	9331	222	345	54	9	54
道路货物运输	522	95016	82186	3928	7293	732	62	815
道路运输辅助活动	523	10047	8761	441	658	59	6	122
城市公共交通业	53	9248	8693	186	256	43	4	66
公共电汽车客运	531	2560	2393	54	81	11	1	20
轨道交通	532	165	144	4	13			4
出租车客运	533	5866	5571	105	124	26	3	37
城市轮渡	534	95	87	6	2			
其他城市公共交通	539	562	498	17	36	6		5
水上运输业	54	10336	8844	471	841	78	10	92
水上旅客运输	541	1147	1004	55	70	11	2	5
水上货物运输	542	6443	5619	293	420	53	8	50
水上运输辅助活动	543	2746	2221	123	351	14		37
航空运输业	55	1457	1252	45	127	9	1	23
航空客货运输	551	549	486	16	38	3	1	5
通用航空服务	552	363	297	16	43	1		6
航空运输辅助活动	553	545	469	13	46	5		12
管道运输业	56	232	196	3	32	1		
管道运输业	560	232	196	3	32	1		
装卸搬运和其他运输服务业	57	66133	57847	2295	5037	385	28	541

2-9 续表 6

单位：个

行业中类	代码	企业单位数	营业	停业(歇业)	筹建	当年关闭	当年破产	其他
装卸搬运	571	10837	9395	520	706	113	14	89
运输代理服务	572	55296	48452	1775	4331	272	14	452
仓储业	58	23965	20155	1108	2260	142	26	274
谷物、棉花等农产品仓储	581	6457	5783	280	264	48	20	62
其他仓储	589	17508	14372	828	1996	94	6	212
邮政业	59	10654	9664	212	646	63		69
国家邮政	591	2254	2154	12	68	5		15
其他寄递服务	599	8400	7510	200	578	58		54
信息传输、计算机服务和软件业	**G**	**234453**	**211303**	**7448**	**12702**	**1174**	**59**	**1767**
电信和其他信息传输服务业	60	38207	34386	1214	2004	209	13	381
电信	601	11568	10436	374	552	57	5	144
互联网信息服务	602	23675	21185	763	1372	139	8	208
广播电视传输服务	603	2677	2511	62	64	12		28
卫星传输服务	604	287	254	15	16	1		1
计算机服务业	61	119861	110785	3079	4566	643	26	762
计算机系统服务	611	27966	24687	983	1955	115	3	223
数据处理	612	1606	1424	57	107	7		11
计算机维修	613	3918	3522	151	188	26	1	30
其他计算机服务	619	86371	81152	1888	2316	495	22	498
软件业	62	76385	66132	3155	6132	322	20	624
公共软件服务	621	59946	52232	2490	4519	237	14	454
其他软件服务	629	16439	13900	665	1613	85	6	170
批发和零售业	**H**	**2629580**	**2319878**	**78968**	**188696**	**16758**	**1217**	**24063**
批发业	63	1661805	1448360	51591	135378	10066	722	15688
农畜产品批发	631	66117	58605	2655	3723	399	97	638
食品、饮料及烟草制品批发	632	126729	110925	3864	10069	717	56	1098
纺织、服装及日用品批发	633	182605	160757	5072	14111	1139	57	1469
文化、体育用品及器材批发	634	50279	44615	1467	3412	313	9	463
医药及医疗器材批发	635	43655	39992	836	2244	187	20	376
矿产品、建材及化工产品批发	636	520970	446409	18054	48066	3795	292	4354
机械设备、五金交电及电子产品批发	637	449715	401668	11095	31015	2076	105	3756
贸易经纪与代理	638	62412	52855	2028	6225	362	16	926
其他批发	639	159323	132534	6520	16513	1078	70	2608
零售业	65	967775	871518	27377	53318	6692	495	8375
综合零售	651	117396	104350	4087	6756	1032	116	1055
食品、饮料及烟草制品专门零售	652	78654	70219	2707	4483	526	50	669
纺织、服装及日用品专门零售	653	93424	83380	2912	5422	789	46	875
文化、体育用品及器材专门零售	654	56481	50664	2089	2669	447	21	591
医药及医疗器材专门零售	655	84019	79823	1163	2148	344	19	522
汽车、摩托车、燃料及零配件专门零售	656	134892	122301	3183	7429	1098	74	807
家用电器及电子产品专门零售	657	153649	141293	3484	6607	896	60	1309
五金、家具及室内装修材料专门零售	658	122377	108206	4419	7706	865	56	1125
无店铺及其他零售	659	126883	111282	3333	10098	695	53	1422
住宿和餐饮业	**I**	**181011**	**165869**	**5313**	**5935**	**2788**	**121**	**985**
住宿业	66	64861	59682	1925	2238	694	45	277
旅游饭店	661	23278	21047	703	1099	336	14	79
一般旅馆	662	36538	34108	1059	871	316	27	157
其他住宿服务	669	5045	4527	163	268	42	4	41
餐饮业	67	116150	106187	3388	3697	2094	76	708

2-9 续表 7

单位：个

行业中类	代码	企业单位数	营业	停业(歇业)	筹建	当年关闭	当年破产	其他
正餐服务	671	92977	85173	2755	2615	1863	67	504
快餐服务	672	8175	7590	185	257	86	4	53
饮料及冷饮服务	673	4868	4511	143	145	46	1	22
其他餐饮服务	679	10130	8913	305	680	99	4	129
金融业	**J**	**63712**	**56662**	**1119**	**5191**	**155**	**10**	**575**
银行业	68	13447	12899	19	446	5		78
中央银行	681	199	184		12			3
商业银行	682	11012	10620	9	322	5		56
其他银行	689	2236	2095	10	112			19
证券业	69	5052	4352	104	512	9	1	74
证券市场管理	691	580	548	5	24	1		2
证券经纪与交易	692	1386	1275	18	77	2		14
证券投资	693	2174	1771	61	292	4		46
证券分析与咨询	694	912	758	20	119	2	1	12
保险业	70	14281	13577	138	461	31	3	71
人寿保险	701	5527	5298	20	174	3		32
非人寿保险	702	5405	5215	11	150	6	1	22
保险辅助服务	703	3349	3064	107	137	22	2	17
其他金融活动	71	30932	25834	858	3772	110	6	352
金融信托与管理	711	3859	3066	115	605	9	1	63
金融租赁	712	1020	808	12	185	4		11
财务公司	713	1462	1234	29	159	6		34
邮政储蓄	714	1200	1156	2	39			3
典当	715	5616	5069	99	405	16	2	25
其他未列明的金融活动	719	17775	14501	601	2379	75	3	216
房地产业	**K**	**349865**	**281974**	**26297**	**30382**	**4578**	**378**	**6256**
房地产业	72	349865	281974	26297	30382	4578	378	6256
房地产开发经营	721	165020	127143	15869	14500	3388	261	3859
物业管理	722	90909	77730	3158	8628	436	36	921
房地产中介服务	723	56912	48494	3422	3910	473	17	596
其他房地产活动	729	37024	28607	3848	3344	281	64	880
租赁和商务服务业	**L**	**729986**	**615640**	**31122**	**69715**	**4607**	**237**	**8665**
租赁业	73	41132	34454	1735	4123	287	32	501
机械设备租赁	731	39798	33277	1685	4046	272	31	487
文化及日用品出租	732	1334	1177	50	77	15	1	14
商务服务业	74	688854	581186	29387	65592	4320	205	8164
企业管理服务	741	144683	113754	7003	20711	651	62	2502
法律服务	742	10215	9603	198	272	51	3	88
咨询与调查	743	195124	162725	9456	19404	1323	41	2175
广告业	744	142063	125152	5122	9393	1075	23	1298
知识产权服务	745	5548	5016	189	285	20		38
职业中介服务	746	33449	27873	1526	3302	233	12	503
市场管理	747	18734	16798	575	1071	127	13	150
旅行社	748	30338	27562	817	1606	145	7	201
其他商务服务	749	108700	92703	4501	9548	695	44	1209
科学研究、技术服务和地质勘查业	**M**	**242723**	**202415**	**10305**	**25509**	**1338**	**64**	**3092**
研究与试验发展	75	34626	27347	1595	5083	158	6	437
自然科学研究与试验发展	751	4009	3118	172	637	17		65
工程和技术研究与试验发展	752	20342	16488	707	2849	87	2	209

2-9　续表 8　　　　单位：个

	代码	企　业 单位数	营业	停业 (歇业)	筹建	当年 关闭	当年 破产	其他
农业科学研究与试验发展	753	4445	3388	252	694	27	4	80
医学研究与试验发展	754	5369	3993	424	859	24		69
社会人文科学研究与试验发展	755	461	360	40	44	3		14
专业技术服务业	76	123192	105936	3999	11342	618	37	1260
气象服务	761	1227	1148	28	38	5		8
地震服务	762	115	108	4	2			1
海洋服务	763	313	240	6	64	1		2
测绘服务	764	4341	3907	95	277	18	1	43
技术检测	765	10767	9393	302	932	44	4	92
环境监测	766	1964	1672	62	198	9		23
工程技术与规划管理	767	55310	48569	1840	4204	294	15	388
其他专业技术服务	769	49155	40899	1662	5627	247	17	703
科技交流和推广服务业	77	81135	66214	4460	8565	535	19	1342
技术推广服务	771	57845	46766	3360	6465	360	16	878
科技中介服务	772	7379	6109	475	582	64	1	148
其他科技服务	779	15911	13339	625	1518	111	2	316
地质勘查业	78	3770	2918	251	519	27	2	53
矿产地质勘查	781	1763	1241	153	318	18	2	31
基础地质勘查	782	509	453	19	29	2		6
地质勘查技术服务	783	1498	1224	79	172	7		16
水利、环境和公共设施管理业	**N**	**38723**	**31236**	**1849**	**4886**	**232**	**15**	**505**
水利管理业	79	3244	2706	144	322	16	2	54
防洪管理	791	295	234	20	37	2		2
水资源管理	792	1350	1120	64	133	7		26
其他水利管理	799	1599	1352	60	152	7	2	26
环境管理业	80	8881	7118	358	1222	62	5	116
自然保护	801	829	683	36	100	3		7
环境治理	802	8052	6435	322	1122	59	5	109
公共设施管理业	81	26598	21412	1347	3342	154	8	335
市政公共设施管理	811	3744	3089	161	386	19		89
城市绿化管理	812	14655	12170	701	1517	85	6	176
游览景区管理	813	8199	6153	485	1439	50	2	70
居民服务和其他服务业	**O**	**177802**	**157529**	**6175**	**10899**	**1215**	**51**	**1933**
居民服务业	82	72001	64541	2606	3643	516	16	679
家庭服务	821	7950	6819	349	646	55	2	79
托儿所	822	460	421	5	27		1	6
洗染服务	823	2765	2496	114	107	25	1	22
理发及美容保健服务	824	17741	16499	614	399	134	2	93
洗浴服务	825	9973	9239	375	219	84	4	52
婚姻服务	826	4330	3832	182	251	26	1	38
殡葬服务	827	2188	1950	59	146	12		21
摄影扩印服务	828	7978	7414	254	193	66	2	49
其他居民服务	829	18616	15871	654	1655	114	3	319
其他服务业	83	105801	92988	3569	7256	699	35	1254
修理与维护	831	45238	41477	1489	1650	303	18	301
清洁服务	832	19379	16706	809	1517	125	5	217
其他未列明的服务	839	41184	34805	1271	4089	271	12	736

2-9 续表 9

单位：个

	代码	企 业 单位数	营业	停业 (歇业)	筹建	当年 关闭	当年 破产	其他
教育	P	**33746**	**30252**	**1188**	**1661**	**180**	**10**	**455**
教育	84	33746	30252	1188	1661	180	10	455
学前教育	841	5710	5352	72	170	13	2	101
初等教育	842	748	700	9	18	2		19
中等教育	843	1433	1272	48	70	17		26
高等教育	844	295	260	11	16			8
其他教育	849	25560	22668	1048	1387	148	8	301
卫生、社会保障和社会福利业	Q	**19103**	**17808**	**409**	**629**	**68**	**8**	**181**
卫生	85	17550	16527	322	500	59	8	134
医院	851	6229	5865	87	215	16	4	42
卫生院及社区医疗活动	852	2047	1969	20	33	8		17
门诊部医疗活动	853	7289	6917	145	157	22	3	45
计划生育技术服务活动	854	217	206	3	4	1		3
妇幼保健活动	855	119	111	3	4			1
专科疾病防治活动	856	341	321	8	5	2		5
疾病预防控制及防疫活动	857	180	164	3	6	1		6
其他卫生活动	859	1128	974	53	76	9	1	15
社会保障业	86	426	375	14	18			19
社会保障业	860	426	375	14	18			19
社会福利业	87	1127	906	73	111	9		28
提供住宿的社会福利	871	812	671	32	90	2		17
不提供住宿的社会福利	872	315	235	41	21	7		11
文化、体育和娱乐业	R	**66949**	**58060**	**3404**	**4244**	**510**	**39**	**692**
新闻出版业	88	3841	3546	145	88	25	2	35
新闻业	881	232	206	7	13	1		5
出版业	882	3609	3340	138	75	24	2	30
广播、电视、电影和音像业	89	10007	8695	564	570	64	5	109
广播	891	486	444	12	24	1		5
电视	892	2496	2175	162	114	20	2	23
电影	893	5096	4409	290	308	27	3	59
音像制作	894	1929	1667	100	124	16		22
文化艺术业	90	20521	16949	1277	1837	155	8	295
文艺创作与表演	901	4595	3874	224	413	26	3	55
艺术表演场馆	902	555	481	31	28	5	1	9
图书馆与档案馆	903	211	186	4	17	2		2
文物及文化保护	904	359	276	14	55	3		11
博物馆	905	213	165	15	30	2		1
烈士陵园、纪念馆	906	54	42	2	5			5
群众文化活动	907	2174	1767	164	183	24		36
文化艺术经纪代理	908	3631	2980	327	239	33	1	51
其他文化艺术	909	8729	7178	496	867	60	3	125
体育	91	2891	2346	229	247	27	1	41
体育组织	911	1011	795	100	81	13		22
体育场馆	912	827	711	52	55	4	1	4
其他体育	919	1053	840	77	111	10		15
娱乐业	92	29689	26524	1189	1502	239	23	212
室内娱乐活动	921	18973	17529	598	587	134	12	113
游乐园	922	956	746	66	128	11		5
休闲健身娱乐活动	923	6457	5508	360	455	69	3	62
其他娱乐活动	929	3303	2741	165	332	25	8	32

2-10 按地区、营业状态分组的企业法人单位数

(2012年) 单位：个

地区	企业单位数	营业	停业(歇业)	筹建	当年关闭	当年破产	其他
全国	**8286654**	**7195382**	**313781**	**627510**	**69023**	**6077**	**74881**
北京	374051	313384	41971	5987	6046	135	6528
天津	187579	116978	12234	51054	3102	109	4102
河北	278564	239990	11261	22920	1346	483	2564
山西	159461	134761	9170	12921	1297	262	1050
内蒙古	105156	92473	3559	7741	745	93	545
辽宁	370163	309729	31900	22582	3058	268	2626
吉林	90302	83977	2715	2547	667	93	303
黑龙江	134426	120997	4762	5608	876	80	2103
上海	427928	375038	11801	34073	912	18	6086
江苏	977842	849257	30743	82806	9077	487	5472
浙江	739030	644135	29825	56748	7985	160	177
安徽	254386	209111	8352	32682	2239	233	1769
福建	319214	251937	11806	49716	3106	185	2464
江西	176556	156884	3491	12002	1471	130	2578
山东	722344	665042	11850	31800	7369	776	5507
河南	283009	262136	7645	8037	2782	611	1798
湖北	322331	293428	7138	16205	2036	300	3224
湖南	221798	208872	4067	4754	1424	380	2301
广东	884679	776992	25211	68180	6399	318	7579
广西	180309	165095	3633	7705	1357	81	2438
海南	37505	29234	2729	4373	91	12	1066
重庆	224487	203138	4060	14684	1213	81	1311
四川	230936	206634	9728	9850	1779	207	2738
贵州	76025	59889	4449	10278	465	92	852
云南	150093	114595	5698	24820	256	18	4706
西藏	3434	3010	139	244	6	7	28
陕西	176977	160225	4722	9814	582	108	1526
甘肃	66817	59895	2521	3275	493	188	445
青海	17567	13634	966	2461	158	69	279
宁夏	28802	24975	1213	2308	143	18	145
新疆	64883	49937	4422	9335	543	75	571

2-11 按行业(大类)、控股情况分组的企业法人单位数

(2012年) 单位：个

行业大类	代码	企业单位数	国有控股	集体控股	私人控股	港澳台商控股	外商控股	其他
总计		**8286654**	**278479**	**271295**	**6552049**	**101518**	**109103**	**974210**
农、林、牧、渔业	A	**331494**	**6697**	**11250**	**224440**	**636**	**475**	**87996**
农业	01	133787	2163	4839	89506	365	240	36674
林业	02	33299	1945	1536	22868	87	62	6801
畜牧业	03	101230	1224	2173	69984	83	112	27654
渔业	04	28515	439	898	20785	65	30	6298
农、林、牧、渔服务业	05	34663	926	1804	21297	36	31	10569
采矿业	B	**107596**	**3837**	**5321**	**89655**	**246**	**249**	**8288**
煤炭开采和洗选业	06	23241	1848	1870	18236	32	32	1223
石油和天然气开采业	07	2240	239	81	1607	17	21	275
黑色金属矿采选业	08	18543	345	613	16323	35	33	1194
有色金属矿采选业	09	11903	595	673	9623	45	64	903
非金属矿采选业	10	49517	750	2039	42161	115	93	4359
其他采矿业	11	2152	60	45	1705	2	6	334
制造业	C	**2380700**	**38181**	**64881**	**1971525**	**59597**	**56652**	**189864**
农副食品加工业	13	115835	2939	2874	97059	1099	1856	10008
食品制造业	14	51877	1179	1186	41970	1054	1355	5133
饮料制造业	15	40359	1074	1661	32796	467	694	3667
烟草制品业	16	349	173	28	116		1	31
纺织业	17	137522	1329	2345	118378	4647	2891	7932
纺织服装、鞋、帽制造业	18	113101	787	2022	91826	5482	4022	8962
皮革、毛皮、羽毛(绒)及其制品业	19	43066	253	614	35204	2452	1519	3024
木材加工及木、竹、藤、棕、草制品业	20	71880	769	1193	62677	746	685	5810
家具制造业	21	48067	290	684	40022	1284	1101	4686
造纸及纸制品业	22	59381	572	1768	50011	1533	835	4662
印刷业和记录媒介的复制	23	68038	2115	4033	54272	901	433	6284
文教体育用品制造业	24	25683	212	488	19948	2047	1247	1741
石油加工及炼焦	25	7659	370	322	6044	107	140	676
化学原料及化学制品制造业	26	114678	2768	4181	92578	2753	3220	9178
医药制造业	27	20606	868	609	15648	578	812	2091
化学纤维制造业	28	6175	128	104	5195	246	180	322
橡胶制品业	29	26458	350	916	21723	791	687	1991
塑料制品业	30	124076	921	2807	104061	4619	2864	8804
非金属矿物制品业	31	236335	3773	8473	200173	2097	2001	19818
黑色金属冶炼及压延加工业	32	22481	621	801	18905	275	288	1591
有色金属冶炼及压延加工业	33	28090	841	857	23228	539	519	2106

2-11 续表 1 单位：个

行业大类	代码	企业单位数	国有控股	集体控股	私人控股	港澳台商控股	外商控股	其他
金属制品业	34	188057	1744	5013	158140	3953	3187	16020
通用设备制造业	35	246517	3156	7460	210272	2823	4678	18128
专用设备制造业	36	142507	2668	3336	116905	3080	4189	12329
交通运输设备制造业	37	104139	3080	3460	84668	1631	3373	7927
电气机械及器材制造业	39	141797	1909	3793	117390	4530	4094	10081
通信设备、计算机及其他电子设备制造业	40	75430	1567	1084	54892	5514	5864	6509
仪器仪表及文化、办公用机械制造业	41	33660	865	1065	26236	1420	1487	2587
工艺品及其他制造业	42	75364	682	1424	61504	2825	2270	6659
废弃资源和废旧材料回收加工业	43	11513	178	280	9684	104	160	1107
电力、燃气及水的生产和供应业	**D**	**68607**	**12726**	**8772**	**39859**	**628**	**578**	**6044**
电力、热力的生产和供应业	44	45614	7877	5064	28319	302	243	3809
燃气生产和供应业	45	5391	674	182	3478	202	171	684
水的生产和供应业	46	17602	4175	3526	8062	124	164	1551
建筑业	**E**	**391379**	**14859**	**15407**	**316984**	**900**	**811**	**42418**
房屋和土木工程建筑业	47	138448	9580	9419	105689	202	212	13346
建筑安装业	48	75762	2374	2924	61628	231	252	8353
建筑装饰业	49	122892	1284	1783	105838	394	273	13320
其他建筑业	50	54277	1621	1281	43829	73	74	7399
交通运输、仓储和邮政业	**F**	**239225**	**17842**	**10404**	**176816**	**2298**	**1872**	**29993**
铁路运输业	51	2122	410	123	1217	4	5	363
道路运输业	52	115078	5503	4752	88816	517	301	15189
城市公共交通业	53	9248	1330	818	5820	46	25	1209
水上运输业	54	10336	996	847	7040	107	83	1263
航空运输业	55	1457	335	44	809	22	27	220
管道运输业	56	232	56	6	117	5	7	41
装卸搬运和其他运输服务业	57	66133	2554	2368	52018	1040	675	7478
仓储业	58	23965	5049	1247	13679	529	718	2743
邮政业	59	10654	1609	199	7300	28	31	1487
信息传输、计算机服务和软件业	**G**	**234453**	**7106**	**2316**	**190441**	**2902**	**5174**	**26514**
电信和其他信息传输服务业	60	38207	4663	745	26415	339	372	5673
计算机服务业	61	119861	1233	790	102773	529	912	13624
软件业	62	76385	1210	781	61253	2034	3890	7217
批发和零售业	**H**	**2629580**	**65390**	**65978**	**2129132**	**13753**	**20686**	**334641**
批发业	63	1661805	40910	33535	1359545	11134	18146	198535
零售业	65	967775	24480	32443	769587	2619	2540	136106
住宿和餐饮业	I	181011	11226	8064	136401	2089	2328	20903
住宿业	66	64861	8412	4867	43025	708	527	7322
餐饮业	67	116150	2814	3197	93376	1381	1801	13581

2-11 续表 2

单位：个

行业大类	代码	企业单位数	国有控股	集体控股	私人控股	港澳台商控股	外商控股	其他
金融业	J	63712	14751	5248	31559	409	775	10970
银行业	68	13447	6488	3053	1682	116	285	1823
证券业	69	5052	773	132	3169	29	16	933
保险业	70	14281	4642	1280	4939	96	327	2997
其他金融活动	71	30932	2848	783	21769	168	147	5217
房地产业	**K**	**349865**	**22605**	**19271**	**256826**	**6620**	**3626**	**40917**
房地产业	72	349865	22605	19271	256826	6620	3626	40917
租赁和商务服务业	**L**	**729986**	**29971**	**32243**	**554509**	**7398**	**10060**	**95805**
租赁业	73	41132	937	842	33110	131	143	5969
商务服务业	74	688854	29034	31401	521399	7267	9917	89836
科学研究、技术服务和地质勘查业	**M**	**242723**	**15118**	**8149**	**181913**	**2473**	**3979**	**31091**
研究与试验发展	75	34626	1394	726	26284	696	1189	4337
专业技术服务业	76	123192	9810	4479	90902	1048	1540	15413
科技交流和推广服务业	77	81135	3174	2831	62414	714	1211	10791
地质勘查业	78	3770	740	113	2313	15	39	550
水利、环境和公共设施管理业	**N**	**38723**	**4731**	**2429**	**25836**	**226**	**215**	**5286**
水利管理业	79	3244	884	323	1496	9	9	523
环境管理业	80	8881	1057	498	5873	63	102	1288
公共设施管理业	81	26598	2790	1608	18467	154	104	3475
居民服务和其他服务业	**O**	**177802**	**4268**	**6495**	**139396**	**642**	**917**	**26084**
居民服务业	82	72001	1684	2784	56802	316	392	10023
其他服务业	83	105801	2584	3711	82594	326	525	16061
教育	**P**	**33746**	**1689**	**1454**	**24568**	**121**	**170**	**5744**
教育	84	33746	1689	1454	24568	121	170	5744
卫生、社会保障和社会福利业	**Q**	**19103**	**1512**	**1441**	**13183**	**52**	**75**	**2840**
卫生	85	17550	1255	1244	12442	44	70	2495
社会保障业	86	426	108	77	154			87
社会福利业	87	1127	149	120	587	8	5	258
文化、体育和娱乐业	**R**	**66949**	**5970**	**2172**	**49006**	**528**	**461**	**8812**
新闻出版业	88	3841	1937	217	1221	9	5	452
广播、电视、电影和音像业	89	10007	2100	496	6146	75	37	1153
文化艺术业	90	20521	1126	611	15810	63	74	2837
体育	91	2891	220	108	2069	44	47	403
娱乐业	92	29689	587	740	23760	337	298	3967

2-12 按地区、控股情况分组的企业法人单位数

(2012年) 单位：个

地区	企业单位数	国有控股	集体控股	私人控股	港澳台商控股	外商控股	其他
全 国	**8286654**	**278479**	**271295**	**6552049**	**101518**	**109103**	**974210**
北 京	374051	17337	20676	302438	5363	9663	18574
天 津	187579	8635	6214	130302	1621	4423	36384
河 北	278564	8895	10851	220456	551	1016	36795
山 西	159461	9148	7942	122687	154	195	19335
内蒙古	105156	4702	2558	80739	153	210	16794
辽 宁	370163	15384	21707	289252	2032	6095	35693
吉 林	90302	4875	2714	69471	159	515	12568
黑龙江	134426	8916	5603	94640	259	413	24595
上 海	427928	12962	12431	348584	14293	25150	14508
江 苏	977842	15381	17314	852185	10453	15933	66576
浙 江	739030	10950	19496	685161	7893	9910	5620
安 徽	254386	9916	6810	197796	840	1038	37986
福 建	319214	11333	8819	239343	8338	4349	47032
江 西	176556	9078	4487	133072	1278	666	27975
山 东	722344	16925	16929	541701	2237	8030	136522
河 南	283009	10255	10604	236769	565	552	24264
湖 北	322331	13698	9424	220335	1010	992	76872
湖 南	221798	9522	8831	177969	868	581	24027
广 东	884679	21074	36040	661733	39703	15234	110895
广 西	180309	8029	6214	134578	788	533	30167
海 南	37505	2361	1220	26096	407	260	7161
重 庆	224487	6524	4234	170026	632	640	42431
四 川	230936	9627	7209	183839	742	1030	28489
贵 州	76025	5577	3129	56056	175	185	10903
云 南	150093	6565	5762	112255	328	454	24729
西 藏	3434	745	331	1803	5	23	527
陕 西	176977	7901	7159	129007	371	638	31901
甘 肃	66817	4233	3451	46060	103	97	12873
青 海	17567	1460	886	12125	40	56	3000
宁 夏	28802	1427	574	23992	34	58	2717
新 疆	64883	5044	1676	51579	123	164	6297

2-13 按行业(大类)、地区分组的

(2012年)

行业大类	代码	企业单位数	北京	天津	河北	山西	内蒙古
总计		**278479**	**17337**	**8635**	**8895**	**9148**	**4702**
农、林、牧、渔业	A	**6697**	**134**	**47**	**225**	**284**	**189**
农业	01	2163	55	13	58	73	62
林业	02	1945	22	5	78	87	63
畜牧业	03	1224	27	12	33	99	39
渔业	04	439	13	10	5		3
农、林、牧、渔服务业	05	926	17	7	51	25	22
采矿业	B	**3837**	**19**	**19**	**155**	**630**	**149**
煤炭开采和洗选业	06	1848	4		56	563	76
石油和天然气开采业	07	239	6	10	5	13	11
黑色金属矿采选业	08	345	5		52	19	10
有色金属矿采选业	09	595	1	2	11	11	28
非金属矿采选业	10	750	2	7	30	19	22
其他采矿业	11	60	1		1	5	2
制造业	C	**38181**	**1778**	**1845**	**1373**	**1117**	**562**
农副食品加工业	13	2939	54	45	75	117	39
食品制造业	14	1179	42	50	32	50	26
饮料制造业	15	1074	38	28	35	29	20
烟草制品业	16	173	1	1	4	1	2
纺织业	17	1329	39	146	56	16	14
纺织服装、鞋、帽制造业	18	787	28	39	21	8	16
皮革、毛皮、羽毛(绒)及其制品业	19	253	4	16	12	3	1
木材加工及木、竹、藤、棕、草制品业	20	769	9	12	14	5	23
家具制造业	21	290	11	16	14	2	3
造纸及纸制品业	22	572	22	40	15	5	4
印刷业和记录媒介的复制	23	2115	182	59	68	74	48
文教体育用品制造业	24	212	15	16	3	4	1
石油加工及炼焦	25	370	10	12	22	30	11
化学原料及化学制品制造业	26	2768	109	132	103	117	44
医药制造业	27	868	66	48	17	27	11
化学纤维制造业	28	128	3	6	7	3	1
橡胶制品业	29	350	13	28	16	8	3
塑料制品业	30	921	42	80	31	18	8
非金属矿物制品业	31	3773	136	96	172	131	79
黑色金属冶炼及压延加工业	32	621	14	55	38	32	13
有色金属冶炼及压延加工业	33	841	21	23	26	26	39
金属制品业	34	1744	73	126	81	34	21
通用设备制造业	35	3156	139	147	126	121	51
专用设备制造业	36	2668	154	161	113	93	30
交通运输设备制造业	37	3080	161	150	99	51	26
电气机械及器材制造业	39	1909	97	99	95	44	14
通信设备、计算机及其他电子设备制造业	40	1567	146	110	30	17	3
仪器仪表及文化、办公用机械制造业	41	865	108	72	23	22	4
工艺品及其他制造业	42	682	31	26	15	21	5
废弃资源和废旧材料回收加工业	43	178	10	6	10	8	2
电力、燃气及水的生产和供应业	D	**12726**	**150**	**155**	**597**	**394**	**541**
电力、热力的生产和供应业	44	7877	100	98	358	197	407
燃气生产和供应业	45	674	14	18	31	46	10
水的生产和供应业	46	4175	36	39	208	151	124
建筑业	E	**14859**	**728**	**476**	**501**	**498**	**182**
房屋和土木工程建筑业	47	9580	404	253	355	347	127
建筑安装业	48	2374	132	112	64	65	26
建筑装饰业	49	1284	141	54	20	26	18
其他建筑业	50	1621	51	57	62	60	11

国有控股企业法人单位数

单位：个

辽宁	吉林	黑龙江	上海	江苏	浙江	安徽	福建	江西	山东	代码
15384	**4875**	**8916**	**12962**	**15381**	**10950**	**9916**	**11333**	**9078**	**16925**	
330	**407**	**531**	**81**	**158**	**188**	**134**	**339**	**356**	**208**	A
103	81	208	37	64	61	63	101	70	96	01
86	201	193	4	16	53	33	147	166	22	02
76	90	66	21	26	18	13	26	38	35	03
21	16	16	10	20	22	11	15	27	25	04
44	19	48	9	32	34	14	50	55	30	05
102	**67**	**112**	**1**	**60**	**26**	**120**	**106**	**173**	**249**	B
32	19	49		13	1	46	27	59	117	06
5	15	18	1	5		3		5	38	07
18	6	2		5	4	22	8	3	22	08
15	16	16		4	3	14	16	58	34	09
28	9	25		31	18	34	53	46	36	10
4	2	2		2		1	2	2	2	11
2638	**670**	**1395**	**1703**	**2430**	**807**	**1231**	**1171**	**1324**	**2467**	C
142	53	137	27	97	58	203	119	112	172	13
92	15	54	52	62	24	25	54	49	72	14
34	17	43	18	46	28	36	69	56	78	15
4	6	6	2	7	4	5	7	4	16	16
79	3	36	70	132	35	31	26	49	75	17
52	12	12	37	87	19	21	37	52	77	18
19		6	15	9	7	4	11	13	11	19
37	57	95	16	26	5	21	31	47	40	20
11	3	18	14	19	3	7	18	13	13	21
35	10	29	20	27	5	11	29	24	53	22
144	40	73	104	95	47	58	102	78	109	23
5	2	6	28	19	2	4	15	8	12	24
46	6	20	8	19	6	4	6	6	39	25
168	36	89	103	140	79	85	59	95	198	26
48	21	34	72	42	23	31	14	35	47	27
9	3	2	9	19	11	2		3	17	28
29	4	9	16	19	8	16	6	6	41	29
69	15	44	48	52	14	29	22	30	77	30
217	88	126	97	146	95	127	131	179	196	31
64	11	12	23	26	15	18	12	9	30	32
42	2	7	15	25	10	13	17	59	33	33
119	17	69	93	154	27	50	31	37	148	34
364	50	136	155	276	75	93	63	73	256	35
200	43	95	143	252	43	82	47	63	173	36
268	91	102	207	192	45	111	64	91	208	37
168	28	63	88	149	43	64	47	47	105	39
77	15	22	103	164	40	45	41	35	62	40
68	13	21	72	79	25	18	13	17	35	41
19	4	21	39	40	8	14	72	27	67	42
9	5	8	9	10	3	3	8	7	7	43
448	**283**	**420**	**82**	**298**	**563**	**425**	**526**	**480**	**598**	D
297	198	302	35	128	292	242	355	323	378	44
27	11	9	16	29	29	21	13	24	44	45
124	74	109	31	141	242	162	158	133	176	46
1108	**273**	**573**	**525**	**909**	**432**	**594**	**517**	**472**	**1088**	E
700	196	355	273	497	315	384	326	288	637	47
239	43	119	104	161	53	105	70	78	190	48
74	18	37	103	122	18	45	38	49	99	49
95	16	62	45	129	46	60	83	57	162	50

2-13 续表 1

行业大类	代码	企 业 单位数					
			北京	天津	河北	山西	内蒙古
交通运输、仓储和邮政业	F	**17842**	**572**	**597**	**621**	**534**	**327**
铁路运输业	51	410	19	6	20	26	31
道路运输业	52	5503	125	130	214	215	85
城市公共交通业	53	1330	82	27	39	27	13
水上运输业	54	996	5	60	20	2	1
航空运输业	55	335	16	3	10	6	16
管道运输业	56	56	3	3	4	2	
装卸搬运和其他运输服务业	57	2554	178	166	77	29	40
仓储业	58	5049	136	183	183	191	112
邮政业	59	1609	8	19	54	36	29
信息传输、计算机服务和软件业	G	**7106**	**682**	**106**	**198**	**144**	**146**
电信和其他信息传输服务业	60	4663	171	32	165	115	123
计算机服务业	61	1233	218	41	19	17	15
软件业	62	1210	293	33	14	12	8
批发和零售业	H	**65390**	**3502**	**1874**	**2194**	**2868**	**1038**
批发业	63	40910	2148	1290	1453	1644	626
零售业	65	24480	1354	584	741	1224	412
住宿和餐饮业	I	**11226**	**1170**	**227**	**456**	**344**	**218**
住宿业	66	8412	902	152	373	249	157
餐饮业	67	2814	268	75	83	95	61
金融业	J	**14751**	**404**	**416**	**524**	**395**	**309**
银行业	68	6488	42	261	281	162	118
证券业	69	773	82	41	19	11	10
保险业	70	4642	101	37	145	143	118
其他金融活动	71	2848	179	77	79	79	63
房地产业	K	**22605**	**2052**	**891**	**439**	**459**	**189**
房地产业	72	22605	2052	891	439	459	189
租赁和商务服务业	L	29971	2758	860	665	639	405
租赁业	73	937	66	56	21	21	14
商务服务业	74	29034	2692	804	644	618	391
科学研究、技术服务和地质勘查业	M	**15118**	**1622**	**589**	**378**	**326**	**178**
研究与试验发展	75	1394	152	56	36	22	24
专业技术服务业	76	9810	775	383	271	242	100
科技交流和推广服务业	77	3174	664	133	48	39	19
地质勘查业	78	740	31	17	23	23	35
水利、环境和公共设施管理业	N	**4731**	**197**	**102**	**184**	**125**	**76**
水利管理业	79	884	15	19	28	34	17
环境管理业	80	1057	50	15	44	39	19
公共设施管理业	81	2790	132	68	112	52	40
居民服务和其他服务业	O	**4268**	**328**	**266**	**115**	**150**	**80**
居民服务业	82	1684	112	76	41	61	40
其他服务业	83	2584	216	190	74	89	40
教育	P	**1689**	**129**	**39**	**45**	**46**	**34**
教育	84	1689	129	39	45	46	34
卫生、社会保障和社会福利业	Q	**1512**	**39**	**17**	**64**	**60**	**18**
卫生	85	1255	22	14	51	55	16
社会保障业	86	108	4	1		2	2
社会福利业	87	149	13	2	13	3	
文化、体育和娱乐业	R	**5970**	**1073**	**109**	**161**	**135**	**61**
新闻出版业	88	1937	714	37	37	26	18
广播、电视、电影和音像业	89	2100	145	25	84	59	28
文化艺术业	90	1126	114	23	27	43	9
体育	91	220	50	6	3	2	1
娱乐业	92	587	50	18	10	5	5

单位：个

辽宁	吉林	黑龙江	上海	江苏	浙江	安徽	福建	江西	山东	代码
1019	**406**	**725**	**773**	**954**	**769**	**839**	**791**	**584**	**1115**	F
27	7	6	2	12	6	18	14	12	32	51
279	108	200	142	268	264	259	260	205	267	52
68	14	28	98	67	83	55	78	39	64	53
48	2	19	72	84	96	39	69	21	61	54
21	6	9	22	14	12	5	16	5	18	55
4		1	3	7	1	1		1	10	56
198	27	56	227	203	133	77	149	35	169	57
313	222	376	198	247	147	329	151	198	252	58
61	20	30	9	52	27	56	54	68	242	59
298	**158**	**194**	**248**	**388**	**189**	**271**	**226**	**204**	**644**	G
156	135	147	64	197	119	203	147	173	495	60
82	11	23	85	72	27	40	51	20	88	61
60	12	24	99	119	43	28	28	11	61	62
3740	**1037**	**2255**	**2827**	**3747**	**1681**	**2157**	**2793**	**2044**	**4269**	H
2501	667	1453	1837	2645	1067	1406	1929	1335	2438	63
1239	370	802	990	1102	614	751	864	709	1831	65
496	**196**	**357**	**486**	**541**	**343**	**304**	**307**	**325**	**699**	I
378	149	296	329	361	283	214	248	273	374	66
118	47	61	157	180	60	90	59	52	325	67
669	**282**	**407**	**278**	**658**	**479**	**759**	**504**	**816**	**1262**	J
274	122	214	46	210	158	292	205	497	590	68
35	10	10	90	39	18	49	23	12	37	69
230	99	126	70	244	197	236	160	160	404	70
130	51	57	72	165	106	182	116	147	231	71
923	**202**	**504**	**1842**	**1302**	**1060**	**898**	**1141**	**627**	**1058**	K
923	202	504	1842	1302	1060	898	1141	627	1058	72
1490	303	589	2102	2135	2475	1020	1626	727	1498	L
45	11	20	73	47	28	26	28	26	64	73
1445	292	569	2029	2088	2447	994	1598	701	1434	74
1060	**248**	**394**	**1064**	**780**	**922**	**621**	**615**	**357**	**762**	M
128	23	37	100	94	48	50	30	14	63	75
672	164	269	571	505	664	469	440	261	525	76
225	49	65	383	154	191	71	128	57	139	77
35	12	23	10	27	19	31	17	25	35	78
199	**86**	**94**	**225**	**282**	**485**	**167**	**243**	**161**	**247**	N
43	18	25	16	46	93	22	53	15	56	79
46	22	21	83	61	69	38	35	28	51	80
110	46	48	126	175	323	107	155	118	140	81
277	**108**	**117**	**272**	**258**	**123**	**93**	**140**	**142**	**313**	O
134	67	67	108	104	53	46	65	37	116	82
143	41	50	164	154	70	47	75	105	197	83
131	**25**	**48**	**59**	**110**	**86**	**60**	**52**	**46**	**105**	P
131	25	48	59	110	86	60	52	46	105	84
160	**34**	**109**	**36**	**46**	**35**	**53**	**37**	**76**	**90**	Q
139	29	99	25	38	13	40	26	66	77	85
15	2	7	2	3	9	8	4	1	9	86
6	3	3	9	5	13	5	7	9	4	87
296	**90**	**92**	**358**	**325**	**287**	**170**	**199**	**164**	**253**	R
98	19	21	129	82	68	26	36	33	53	88
82	34	38	96	87	119	96	79	77	127	89
65	27	13	67	86	70	36	37	37	38	90
20	1	3	23	17	9	2	8	2	7	91
31	9	17	43	53	21	10	39	15	28	92

2-13 续表 2

行业大类	代码	河南	湖北	湖南	广东	广西	海南
总计		**10255**	**13698**	**9522**	**21074**	**8029**	**2361**
农、林、牧、渔业	A	**225**	**279**	**234**	**374**	**326**	**157**
农业	01	82	70	93	109	132	28
林业	02	29	45	50	105	95	103
畜牧业	03	55	41	38	64	41	16
渔业	04	11	54	35	39	20	7
农、林、牧、渔服务业	05	48	69	18	57	38	3
采矿业	B	**251**	**107**	**151**	**77**	**120**	**14**
煤炭开采和洗选业	06	174	11	79		11	
石油和天然气开采业	07	4	10	2	5	1	1
黑色金属矿采选业	08	5	16	8	9	26	
有色金属矿采选业	09	43	9	40	19	43	8
非金属矿采选业	10	24	58	22	43	34	5
其他采矿业	11	1	3		1	5	
制造业	C	**1407**	**2083**	**1369**	**2862**	**1090**	**286**
农副食品加工业	13	132	198	110	283	183	69
食品制造业	14	34	48	27	89	36	16
饮料制造业	15	29	48	28	77	40	17
烟草制品业	16	7	9	13	12	3	1
纺织业	17	61	107	58	116	32	6
纺织服装、鞋、帽制造业	18	28	54	28	84	11	3
皮革、毛皮、羽毛(绒)及其制品业	19	10	31	8	38	5	
木材加工及木、竹、藤、棕、草制品业	20	17	34	33	43	65	16
家具制造业	21	13	24	5	33	4	4
造纸及纸制品业	22	16	28	31	64	26	5
印刷业和记录媒介的复制	23	59	114	54	147	73	19
文教体育用品制造业	24	2	12	16	34	1	
石油加工及炼焦	25	14	6	10	14	11	1
化学原料及化学制品制造业	26	102	118	84	157	80	21
医药制造业	27	21	29	31	62	22	5
化学纤维制造业	28	3	3	1	2	1	5
橡胶制品业	29	10	23	6	36	9	6
塑料制品业	30	24	31	20	104	18	7
非金属矿物制品业	31	207	227	167	174	146	27
黑色金属冶炼及压延加工业	32	18	20	22	31	19	1
有色金属冶炼及压延加工业	33	69	27	49	37	39	3
金属制品业	34	45	100	41	191	19	13
通用设备制造业	35	117	169	94	153	53	1
专用设备制造业	36	138	125	105	142	60	6
交通运输设备制造业	37	93	240	103	176	65	19
电气机械及器材制造业	39	69	87	80	205	26	4
通信设备、计算机及其他电子设备制造业	40	29	67	86	237	15	6
仪器仪表及文化、办公用机械制造业	41	19	56	21	43	6	1
工艺品及其他制造业	42	13	36	26	70	16	3
废弃资源和废旧材料回收加工业	43	8	12	12	8	6	1
电力、燃气及水的生产和供应业	D	**413**	**616**	**757**	**738**	**543**	**103**
电力、热力的生产和供应业	44	250	374	511	508	318	62
燃气生产和供应业	45	22	19	20	33	10	8
水的生产和供应业	46	141	223	226	197	215	33
建筑业	E	**517**	**839**	**622**	**976**	**298**	**130**
房屋和土木工程建筑业	47	362	532	456	604	209	88
建筑安装业	48	74	130	77	166	31	12
建筑装饰业	49	29	75	28	102	17	18
其他建筑业	50	52	102	61	104	41	12

单位：个

重庆	四川	贵州	云南	西藏	陕西	甘肃	青海	宁夏	新疆	代码
6524	**9627**	**5577**	**6565**	**745**	**7901**	**4233**	**1460**	**1427**	**5044**	
249	**220**	**115**	**235**	**2**	**206**	**127**	**33**	**61**	**243**	A
83	42	47	92	1	54	50	14	28	93	01
25	74	45	79	1	56	24	6	5	27	02
54	66	14	28		50	35	11	14	78	03
33	3	2	7		4	1		3	6	04
54	35	7	29		42	17	2	11	39	05
58	**143**	**189**	**150**	**18**	**203**	**94**	**59**	**29**	**186**	B
33	36	136	52	1	117	29	20	16	71	06
10	27	1	4		19	7	1	2	10	07
2	20	5	18	4	7	9	4	1	35	08
1	36	16	43	7	35	26	10	1	29	09
11	24	29	33	5	21	17	20	5	39	10
1		2		1	4	6	4	4	2	11
818	**1198**	**823**	**657**	**70**	**1310**	**596**	**153**	**208**	**740**	C
53	74	86	30	11	72	46	16	25	101	13
22	29	23	15	2	45	18	5	9	62	14
19	49	63	31	6	33	24	1	6	28	15
4	8	7	24		8	3		3	1	16
15	26	7	7	1	42	15	1	1	27	17
12	13	6	7		7	1	1	2	12	18
7	3	3		1	3	4		9		19
16	19	39	18	8	14	2		4	3	20
9	7	4	2		10	4		1	5	21
11	12	5	10	1	14	5		6	9	22
36	64	48	42	6	63	43	10	11	45	23
3	1	1	1		1					24
2	12	3	6		19	7	1	1	18	25
65	105	102	82	3	111	50	37	23	71	26
22	34	7	18	7	35	19	6	1	13	27
	5	1	1		4	2			5	28
7	3	8	6		9	1	1		3	29
8	16	18	9		18	17		6	46	30
65	146	97	93	13	114	82	16	32	151	31
16	24	17	28		21	9	3	3	17	32
23	24	20	61		58	28	22	6	17	33
31	43	20	29	1	55	38	3	11	24	34
71	88	44	26		119	51	12	16	17	35
34	86	42	25	2	139	32	2	13	25	36
135	119	65	33	4	114	20	7	5	16	37
41	48	28	18		82	44	4	8	14	39
28	92	21	8		56	8		2	2	40
42	25	8	14		31	6		1	2	41
20	15	24	9	4	11	16	5	3	2	42
1	8	6	4		2	1			4	43
360	**924**	**434**	**504**	**79**	**380**	**319**	**120**	**121**	**355**	D
158	500	248	313	67	215	228	85	84	246	44
42	98	10	16	2	25	10	2	6	9	45
160	326	176	175	10	140	81	33	31	100	46
362	**497**	**248**	**299**	**44**	**452**	**234**	**96**	**122**	**247**	E
253	346	178	220	38	314	168	78	93	184	47
28	79	21	29	4	57	42	11	17	35	48
34	25	17	15	1	29	12	2	6	12	49
47	47	32	35	1	52	12	5	6	16	50

2-13 续表 3

行业大类	代码	河南	湖北	湖南	广东	广西	海南
交通运输、仓储和邮政业	**F**	**837**	**940**	**529**	**1393**	**567**	**157**
铁路运输业	51	19	24	3	20	21	3
道路运输业	52	258	307	185	454	146	37
城市公共交通业	53	45	56	83	108	32	21
水上运输业	54	12	69	21	173	16	30
航空运输业	55	7	13	8	25	16	3
管道运输业	56		1	2	1		1
装卸搬运和其他运输服务业	57	37	127	58	267	65	26
仓储业	58	423	163	112	245	212	19
邮政业	59	36	180	57	100	59	17
信息传输、计算机服务和软件业	**G**	**187**	**334**	**319**	**513**	**134**	**41**
电信和其他信息传输服务业	60	137	238	227	281	100	20
计算机服务业	61	32	66	36	100	23	13
软件业	62	18	30	56	132	11	8
批发和零售业	**H**	**3482**	**3357**	**1992**	**5673**	**2013**	**403**
批发业	63	2313	1799	1172	3774	1172	193
零售业	65	1169	1558	820	1899	841	210
住宿和餐饮业	**I**	**435**	**482**	**387**	**753**	**272**	**151**
住宿业	66	342	299	291	588	211	138
餐饮业	67	93	183	96	165	61	13
金融业	**J**	**536**	**868**	**538**	**755**	**351**	**74**
银行业	68	224	442	208	267	185	25
证券业	69	16	28	31	74	6	5
保险业	70	215	241	230	284	115	28
其他金融活动	71	81	157	69	130	45	16
房地产业	**K**	**505**	**990**	**780**	**2084**	**656**	**382**
房地产业	72	505	990	780	2084	656	382
租赁和商务服务业	L	632	1064	848	2623	825	222
租赁业	73	28	30	29	59	35	22
商务服务业	74	604	1034	819	2564	790	200
科学研究、技术服务和地质勘查业	**M**	**364**	**710**	**388**	**972**	**367**	**105**
研究与试验发展	75	26	53	53	142	27	8
专业技术服务业	76	270	468	255	667	246	74
科技交流和推广服务业	77	37	165	60	125	72	14
地质勘查业	78	31	24	20	38	22	9
水利、环境和公共设施管理业	**N**	**105**	**251**	**161**	**275**	**140**	**34**
水利管理业	79	11	68	30	54	24	4
环境管理业	80	21	54	38	57	36	5
公共设施管理业	81	73	129	93	164	80	25
居民服务和其他服务业	**O**	**92**	**257**	**100**	**294**	**105**	**20**
居民服务业	82	46	72	50	106	33	10
其他服务业	83	46	185	50	188	72	10
教育	**P**	**38**	**113**	**59**	**143**	**39**	**16**
教育	84	38	113	59	143	39	16
卫生、社会保障和社会福利业	**Q**	**73**	**121**	**52**	**116**	**40**	**6**
卫生	85	66	105	48	96	29	4
社会保障业	86	2	10		14	4	1
社会福利业	87	5	6	4	6	7	1
文化、体育和娱乐业	**R**	**156**	**287**	**236**	**453**	**143**	**60**
新闻出版业	88	32	76	52	148	25	21
广播、电视、电影和音像业	89	73	112	92	154	80	22
文化艺术业	90	32	68	55	75	20	11
体育	91	3	7	6	23	1	2
娱乐业	92	16	24	31	53	17	4

单位：个

重庆	四川	贵州	云南	西藏	陕西	甘肃	青海	宁夏	新疆	代码
441	**581**	**308**	**300**	**59**	**414**	**239**	**120**	**83**	**248**	F
1	16	13	9		15	7	10	4	7	51
167	227	132	109	26	182	74	45	18	115	52
27	53	19	20	10	36	15	4	3	16	53
39	27	4	1			2		3		54
5	22	11	10	4	9	10	2	6	5	55
	2		1		4	2		1	1	56
51	44	12	18	4	26	16	5	6	28	57
55	128	93	49	3	115	81	32	30	51	58
96	62	24	83	12	27	32	22	12	25	59
215	**386**	**148**	**200**	**27**	**165**	**143**	**51**	**34**	**113**	G
168	302	130	167	25	138	119	50	30	89	60
18	51	12	23	1	17	16		4	12	61
29	33	6	10	1	10	8	1		12	62
1209	**1845**	**1121**	**1406**	**194**	**2053**	**1029**	**287**	**299**	**1001**	H
680	1158	668	762	50	1087	566	136	170	771	63
529	687	453	644	144	966	463	151	129	230	65
226	**515**	**228**	**300**	**59**	**430**	**212**	**56**	**53**	**198**	I
142	357	195	265	58	346	175	49	37	181	66
84	158	33	35	1	84	37	7	16	17	67
677	**641**	**269**	**634**	**96**	**359**	**329**	**97**	**57**	**308**	J
438	261	99	271	81	151	163	57	17	127	68
15	38	14	12		28	12	2	2	4	69
107	222	84	236	12	135	114	17	25	107	70
117	120	72	115	3	45	40	21	13	70	71
561	**627**	**650**	**428**	**22**	**576**	**222**	**98**	**90**	**347**	K
561	627	650	428	22	576	222	98	90	347	72
639	1055	516	684	46	460	254	129	127	555	L
19	29	33	14	7	24	22	4	6	30	73
620	1026	483	670	39	436	232	125	121	525	74
285	**432**	**233**	**333**	**16**	**370**	**194**	**93**	**68**	**272**	M
30	45	24	31		28	17	8	5	20	75
195	282	164	234	10	209	131	63	47	184	76
46	66	21	40	1	89	19	10	10	34	77
14	39	24	28	5	44	27	12	6	34	78
149	**179**	**85**	**144**	**3**	**170**	**50**	**20**	**22**	**70**	N
36	35	23	24	1	31	10	6	4	23	79
41	53	18	45	2	39	6	3	6	12	80
72	91	44	75		100	34	11	12	35	81
98	**95**	**66**	**103**	**3**	**101**	**62**	**11**	**23**	**56**	O
46	38	27	37		38	21	4	6	23	82
52	57	39	66	3	63	41	7	17	33	83
30	**53**	**37**	**53**	**3**	**26**	**25**	**9**	**3**	**27**	P
30	53	37	53	3	26	25	9	3	27	84
31	**52**	**24**	**31**	**2**	**40**	**22**	**5**	**6**	**17**	Q
26	44	21	29	2	31	22	5	6	11	85
1		2	1		2				2	86
4	8	1	1		7				4	87
116	**184**	**83**	**104**	**2**	**186**	**82**	**23**	**21**	**61**	R
36	54	8	12	1	47	13	2	4	9	88
36	76	50	38	1	81	37	18	12	42	89
29	25	15	31		45	23	2	1	2	90
6	6	4	3		4			1		91
9	23	6	20		9	9	1	3	8	92

2-14 按行业(大类)、营业状态分组的国有控股企业法人单位数

(2012年)　　　　单位：个

行业大类	代码	企 业 单位数	营业	停业(歇业)	筹建	当年关闭	当年破产	其他
总计		**278479**	**245544**	**17106**	**9149**	**2623**	**696**	**3361**
农、林、牧、渔业	A	**6697**	**6145**	**204**	**247**	**23**		**78**
农业	01	2163	1980	51	101	7		24
林业	02	1945	1831	39	49	4		22
畜牧业	03	1224	1115	49	44	6		10
渔业	04	439	391	20	20	3		5
农、林、牧、渔服务业	05	926	828	45	33	3		17
采矿业	B	**3837**	**3080**	**252**	**381**	**65**	**14**	**45**
煤炭开采和洗选业	06	1848	1450	96	226	30	10	36
石油和天然气开采业	07	239	224	7	8			
黑色金属矿采选业	08	345	273	31	38	2		1
有色金属矿采选业	09	595	452	57	67	13	3	3
非金属矿采选业	10	750	638	54	33	19	1	5
其他采矿业	11	60	43	7	9	1		
制造业	C	**38181**	**31648**	**3892**	**1145**	**613**	**325**	**558**
农副食品加工业	13	2939	2454	350	50	40	15	30
食品制造业	14	1179	900	211	20	21	10	17
饮料制造业	15	1074	897	112	34	14	7	10
烟草制品业	16	173	160	4	2	6		1
纺织业	17	1329	943	271	24	32	32	27
纺织服装、鞋、帽制造业	18	787	666	75	19	9	6	12
皮革、毛皮、羽毛(绒)及其制品业	19	253	177	60	6	4	3	3
木材加工及木、竹、藤、棕、草制品业	20	769	613	107	28	10	5	6
家具制造业	21	290	223	46	11	3	3	4
造纸及纸制品业	22	572	423	90	20	21	6	12
印刷业和记录媒介的复制	23	2115	1910	131	8	31	11	24
文教体育用品制造业	24	212	180	19	7	1	1	4
石油加工及炼焦	25	370	313	24	24	6		3
化学原料及化学制品制造业	26	2768	2279	270	103	52	32	32
医药制造业	27	868	750	75	21	10	7	5
化学纤维制造业	28	128	92	23	4	5	3	1
橡胶制品业	29	350	276	40	17	8	4	5
塑料制品业	30	921	758	107	21	16	5	14
非金属矿物制品业	31	3773	3074	382	157	80	30	50
黑色金属冶炼及压延加工业	32	621	489	79	28	9	3	13
有色金属冶炼及压延加工业	33	841	680	75	38	23	4	21
金属制品业	34	1744	1452	157	65	30	12	28
通用设备制造业	35	3156	2629	319	68	49	36	55
专用设备制造业	36	2668	2236	223	92	38	26	53
交通运输设备制造业	37	3080	2714	191	92	25	18	40
电气机械及器材制造业	39	1909	1563	195	68	29	23	31
通信设备、计算机及其他电子设备制造业	40	1567	1354	108	43	21	11	30
仪器仪表及文化、办公用机械制造业	41	865	741	66	24	8	6	20
工艺品及其他制造业	42	682	556	73	31	11	5	6
废弃资源和废旧材料回收加工业	43	178	146	9	20	1	1	1
电力、燃气及水的生产和供应业	D	**12726**	**11518**	**206**	**851**	**69**	**8**	**74**
电力、热力的生产和供应业	44	7877	7133	138	499	52	5	50
燃气生产和供应业	45	674	571	10	80	6	1	6
水的生产和供应业	46	4175	3814	58	272	11	2	18
建筑业	E	**14859**	**13152**	**789**	**565**	**214**	**14**	**125**
房屋和土木工程建筑业	47	9580	8572	466	347	117	7	71
建筑安装业	48	2374	2113	140	64	39	2	16
建筑装饰业	49	1284	1077	98	56	34	4	15
其他建筑业	50	1621	1390	85	98	24	1	23

2-14 续表 单位：个

行业大类	代码	企业单位数	营业	停业(歇业)	筹建	当年关闭	当年破产	其他
交通运输、仓储和邮政业	F	**17842**	**16284**	**698**	**534**	**115**	**41**	**170**
铁路运输业	51	410	361	13	29	2		5
道路运输业	52	5503	4987	233	165	42	18	58
城市公共交通业	53	1330	1258	25	29	6	1	11
水上运输业	54	996	884	55	38	8	2	9
航空运输业	55	335	299	9	21	2		4
管道运输业	56	56	53	1	2			
装卸搬运和其他运输服务业	57	2554	2346	96	74	12	2	24
仓储业	58	5049	4537	260	140	38	18	56
邮政业	59	1609	1559	6	36	5		3
信息传输、计算机服务和软件业	G	**7106**	**6711**	**150**	**131**	**40**	**1**	**73**
电信和其他信息传输服务业	60	4663	4457	54	66	31	1	54
计算机服务业	61	1233	1124	54	37	4		14
软件业	62	1210	1130	42	28	5		5
批发和零售业	H	**65390**	**57445**	**5113**	**1361**	**634**	**160**	**677**
批发业	63	40910	35659	3444	885	381	107	434
零售业	65	24480	21786	1669	476	253	53	243
住宿和餐饮业	I	**11226**	**10334**	**556**	**98**	**182**	**8**	**48**
住宿业	66	8412	7767	410	60	135	7	33
餐饮业	67	2814	2567	146	38	47	1	15
金融业	J	**14751**	**14233**	**82**	**367**	**10**	**2**	**57**
银行业	68	6488	6304	7	151			26
证券业	69	773	732	6	30			5
保险业	70	4642	4566	9	59	4	1	3
其他金融活动	71	2848	2631	60	127	6	1	23
房地产业	K	**22605**	**19189**	**1830**	**681**	**305**	**62**	**538**
房地产业	72	22605	19189	1830	681	305	62	538
租赁和商务服务业	L	**29971**	**25965**	**1812**	**1461**	**202**	**41**	**490**
租赁业	73	937	801	52	44	15	3	22
商务服务业	74	29034	25164	1760	1417	187	38	468
科学研究、技术服务和地质勘查业	M	**15118**	**13745**	**652**	**481**	**61**	**10**	**169**
研究与试验发展	75	1394	1214	85	66	4	2	23
专业技术服务业	76	9810	9121	291	265	34	5	94
科技交流和推广服务业	77	3174	2746	246	117	21	2	42
地质勘查业	78	740	664	30	33	2	1	10
水利、环境和公共设施管理业	N	**4731**	**4002**	**180**	**448**	**28**	**2**	**71**
水利管理业	79	884	757	33	72	4		18
环境管理业	80	1057	815	30	185	11	1	15
公共设施管理业	81	2790	2430	117	191	13	1	38
居民服务和其他服务业	O	**4268**	**3750**	**233**	**181**	**38**	**3**	**63**
居民服务业	82	1684	1492	93	63	11	2	23
其他服务业	83	2584	2258	140	118	27	1	40
教育	P	**1689**	**1518**	**86**	**43**	**8**		**34**
教育	84	1689	1518	86	43	8		34
卫生、社会保障和社会福利业	Q	**1512**	**1421**	**47**	**19**	**5**	**2**	**18**
卫生	85	1255	1201	25	16	2	2	9
社会保障业	86	108	103	1				4
社会福利业	87	149	117	21	3	3		5
文化、体育和娱乐业	R	**5970**	**5404**	**324**	**155**	**11**	**3**	**73**
新闻出版业	88	1937	1863	53	10	3		8
广播、电视、电影和音像业	89	2100	1875	142	41	6	2	34
文化艺术业	90	1126	971	56	77	1		21
体育	91	220	189	19	7			5
娱乐业	92	587	506	54	20	1	1	5

2-15 按地区、营业状态分组的国有控股企业法人单位数

(2012年)　　单位：个

地区	企业单位数	营业	停业(歇业)	筹建	当年关闭	当年破产	其他
全国	**278479**	**245544**	**17106**	**9149**	**2623**	**696**	**3361**
北京	17337	14887	1841	113	281	21	194
天津	8635	6713	825	642	193	22	240
河北	8895	7697	617	370	46	42	123
山西	9148	7617	909	428	96	36	62
内蒙古	4702	4350	119	176	25	8	24
辽宁	15384	12562	2106	383	142	54	137
吉林	4875	4598	157	60	24	17	19
黑龙江	8916	8107	439	166	69	18	117
上海	12962	12017	496	153	60	2	234
江苏	15381	13791	741	585	131	14	119
浙江	10950	9872	553	449	73	1	2
安徽	9916	8652	502	508	105	44	105
福建	11333	9489	842	616	132	19	235
江西	9078	8134	450	265	96	23	110
山东	16925	15665	463	439	187	35	136
河南	10255	9235	442	218	135	41	184
湖北	13698	12458	611	286	138	60	145
湖南	9522	8865	324	120	71	74	68
广东	21074	18301	1489	782	191	22	289
广西	8029	7022	534	168	83	18	204
海南	2361	1985	236	78	8	2	52
重庆	6524	6011	161	222	64	17	49
四川	9627	8769	449	227	70	6	106
贵州	5577	4584	514	290	53	28	108
云南	6565	5686	267	494	19	1	98
西藏	745	714	14	12			5
陕西	7901	7054	463	243	44	21	76
甘肃	4233	3871	172	112	33	22	23
青海	1460	1255	63	110	11	8	13
宁夏	1427	1320	27	62	8	2	8
新疆	5044	4263	280	372	35	18	76